João Goulart

ENTRE A MEMÓRIA E A HISTÓRIA

Coordenação
MARIETA DE MORAES FERREIRA

João Goulart

ENTRE A MEMÓRIA E A HISTÓRIA

ISBN — 85-225-0578-0

Copyright © 2006 Centro de Pesquisa e Documentação de História Contemporânea do Brasil — CPDOC

Direitos desta edição reservados à
EDITORA FGV
Rua Jornalista Orlando Dantas, 37
22231-010— Rio de Janeiro, RJ — Brasil
Tels.: 0800-021-7777 — 21-3799-4427
Fax: 21-3799-4430
e-mail: editora@fgv.br
web site: www.fgv.br/editora

Impresso no Brasil / Printed in Brazil

Todos os direitos reservados. A reprodução não autorizada desta publicação, no todo ou em parte, constitui violação do copyright (Lei nº 9.610/98).

Os conceitos emitidos neste livro são de inteira responsabilidade dos autores.

1ª edição — 2006 ; 1ª reimpressão — 2008; 2ª reimpressão — 2012; 3ª reimpressão — 2017.

PREPARAÇÃO DE ORIGINAIS: Maria Lucia Leão Velloso de Magalhães

EDITORAÇÃO ELETRÔNICA: FA Editoração

REVISÃO: Aleidis de Beltran e Marco Antonio Corrêa

CAPA: Studio creamcrackers

FOTOS: Arquivo do Cpdoc/FGV. CAPA: João Goulart no exílio em Montevidéu (foto autografada, 4 out. 1967). 4ª CAPA: João Goulart em Uruaçu, GO (abr. 1963[?])

Ficha catalográfica elaborada pela Biblioteca
Mario Henrique Simonsen/FGV

João Goulart: entre a memória e a história / Coordenação Marieta de Moraes Ferreira. — Rio de Janeiro : Editora FGV, 2006.
192p.

Inclui bibliografia.

1. Goulart, João, 1918-1976. 2. Brasil — História — 1961-1964. 3. Brasil — Política e governo. — 1961-1964. I. Ferreira, Marieta de Moraes. II. Fundação Getulio Vargas

CDD — 981.06342

Sumário

1 João Goulart: entre a memória e a história 7
Marieta de Moraes Ferreira

2 Memórias em disputa: Jango, ministro do Trabalho ou dos trabalhadores? 31
Angela de Castro Gomes

3 O período Jango e a questão agrária: luta política e afirmação de novos atores 57
Mario Grynszpan

4 A política macroeconômica e o reformismo social: impasses de um
governo sitiado 79
Hildete Pereira de Melo, Carlos Pinkusfeld Bastos e Victor Leonardo de Araújo

5 1964: a imprensa ajudou a derrubar o governo Goulart 107
Alzira Alves de Abreu

6 João Goulart e a mobilização anticomunista de 1961-64 129
Rodrigo Patto Sá Motta

7 Duas paixões meteóricas: UnB e Jango, primeiras notas 149
Helena Bomeny

8 A Frente Ampla de oposição ao regime militar 177
Célia Maria Leite Costa

1
João Goulart: entre a memória e a história

*Marieta de Moraes Ferreira**

A história política e, sobretudo, a história dos homens públicos foram, durante muito tempo, relegadas a um plano secundário nos estudos históricos. Contudo, na década passada, essas abordagens passaram a ser revalorizadas. É preciso ver que a historiografia contemporânea abandonou o estilo laudatório das biografias dos grandes estadistas e desenvolveu métodos e perspectivas teóricas mais refinadas para o enfoque dos fatos e personagens políticos. Nesse esforço, a memória expressa em testemunhos e obras memorialísticas tornou-se um instrumento relevante, na medida em que oferece ao historiador a possibilidade de distinguir os mecanismos de interpretação dos fatos políticos e investigar os usos do passado.

A memória referente a João Goulart e seu governo tem sido pouco investigada nos meios acadêmicos e também recebido pouca atenção de atores sociais variados, como políticos profissionais, jornalistas e produtores culturais.[1] Tal situação fica mais evidente

---

* Doutora em história; professora do Departamento de História da Universidade Federal do Rio de Janeiro (UFRJ), pesquisadora do Centro de Pesquisa e Documentação de História Contemporânea do Brasil da Fundação Getulio Vargas (Cpdoc/FGV).

[1] Vários trabalhos já foram publicados sobre diferentes dimensões dessa conjuntura, enfatizando especialmente aspectos da crise econômica e partidária. O personagem histórico de João Goulart, porém, não ocupa papel central na maioria dos estudos. Ao mesmo tempo, no campo da memória social, também não se encontra qualquer destaque para a atuação política de Jango. Uma exceção a ser mencionada é a incorporação, pelo Partido Democrático Trabalhista (PDT), da memória de Jango como um legado político relevante. A propaganda política do PDT veicula uma imagem de Jango como herói da democracia brasileira e o partido como herdeiro de uma tradição varguista. No website do partido há uma seção dedicada a Goulart numa parte intitulada "Nossos líderes", ao lado de Getúlio Vargas, Leonel Brizola e Darcy Ribeiro. O portal disponibiliza material informativo sobre o governo Goulart, além de entrevistas recentes sobre o personagem político. Ver <www.pdt.org.br>, acesso em 20 abr. 2006.

quando se compara a memória de Jango com a de Juscelino Kubitschek. Este último personagem emergiu recentemente nos discursos dos políticos, nas reportagens de jornais e nas produções televisivas como líder maior da história do Brasil republicano, enquanto seu período de governo surgia como "anos dourados" que deveriam servir de modelo para o país. Nesse momento, cabe aos historiadores perguntar: por que um personagem histórico é guardado na memória coletiva de forma tão positiva? Ou ainda: por que outro personagem é alvo de atributos depreciativos que se perpetuam no tempo? Uma resposta apressada, ou típica do senso comum, nos levaria a dizer que são os atributos positivos de um e os negativos do outro que geram a composição de uma memória coletiva negativa ou positiva a seu respeito.

É evidente que essa argumentação pode até ser procedente, mas faz-se necessário ir mais além, e os historiadores têm como dever de ofício estabelecer diferenças entre a memória e a história, entre a história vivida e a história como operação intelectual. É com esse compromisso que se deve enfrentar o desafio de deslindar os mecanismos de construção das memórias, de captar seus conflitos, de compreender o que é selecionado para ser lembrado e o que é relegado ao esquecimento. Importa trazer para o primeiro plano como esses mecanismos da memória operam ao longo do tempo e se atualizam de acordo com as demandas sociais e as lutas políticas.

Em 2004, após 40 anos do golpe militar, foram realizados vários seminários, e novas pesquisas sobre esse fato histórico vieram a público, fornecendo material para se avaliarem as linhas de interpretação dominantes na história contemporânea do Brasil. Examinando-se o material produzido, pode-se dizer que a figura e o governo de João Goulart continuaram ocupando lugar secundário nos debates.[2] Grande parte da produção privilegia o papel dos militares e da oposição civil a Jango. Os principais impasses de seu governo, seu papel no momento do golpe e sua atuação no exílio permanecem temas obscuros, não merecendo maior atenção de estudiosos e pesquisadores.

Os trabalhos sobre a crise do governo Goulart valorizam sobretudo seus aspectos políticos e institucionais, assim como ressaltam o isolamento de Jango e sua dificuldade em construir alianças duradouras e bases de apoio sólidas. Suas ações são encaradas essencialmente como reflexo da realidade que o cercava. As contradições do PTB, o clima

---

[2] Nesse quadro historiográfico que privilegiou o estudo do regime militar vitorioso, os trabalhos de Jorge Ferreira constituem uma exceção. Em um artigo sobre o documentário *Jango*, de Silvio Tendler, o historiador chama a atenção para o fato de o filme estar na contracorrente da onda de esquecimento em torno do personagem de Goulart. Ao mesmo tempo, Ferreira ressaltava a falta de estudos acadêmicos sobre o tema. Ver Ferreira, 2001 e 2005. Cabe mencionar ainda o livro de Marco Antônio Villa (2004), que traz uma perspectiva crítica sobre o personagem de João Goular.

INTRODUÇÃO

de radicalização política e de desvalorização da democracia, determinantes do comportamento da maior parte dos atores sociais, e também a paralisia no âmbito do Legislativo, são temas centrais na historiografia, que, no entanto, dedica pouco espaço à discussão do comportamento político de Goulart.[3]

Seguir esse caminho, ou seja, analisar Jango como personagem político[4] é uma empreitada difícil, porque implica trabalhar com concepções cristalizadas e com representações consagradas já entranhadas no imaginário político coletivo. Este ano de 2006,

---

[3] Para um balanço historiográfico atualizado sobre o golpe e o regime militar, ver Fico, 2004.

[4] Como ator político, Jango teve uma extensa carreira, nem sempre enfatizada pela memória coletiva. A breve nota biográfica a seguir destaca os principais momentos de sua trajetória política. João Belchior Marques Goulart nasceu em 1º de março de 1919 em São Borja, no Rio Grande do Sul. Filho mais velho de estancieiros que se dedicavam à pecuária, João Goulart ingressou na Faculdade de Ciências Jurídicas de Porto Alegre em 1935. Nos anos de estudante não atuou politicamente e depois de concluído o bacharelado, em 1939, retornou a São Borja e assumiu os negócios familiares, pois nessa época seu pai estava doente. Após a morte do pai, em 1943, assumiu integralmente os negócios familiares, obtendo sucesso como pecuarista. Nesse período, Jango já tinha relações de amizade com a família Vargas, as quais iriam se estreitar por ocasião do exílio de Getúlio Vargas, a partir de 1945. Passou a frequentar a fazenda de Vargas e, seguindo sua recomendação, ingressou no diretório municipal do PTB de Porto Alegre. Logo em seguida, passou a fazer articulações políticas no interior, participando ativamente da campanha presidencial de Vargas de 1950. Naquele ano foi eleito presidente do PTB gaúcho. Em 1951, foi eleito deputado federal pelo PTB. Com Vargas na presidência, Jango exerceu o papel de articulador político do líder do PTB, sobressaindo-se com seu carisma junto aos trabalhadores. Em 1953, assumiu o Ministério do Trabalho, desempenhando papel fundamental no segundo governo Vargas. O agravamento da crise política em curso no ano de 1954 e as acusações da oposição de que o Ministério do Trabalho era chefiado por um comunista, sobretudo após a decretação do aumento do salário mínimo, levaram ao afastamento de Jango da pasta em fevereiro daquele ano. Jango retornou à Câmara dos Deputados, mas continuou exercendo liderança política junto aos trabalhadores. Em meio à conjuntura de crise do governo, continuou sendo um fiel colaborador do presidente, tendo recebido dias antes do suicídio a carta-testamento, pois Vargas temia que a publicação do documento fosse vetada nos jornais do Rio de Janeiro. Como herdeiro político de Vargas, Jango foi escolhido como candidato a vice-presidente na chapa de Juscelino Kubitschek, selando a aliança entre o PSD e o PTB. Como vice-presidente de JK, teve papel crucial na administração dos conflitos com os sindicatos, sendo responsável por articulações que deram importante sustentação ao governo. Na sucessão presidencial, o nome de Jango permaneceu na chapa da aliança PSD-PTB, que teve como candidato a presidente o marechal Henrique Teixeira Lott, derrotado nas urnas por Jânio Quadros. Pela legislação eleitoral da época, o voto para vice-presidente não era vinculado à candidatura presidencial. Assim, vitorioso nas eleições, Jango iniciou seu segundo mandato na vice-presidência da República em 31 de janeiro de 1961. Com a renúncia de Jânio em 25 de agosto, iniciou-se uma mobilização contrária à posse de Jango, que se encontrava em viagem oficial à China. Após longas negociações políticas e a participação popular, sobretudo através da cadeia da legalidade liderada por Leonel Brizola, Jango foi empossado no dia 7 de setembro, porém estando previamente acertada a mudança para o sistema parlamentarista. Em 6 janeiro de 1963, um plebiscito nacional decidiu o retorno ao regime presidencialista. A mudança de regime não solucionou as crises políticas enfrentadas pelo governo. Em março de 1964, Jango foi deposto pelos militares e iniciou um longo exílio. Ainda no exílio participou das articulações da Frente Ampla em prol do retorno da democracia no Brasil. Jango faleceu, ainda no exílio, em sua fazenda na Argentina, em 6 de dezembro de 1976. Ver Ferreira, 2002.

quando se completam 30 anos da morte de Jango, único presidente da República a falecer no exílio, é sem dúvida um momento de reelaborações. Por outro lado, sabe-se que as comemorações são momentos cruciais para a seleção de representações do passado na dinâmica da memória coletiva. Analisar as memórias até aqui produzidas sobre esse personagem e seu governo certamente poderá nos fazer compreender melhor as tendências em curso no presente. Os matizes dessas representações, seus principais conteúdos argumentativos e seus usos serão os principais indícios examinados neste trabalho, que pretende contribuir para a construção de uma história da memória política brasileira.

Uma memória cristalizada: as representações sobre Goulart e seu governo

Enquanto a produção acadêmica dos últimos 40 anos deu relativamente pouca importância à análise do papel de Jango e seu governo, relegando o personagem a plano secundário, desenvolvia-se, simultaneamente, uma produção memorialística que reproduzia versões do passado geradas no calor dos acontecimentos. O que se observa é que, tanto entre os adversários, quanto entre a maioria dos aliados, a imagem que se construiu de Jango foi quase sempre muito negativa e profundamente marcada por posicionamentos político-ideológicos de curto prazo.

Diferentemente de Getúlio Vargas e de Juscelino Kubitschek, que tiveram suas memórias atualizadas e revitalizadas através de eventos comemorativos e iniciativas da mídia, a memória de Jango foi por várias décadas relegada ao esquecimento. O próprio Jango, quando no exílio, manifestou preocupação com a preservação da memória de Vargas, do trabalhismo e de sua própria trajetória política, explicitando a vontade de preservar seu lugar no panteão nacional como herdeiro do legado trabalhista de Vargas. Suas preocupações com seu arquivo pessoal e suas orientações para que Moniz Bandeira[5] se encarregasse de elaborar o chamado Livro Branco, para escrever "uma outra história do seu governo", espelham seu temor quanto ao lugar que iria ocupar na memória nacional.[6]

Uma amostra importante dessa memória é o acervo de história oral do Centro de Pesquisa e Documentação de História Contemporânea do Brasil da Fundação Getulio Vargas (Cpdoc/FGV), que reúne cerca de 4.500 horas de depoimentos de atores relevantes da história do Brasil. Sua consulta nos permite localizar os elementos centrais da memória sobre Goulart e perceber os pontos negativos veiculados por seus contemporâneos e posteriormente cristalizados. Importa ressaltar que esse conjunto documental não

---

[5] Ver Bandeira, 2001.
[6] Ver Ferreira e Mendonça, 2003.

Introdução

é resultado de um projeto específico sobre a memória de João Goulart. Os depoimentos consultados foram tomados ao longo de vários anos (1975-2005), no curso de diferentes projetos de história das elites políticas brasileiras. Isso significa dizer que os depoentes construíram suas narrativas no mínimo uma década depois do desfecho político do governo Jango, expressando, portanto, visões elaboradas *a posteriori* e condicionadas pelas novas conjunturas políticas.

Com o objetivo de identificar aspectos centrais da construção da memória sobre Goulart, privilegiei, na análise que se segue, a visão de atores que tiveram papéis destacados no jogo político da época. A partir de uma pesquisa no acervo do Cpdoc, selecionei 46 depoimentos que contêm comentários e análises expressivas acerca do papel de Goulart. Além disso, foram pesquisados testemunhos de alguns atores relevantes que deixaram memórias ou discursos impressos. Essa amostragem, constituída por testemunhos de aliados, membros do governo, militantes de esquerda, militares e políticos conservadores, foi fundamental para o esboço dos mecanismos de construção das memórias políticas em torno de João Goulart. É possível distinguir uma variedade de matizes entre as representações construídas. Mas, para efeitos desta análise, os depoimentos foram agrupados, a partir do posicionamento político ideológico dos entrevistados, em dois grandes grupos: o das forças conservadoras e os segmentos de "esquerda".

A memória dos conservadores

Trabalhar com a memória produzida por esse amplo segmento, que se manifestou contra Goulart e seu governo e que inclui desde políticos da adversária UDN e militares até membros do aliado PSD e tecnocratas, nos leva de imediato a buscar os pontos de afinidade existentes entre esses setores e a destacar divergências e especificidades. Embora exista um perfil político conservador comum entre aqueles que se opunham ao governo de Jango, não se pode dizer que haja uma homogeneidade de discursos.

Um dos eixos que organiza os argumentos desse grupo é a visão de que Goulart representava uma ameaça, pois seu governo possibilitaria a entrada do comunismo no país e a instauração de uma *República sindicalista*. Na perspectiva dos políticos da UDN, Jango era o Kerensky brasileiro. Essa alusão à fase preparatória da Revolução Russa pressupunha que Jango estaria comprometido com a implantação de políticas defendidas pela esquerda radical. Contraditoriamente, os depoimentos dos políticos udenistas expressam também outra imagem de Jango, associada à demagogia e ao descomprometimento com qualquer projeto de reforma existente. A origem rural, de grande proprietário de terras, é um argumento utilizado quando se projeta em Jango a imagem de um político incapaz de apoiar qualquer política mais radical. Desse ponto de vista, Jango nada mais seria do que um estancieiro do Sul procurando conquistar mais poder para transformar-se em um grande ditador.

Assim, difundiu-se a crença de que havia um golpe governista em vias de se concretizar e que exigia, da parte dos defensores da ordem, um estado de alerta constante. Nessa construção, Goulart carrega, contraditoriamente, o atributo de estancieiro e a pecha de comunista e demagogo, atribuída a partir de sua atuação no Ministério do Trabalho do governo Vargas (1953/54). Essa construção iria justificar a conspiração que existiu desde o momento da renúncia de Jânio, ou seja, antes da posse de Goulart. Jango é apontado como o principal responsável por dinamitar a ordem constitucional e por promover a *farsa do plebiscito*[7] (que diz respeito ao processo de retorno ao presidencialismo ocorrido em 1963). Nessa linha de argumentos, sustenta-se que Goulart não tinha interesse na estabilidade do país e que seu propósito era rasgar a Constituição.[8]

No que diz respeito ao tema da deposição de Jango, a visão predominante nesse grupo de opositores é a de que o movimento não foi primordialmente de militares, e sim, de uma frente que agregava vários setores civis que se sentiam ameaçados pelas ações do governo. "Foi uma revolução feita por todas as classes, num consenso geral", diz o udenista João Cleofas.[9]

Em contraste com essa visão de que Goulart e seus aliados comunistas estavam articulados e com uma organização consistente, delineia-se outra representação de Goulart como indivíduo fraco e despreparado para exercer a presidência da República. Esse argumento está presente em vários depoimentos de udenistas. A perspectiva dos militares, ainda que possua alguns elementos em comum com a dos políticos da UDN, traz algumas nuanças que devem ser ressaltadas.

É verdade que, já na posse, se iniciou uma conspiração contra Goulart nos meios militares, mas é preciso observar que, naquele momento, houve uma tendência legalista

---

[7] Ver, especialmente, o depoimento de José Bonifácio Lafayette de Andrada. "Evidente [que a ideia do Jango foi dinamitar o parlamentarismo] logo de saída. Pois ele ficou sem poderes. Não teve poder de dissolução nem nada. Eles fizeram o parlamentarismo através de uma propaganda da maior indignidade. Escutando o rádio, você ouvia um palhaço qualquer dizer: 'Você hoje passou mal? A sua cozinheira te deixou a pé? Sabe por quê? Porque estamos num regime parlamentarista'. Tudo em linguagem popular. Era uma coisa dirigida à massa popular. Um negócio desse não influía na elite. Volta e meia vinham umas frases dessas no rádio e na televisão. Em muitas partes, o plebiscito, como todo plebiscito, foi uma farsa completa. Todo mundo votava, um votava quatro, cinco, seis vezes, um votava pelos outros e aí ia" (depoimento ao Programa de História Oral do Cpdoc/FGV em 16-6-1979).
[8] Ver depoimento de Afonso Arinos ao Programa de História Oral do Cpdoc/FGV em 24-10-1983.
[9] Ver depoimento de João Cleofas ao Programa de História Oral do Cpdoc/FGV em 9-9-1980.

Introdução

13

defendida por vozes expressivas do Exército, como Cordeiro de Farias, Henrique Teixeira Lott e Ernesto Geisel. Como esses atores explicam sua mudança de posicionamento? Um argumento importante é o de que Jango estava trabalhando no sentido de solapar o parlamentarismo e abrir mais espaço para a anarquia e o comunismo. Tornou-se crença comum, como afirma o udenista e ex-militar Juracy Magalhães, a ideia de que Jango e seus aliados "preparavam um clima de agitação nacional destinado a preparar um golpe. Ele iria dissolver o Congresso e implantar uma *República sindicalista*".[10]

Assim como na visão udenista, nota-se nas representações dos militares uma ambiguidade associada à imagem de João Goulart. Ora ele é apresentado como o caudilho detentor de um projeto de poder bem definido, prestes a instaurar uma ditadura, ora emerge como um fraco, incompetente, despreparado e incapaz, para citar alguns dos adjetivos utilizados. Mesmo militares legalistas e mais próximos de Jango, como Lott, expressam representações negativas como a seguinte:

> [Jango] era um político e um cidadão com algumas boas qualidades humanas, mas muito despreparado sob o ponto de vista da cultura geral. Não estava em condições de considerar, nos assuntos que devia decidir, o que era mais importante. As decisões que ele tomava eram destituídas de base, aéreas, e portanto más decisões, que geravam mais tarde problemas para ele e para outras pessoas.[11]

Posição semelhante é a de José Machado Lopes,[12] comandante do III Exército por ocasião da renúncia de Jânio. Machado Lopes desempenhou papel importante na defesa da posse de Goulart, fornecendo suporte militar para que Brizola pudesse se lançar à frente da "cadeia da legalidade". Ao final do governo, porém, o militar já considerava Brizola uma "influência maléfica" e Jango um homem sem capacidade de tomar decisões.

Antônio Carlos Muricy[13] também expressa essa visão contraditória ao retratar Jango como um homem bom, fraco e influenciável e, ao mesmo tempo, um político perigoso, pois estava patrocinando os preparativos para um golpe comunista. A grande preocupação que Muricy expressa em seu depoimento para justificar a conspiração é que a população rural estava sendo armada para apoiar um golpe de esquerda. Há uma incoerência discursiva que fica patente quando Muricy traça um perfil de Jango como um indivíduo que "não tinha valor combativo, não tinha capacidade de luta" e, no entanto,

---

[10] Depoimento de Juracy Magalhães ao Programa de História Oral do Cpdoc/FGV em 20-5-1981.
[11] Depoimento de Henrique Teixeira Lott ao Programa de História Oral do Cpdoc/FGV em 21-11-1978.
[12] Depoimento de José Machado Lopes ao Programa de História Oral do Cpdoc/FGV em 29-7-1986.
[13] Depoimento de Antônio Carlos Muricy ao Programa de História Oral do Cpdoc/FGV em 20-5-1981.

logo em seguida o apresenta como o articulador de uma radicalização política que levaria a um golpe comunista. Na visão de Muricy, o grande inimigo de Goulart e de seu governo era o medo do comunismo, e foi isso que levou as camadas médias a se posicionarem de forma clara no combate ao governo, através das marchas católicas.

Um ponto comum a todos os depoimentos dos militares é a questão da disciplina e da hierarquia nas Forças Armadas.[14] A atitude de Goulart ante a Revolta dos Sargentos e o movimento dos marinheiros seria a prova de que o presidente era a favor da inversão da ordem e da quebra da hierarquia.[15]

É interessante observar que a ambiguidade encontrada nos depoimentos dos militares também pode ser identificada nos relatos dos políticos vinculados ao PSD, partido que desde o segundo governo Vargas apoiou Jango, então ministro do Trabalho.[16] Posteriormente, o PSD manteve o apoio a Goulart nas eleições de 1955 e 1960, como candidato à vice-presidente, e participou do grupo que viabilizou sua posse na presidência após a renúncia de Jânio.

Ainda que se possa encontrar depoimentos de pessedistas com posições políticas muito críticas a Goulart, e também de outros que se mantiveram próximos do presidente até os últimos momentos de seu governo, é possível identificar alguns temas e visões comuns. Há três questões fundamentais recorrentes, que funcionam como organizadoras das narrativas: a questão da reforma agrária, a ausência de hierarquia e de autoridade nas esferas governamentais, e a incapacidade de Goulart de perceber as possibilidades e os limites de sua ação.

No que diz respeito à reforma agrária, o depoimento de Augusto do Amaral Peixoto,[17] deputado estadual do PSD carioca, expressa com clareza a visão de seu partido:

---

[14] Sobre a importância da hierarquia para os militares, ver D'Araujo, Castro e Soares, 2004; e Castro, 1995 e 2004.

[15] Em setembro de 1963, aproximadamente 500 sargentos se rebelaram em Brasília contra a decisão do Supremo Tribunal Federal de não empossar os sargentos eleitos para a Câmara Federal. O episódio, que ficou conhecido como a Revolta dos Sargentos, foi rapidamente abafado, sendo a maioria de seus participantes presos. Em março de 1964, os marinheiros se rebelaram contra as punições e castigos praticados na Marinha. A posição de Jango causou a insatisfação das forças militares, mesmo dos legalistas, sobretudo após a demissão do ministro Paulo Mário da Cunha Rodrigues, que havia ordenado a prisão dos marinheiros rebelados. Os dois episódios amplificaram, nas Forças Armadas, o descontentamento com a postura do presidente no que dizia respeito à hierarquia militar.

[16] Sobre o perfil político do PSD, ver Hippolito, 1985.

[17] Depoimento de Augusto do Amaral Peixoto ao Programa de História Oral do Cpdoc/FGV, em 23-11-1975.

INTRODUÇÃO

O PSD sempre teve uma esmagadora vitória no campo e não podia abandonar os homens do campo, que eram seus correligionários. Além disso, seria desumano: se havia proprietários de terras que tinham outras posses, também havia muitas pessoas, inclusive mulheres, que viviam miseravelmente de suas terras. Essa gente ia ser desapropriada e atirada na miséria. Não eram só os grandes latifundiários. A lei não cogitava de ver se o proprietário desapropriado tinha outras posses. Não; o proprietário dessa terra era desapropriado para a terra ser entregue ao lavrador. Contra isso é que o PSD se insurgiu violentamente. A reforma agrária foi o ponto de discórdia entre o governo João Goulart e o partido. E essa foi a causa, principal talvez, da *débâcle* do sr. João Goulart.

Com uma posição mais conciliadora, mas expressando igualmente a oposição do PSD à reforma agrária, pode-se mencionar o depoimento de Paulo Pinheiro Chagas, deputado federal pelo PSD mineiro e ministro da Saúde do governo Goulart. O político mineiro narra um episódio em que tentou conquistar o apoio da bancada de seu estado para os projetos de reforma em tramitação no Congresso e enfrentou a recusa de seus correligionários. Embora demonstre em seu depoimento que pessoalmente não compartilhava do medo do comunismo na dimensão expressa por seus companheiros de partido, Pinheiro Chagas procura evocar os elementos que levaram à formação, entre seus correligionários, do temor das reformas propostas pelo governo, principalmente da reforma agrária. Diz ele:

O povo mineiro é conservador. Ai de quem mexer no patrimônio dos mineiros. O comunismo aqui não tem possibilidade nenhuma. Jango acabou se indispondo com a opinião pública nacional. Você não lembra das procissões que houve no Rio de Janeiro, São Paulo, Minas Gerais? Procissão nas ruas, as mulheres todas com velas acesas e grandes cartazes. A opinião pública nacional se convenceu de que Jango caminhava para o comunismo. Tenho certeza de que Jango não era bandido nem comunista. Seria tolice rematada chamar de comunista um homem que nasceu em berço de ouro, um grande latifundiário e multimilionário. Mas ele estava realmente cercado de comunistas. Brizola, por exemplo, é meio comunista; Almino Afonso, que foi ministro do Trabalho no meu ministério, esse era comunista declarado, um sujeito, aliás, inteligentíssimo. O Evandro Lins, ministro do Supremo Tribunal Federal, que é outra grande figura, é comunista... Jango estava cercado de comunistas, fora o segundo time, composto por uma porção de rapazes que funcionavam no gabinete do Jango. E a opinião pública nacional se baseou nisso.[18]

---

[18] Depoimento de Paulo Pinheiro Chagas ao Programa de História Geral do Cpdoc/FGV em 30-3-1977.

O relato de Antônio Oliveira Britto,[19] deputado do PSD baiano que esteve à frente do Ministério da Educação (1961/62) e do Ministério das Minas e Energia (1963/64) de Jango, também expressa o temor que as mudanças no campo provocavam entre os seus correligionários:

> O PSD fazia restrições ao governo João Goulart por causa da pregação do Brizola, das reformas. As reformas foram muito tumultuadas, não houve uma preparação para a reforma agrária. O PSD era um partido com base rural, agrária, e então os pessedistas ficaram preocupados. Nós chegamos a elaborar um projeto para pagamento [das terras desapropriadas] em 20 ou 30 anos, com correção monetária. O PTB não aceitou, dizendo que aquilo não era uma reforma, era um negócio; que nós queríamos vender a terra e receber pagamento com correção monetária.

Outro ponto mencionado em alguns depoimentos é a tese de que a origem de grande estancieiro e proprietário rural de Jango era um impeditivo para seu engajamento numa reforma agrária. A bandeira da reforma agrária é vista por alguns meramente como um canal de agitação política, como populismo e demagogia, sem compromisso com um programa efetivo para implantação da reforma. Mais uma vez percebe-se uma ambiguidade: João Goulart ora é visto como um radical, com um projeto de ruptura com a ordem vigente, ora é rotulado de político incapaz de implementar reformas efetivas em função de sua origem familiar.

O segundo ponto que merece destaque e que aparece com características muito semelhantes em todos os relatos diz respeito ao descompromisso de Jango com a hierarquia e a autoridade. Antônio Balbino,[20] parlamentar pessedista da Bahia, procurador-geral da República (1961/62) e ministro da Indústria e Comércio (1963), político bastante próximo de Jango, declara:

> Jango tinha uma intimidade, uma maneira de conversar com o operariado, com os sindicatos, muito própria dele. Já vinha conversando com eles antes de ser presidente, dizendo se era para fazer greve, para fazer movimento, tinha uma intimidade meio acumpliciativa. Isso enfraquecia a sua autoridade, de maneira que quando ele chegou a presidente... Eu, como consultor-geral ao lado do presidente, via o sujeito se dirigir a ele: "Ô Jango, tu... Um presidente da República!".

---

[19] Depoimento de Antônio Oliveira Britto ao Programa de História Oral do Cpdoc/FGV em 15-9-1983.
[20] Depoimento de Antônio Balbino ao Programa de História Oral do Cpdoc/FGV em 22-9-1983.

INTRODUÇÃO

Na visão de Antônio Balbino era inconcebível que o presidente da República fosse tratado dessa maneira. No exercício da presidência era importante manter a autoridade e garantir o respeito de acordo com uma cultura política tradicional. Se os episódios narrados por Balbino ocorreram exatamente dessa maneira, não é meu objetivo comprovar. De todo modo, a visão que as elites políticas tinham de como Jango negociava com os trabalhadores era algo que incomodava profundamente seus colaboradores, oriundos dessas mesmas elites.

Alzira Vargas[21] apresenta uma explicação para essa postura de Jango: "O gaúcho missioneiro não é humilde, é altivo, e a agregação dele com outros se dá em pé de igualdade, o que era feitio do Jango". Ser tratado pelos outros em pé de igualdade não significaria, portanto, que Jango se submetesse. Abelardo Jurema,[22] do PSD da Paraíba e ministro da Justiça (1963/64), ao traçar o perfil de Jango, destaca sua vocação para a negociação e sua maneira de negociar, aceitando a imposição, mas não fazendo o que fora imposto.

Articulada com essa ideia de que Jango possuía uma visão muito particular de hierarquia e aceitava negociar com os trabalhadores de igual para igual, sem atentar para as formalidades que seu cargo exigia, pode ser destacada outra representação do político habilidoso, mas muito pouco interessado em administração. Na visão de Abelardo Jurema, Jango era um homem de muito diálogo e de muita sensibilidade política, mas não tinha apreço pelos problemas administrativos. Era um homem preocupado principalmente com problemas políticos e partidários. Ainda na visão de Jurema, as circunstâncias teriam levado o presidente a se manter, ele próprio, como o principal negociador do governo. Diferentemente de Juscelino, que lançava mão de colaboradores, políticos e administradores para intermediar as ligações com os trabalhadores, Goulart tomava para si todos os encargos dessa atividade. Assim, a acumulação do posto de presidente da República com o de presidente do PTB criava inúmeras dificuldades para seu governo. A ausência de líderes auxiliares para intermediar conflitos e desobrigar Jango da tarefa de negociar, decidir e executar os acordos com o meio sindical teria criado uma série de problemas para o exercício de sua autoridade. Seu desejo de manter-se em linha direta com os trabalhadores, não delegando a tarefa a outras lideranças do partido, se por um lado garantia os laços com os trabalhadores, por outro, colocava-o na linha de frente dos grupos radicais.

---

[21] Depoimento de Alzira Vargas ao Programa de História Oral do Cpdoc/FGV em 10-5-1979.
[22] Depoimento de Abelardo Jurema ao Programa de História Oral do Cpdoc/FGV em 7-7-1977.

Um último ponto consensual entre os depoentes conservadores refere-se à avaliação equivocada de Jango, e de seus colaboradores mais próximos, sobre a força de sua base de sustentação política. Acreditava-se que os grupos de esquerda dispunham de recursos políticos para garantir o programa de reformas que Jango pretendia implementar. Para Barbosa Lima Sobrinho,[23] "Jango desatou um certo número de forças sindicais e mais tarde perdeu o controle sobre elas". Além disso, Jango avaliava a conjuntura tomando como referência episódios vivenciados por Vargas, tais como sua deposição em 1945 e seu retorno logo depois em 1950. Jango parecia acreditar que a interferência militar, se houvesse, seria de curta duração e permitiria seu retorno político em curto prazo.

Outro setor interessante a ser analisado entre aqueles que produziram depoimentos sobre Goulart e seu governo é o dos tecnocratas. Dele fazem parte engenheiros, economistas e administradores que ocuparam cargos no governo, como, por exemplo, Casimiro Ribeiro, Dênio Nogueira, Octavio Gouvêa de Bulhões e Roberto Campos. Os principais elementos de seus relatos referem-se, como era de se esperar, a questões de ordem econômica.

O déficit das contas públicas, resultante do descontrole das despesas, e uma tendência à hostilidade à iniciativa privada são questões primordiais no depoimento de Octavio Gouvêa de Bulhões. Casimiro Ribeiro aprofunda essa visão ao destacar o que chama de primarismo da assessoria econômica. Se, por um lado, destaca as qualidades pessoais de Goulart, como simpatia, modéstia e amabilidade, por outro, chama a atenção para sua incapacidade de montar uma equipe econômica qualificada. Casimiro Ribeiro descreve a assessoria de Jango "como um saco de gatos que tinha influência de tudo quanto é lado". Os assessores não possuiriam as qualificações adequadas para participar de negociações financeiras internacionais.

Roberto Campos, embaixador do Brasil nos Estados Unidos entre 1961 e 1963, destaca a "orgia inflacionária" e os desequilíbrios econômicos. Além dessas questões de ordem técnica, o discurso de Roberto Campos é extremamente crítico quanto ao envolvimento de Jango com as esquerdas, evidenciado na recusa de Goulart em apoiar a candidatura JK em 1965.

> Goulart, com seu *background* de latifundiário, estava longe de ser o protótipo do esquerdista radical. Mas estava sendo impelido para a radicalização, na perigosa esperança de cavalgar o tigre da esquerda, sem ser comido por ele.[24]

---

[23] Depoimento de Barbosa Lima Sobrinho ao Programa de História Oral do Cpdoc/FGV em 11-10-1977.
[24] Depoimento de Roberto Campos ao Programa de História Oral do Cpdoc/FGV em 8-1-1993.

INTRODUÇÃO

O elemento central da narrativa de Campos é um suposto projeto continuísta de Jango, ou seja, sua manutenção no poder através de uma República sindicalista.

Desse conjunto de depoimentos emerge uma memória construída a partir de elementos incoerentes e, até mesmo, contraditórios. Bondade, incapacidade, modéstia, ingenuidade, periculosidade, caudilhismo são algumas qualidades que compõem uma imagem enigmática do personagem. O que se pode depreender desses discursos marcados pela ambiguidade, que qualificam Jango de fraco ao mesmo tempo que enfatizam uma sede de poder capaz de colocar o país nas mãos dos comunistas?

As vozes da esquerda

O outro conjunto de depoimentos que destaquei engloba os relatos de colaboradores do governo, de integrantes do PCB, do PTB e de algumas lideranças isoladas. Tampouco nesse grupo pude identificar uma uniformidade das representações em torno de João Goulart. Nem mesmo aqui foi possível encontrar uma memória estritamente positiva a seu respeito.

Evandro Lins e Silva, advogado, procurador-geral da República (1961) e chefe do Gabinete Civil (1963), e Hugo de Faria, funcionário do Ministério do Trabalho, chefe do Gabinete Civil (1962/63) e presidente do Banco do Brasil (1964), apresentam uma visão positiva de Goulart. Evandro declara:

> Como presidente da República, procurava decidir todos os problemas de acordo com o interesse do país. (...) Em várias circunstâncias assisti Jango agir como magistrado, como chefe de governo. O interesse público é o que devia prevalecer. Ele trabalhava o dia inteiro e jamais me pediu para atender um assunto que não fosse rigorosamente legal, correto, de acordo com o interesse público. No entanto, tinha horror a assinar papel, detestava a parte burocrática.

Completando sua avaliação, afirma:

> Jango era um animal político. Era um homem que não tinha erudição livresca... Mas tinha uma agilidade intelectual muito grande para compreender os problemas que lhe eram apresentados. Parto do ponto de vista que ele tinha um objetivo patriótico — as reformas. Ele achava que aquilo era a solução do Brasil.[25]

---

[25] Depoimento de Evandro Lins e Silva ao Programa de História Oral do Cpdoc/FGV em 25-1-1995.

Hugo de Faria também oferece uma contribuição para a composição desse personagem, que ele dizia ser "um grande desconhecido". Para ele, Jango possuía duas qualidades fundamentais: a bondade e a capacidade de negociação.

quando ele aceitou o parlamentarismo, foi uma negociação para que não houvesse uma guerra civil no Brasil. E quando abdicou de qualquer resistência em 1964, não foi por medo. João Goulart tinha muita coragem pessoal. Foi porque ele não queria uma luta civil. Ele queria negociar, e não impor.[26]

Outro depoente que ressalta as qualidades positivas de Jango é Paulo Pinto Guedes,[27] governador de Roraima.

Eu achava [Jango] muito habilidoso, era um homem que tinha bastante habilidade política, que sabia contornar crises com *savoir faire*, com uma visão muito prática e esperta dos problemas. (...) Ele era uma pessoa muito educada, um homem assim de bom trato e que tinha uma grande capacidade de persuadir as pessoas com quem tratava. Eu não pude ver nele um homem despreparado, fraco — pude ver nele um homem que tinha bastante preparo para as funções que estava executando e se cercava dos melhores homens que havia na política naquele momento.

Raul Riff,[28] que, além de assessor de imprensa da Presidência, era vinculado ao PCB, traça um perfil de Jango como um "conciliador, um reformista, num país onde o reformismo era apontado pelas forças sociais de esquerda e de direita como um inimigo a abater".

O relato de Hércules Corrêa, membro do PCB e líder do Comando Geral dos Trabalhadores (CGT), reproduz algumas declarações feitas por Jango em negociações com os trabalhadores, como a seguinte afirmativa: "Eu não sou comunista, não quero o comunismo, não quero o socialismo. Defendo o capitalismo com democracia. Não conte comigo para fazer socialismo".[29] No entanto, o líder sindical destaca a disposição de Jango para realizar acordos com os comunistas, com a perspectiva de conseguir apoio para propostas que considerava importantes para o PTB e para seu governo. O PCB, em contrapartida, não entendia a aliança com Goulart como algo que poderia produzir os

---

[26] Depoimento de Hugo de Faria ao Programa de História Oral do Cpdoc/FGV em 4-3-1983.

[27] Depoimento de Paulo Pinto Guedes ao Programa de História Oral do Cpdoc/FGV em 26-6-1984.

[28] Depoimento de Raul Riff ao Programa de História Oral do Cpdoc/FGV em 1-7-1982.

[29] Depoimento de Hércules Corrêa ao Programa de História Oral do Cpdoc/FGV em 27-7-2004.

INTRODUÇÃO   21

resultados que o partido almejava. Não havendo na aliança uma convergência de interesses, apesar da grande proximidade entre o PCB e o PTB, os comunistas constantemente combatiam o governo Goulart, como aconteceu no caso do Plano Trienal.[30]

O que se pode perceber é que os aliados mais à esquerda de Jango não formavam uma base de sustentação segura e estável, em grande medida porque o presidente não correspondia às suas expectativas. De toda forma, essa aproximação pouco ortodoxa gerava nas forças conservadoras uma desconfiança quanto à autoridade do chefe do Executivo, que não reprimia as agitações sociais.

Em contraste com as avaliações positivas sobre Goulart, podem ser apresentados os argumentos de Francisco Julião,[31] deputado federal pelo PSB (1963/64) e articulador das ligas camponesas no Nordeste. Para Julião, a postura política de Goulart era muitas vezes incoerente, o que enfraquecia sua posição:

> Eu considero que a ambivalência do Jango facilitou muita coisa (...) Ele perdia a confiança num setor e não adquiria em outro. Com essa ambivalência o Jango foi criando um vazio em torno de si. Eu creio que não estava errado quando me afastei do Jango. É que perdi a confiança.

O argumento de João Pinheiro Neto,[32] subsecretário do Transporte e Previdência Social (1962) e ministro do Trabalho (1962), em certa medida se aproxima do líder dos camponeses.

> Nós queríamos uma orientação mais firme, mais objetiva, mais racional; mas não houve liderança, nem por parte dos ministros, que não tinham condições institucionais, nem por parte do presidente João Goulart, que tinha do poder o apreço caudilhesco. Ele gostava do poder pelo poder, no sentido de manipulação de favores, das amizades etc. Não tinha a sedução da problemática do poder, o desafio de resolver o problema.

O depoimento de Luís Carlos Prestes expressa claramente o pensamento de boa parte da esquerda naquele período. Afirma o líder do PCB:

---

[30] O Plano Trienal para o Desenvolvimento Econômico e Social foi elaborado pela equipe de governo chefiada pelo economista Celso Furtado e lançado em dezembro de 1962. Conhecido como Plano Trienal, o planejamento econômico buscava frear a inflação por meios ortodoxos, como o controle do déficit público, e garantir a médio prazo o crescimento econômico e o desenvolvimento social.

[31] Depoimento de Francisco Julião ao Programa de História Oral do Cpdoc/FGV em 6-12-1977.

[32] Depoimento de João Pinheiro Neto ao Programa de História Oral do Cpdoc/FGV em 13-6-1977.

O Jango estava num dilema. Ou ficava com os generais, ou ficava conosco, e nenhuma das duas pontas do dilema serviam a ele. Porque ele era um latifundiário, não é? Ele era um elemento da burguesia e representava mais ou menos a burguesia industrial brasileira, mas era no fundo um latifundiário.[33]

Nesse mesmo depoimento, Prestes revisita aquele período histórico e faz algumas críticas ao posicionamento dos comunistas, reconhecendo que "nós [do PCB] cometemos erros, porque naquele momento o essencial era defender o governo de Jango".

Outro relato interessante expressa a visão de Pedro Simon, na época um jovem petebista gaúcho:

Jango era um grande político, competente, capaz, aplicado na articulação e no exercício nas funções executivas. (...) Jango queria influir decisivamente, ter o poder, mas não exercê-lo diretamente, ter o ônus da administração pessoal, dos pequenos atritos. A presidência da República pressupõe uma disciplina, uma gama de preocupações e contatos a que ele não gostava de se submeter.[34]

Na visão de Pedro Simon, o cargo de presidente não havia sido desejado por Jango, caíra em suas mãos sem o devido empenho e sem uma vontade significativa de alcançar a chefia do Executivo.

O ponto principal a destacar nos depoimentos mencionados é que também no interior das forças de esquerda delineia-se uma memória dividida em torno de Goulart. Mesmo entre seus correligionários e colaboradores mais próximos detectam-se avaliações tão críticas quanto aquelas formuladas por seus opositores. A representação aí veiculada é a de Jango como responsável maior pela derrota política diante dos militares. Em muitos depoimentos ressalta-se a ausência de uma liderança de esquerda capaz de agregar e neutralizar os segmentos mais radicais. A competição entre essas forças e sua fragmentação aparecem algumas vezes como um elemento que deve ser considerado em qualquer avaliação histórica sobre o período.

A ideia de que Jango não soube avaliar a conjuntura política do país é um argumento central nos relatos. Pode-se depreender, em uma análise mais atenta, que esse elemento recorrente é um eixo organizador das narrativas para explicar o fracasso da experiência trabalhista de Goulart no Brasil nos anos 1960.

---

[33] Depoimento de Luís Carlos Prestes, prestado em 2-4-1987 e cedido ao Programa de História Oral do Cpdoc/FGV.

[34] Brasil. Assembleia Legislativa do Rio Grande do Sul, 2004:151.

INTRODUÇÃO

"Jango superestimou o poder sindical no país. (...) Esse foi o grave equívoco cometido pelo Jango." Afirmações como esta de Euzébio Rocha,[35] deputado federal pelo PTB, são comuns nos testemunhos dos partidários de Goulart. A essa visão de que Jango teria supervalorizado as potencialidades das forças sindicais, junta-se a avaliação de que teria negligenciado o poder das oposições. Evandro Lins e Silva[36] é bastante explícito ao afirmar que

> ninguém ia dizer ao presidente as dificuldades que ele tem... Eu acho que fui um dos poucos a comentar com Jango as dificuldades. (...) Jango não acreditava absolutamente que houvesse uma conspiração articulada contra ele. Os colaboradores traziam declarações confiantes em seu governo, e nas solenidades ele sempre recebia elogios. Goulart parecia acreditar na opinião e na solidariedade daqueles generais que eram simpáticos ao governo.

Outro importante membro do governo, o economista Celso Furtado — presidente da Sudene e ministro do Planejamento em 1962 —, também enfatiza a dificuldade de expor os problemas ao presidente. Segundo o economista, em uma solenidade da Organização do Estados Americanos (OEA) em Brasília, Jango ouviu uma série de elogios às medidas do governo, muitos deles mera retórica laudatória. Ao final da solenidade, Celso Furtado tentou relativizar a proporção dos elogios, mas percebeu um olhar crítico de Jango. A memória construída a partir de alguns eventos é, portanto, um reforço à imagem de um presidente que não estava disposto a ouvir problemas, e além disso estava cercado de auxiliares que, com as devidas exceções, não pareciam propensos a levar os problemas até ele.

A incapacidade de avaliação de Goulart é ressaltada no depoimento de Francisco Julião:

> Jango desafiou muitas forças sem estar em condições de poder responder a esse desafio. Creio que tocou em muitos problemas, que naquele momento eram bastante graves, com uma certa irresponsabilidade.

O depoimento de Julião, vários anos depois, atribuía a Jango a principal responsabilidade por não perceber os limites da radicalização política — mas deve-se lembrar

---

[35] Depoimentos de Euzébio Rocha ao Programa de História Oral do Cpdoc/FGV em 9-4-1984 e 21-9-1987.
[36] Depoimento de Evandro Lins e Silva ao Programa de História Oral do Cpdoc/FGV em 25-1-1995.

que, na época, o próprio líder dos camponeses não se furtou a exibir o poder das milícias rurais em uma série de manifestações.

Revendo memórias

Uma avaliação geral dos relatos mencionados permite que se perceba que a maioria das representações sobre Jango diz respeito a características pessoais e privilegia o seu período na presidência da República (1961-64). Poucos são os depoentes que focalizam a trajetória de Goulart como ministro do Trabalho (1953/54) ou como vice-presidente da República de Juscelino (1956-61) e de Jânio Quadros (1961). Quais as consequências desse tipo de seleção da memória? A nãoincorporação dessas outras dimensões e momentos da trajetória de Goulart poderia implicar a produção de representações distorcidas sobre o personagem? Um grande número de depoentes destaca o despreparo de Jango e seu desconhecimento dos problemas da realidade brasileira. Na verdade, o silêncio sobre a trajetória de Jango ao lado de Getúlio e sobre seu aprendizado junto às principais lideranças políticas do país, quer como presidente do PTB, quer como ministro, nos acordos políticos sindicais e partidários, nas campanhas eleitorais e no exercício da vice-presidência, desconsidera uma experiência política de mais de 10 anos, como testemunha e ator dos principais eventos da história do país.

Em muitos depoimentos, o desinteresse de Goulart pela gestão da máquina pública e pelas questões técnicas, bem como seu envolvimento pessoal permanente na negociação política são explicações para a incompetência de seu governo. No entanto, essas características da prática de Goulart não precisam ser tomadas obrigatoriamente como negativas, pois a chefia do Executivo pode ser equacionada com auxiliares competentes, capazes de gerir o cotidiano da administração.

Outro aspecto que merece ser destacado é a dificuldade dos depoentes, sejam eles oriundos da esquerda ou de segmentos conservadores, em avaliar a extensão da agenda política de Goulart e perceber as possibilidades e os limites de sua atuação. A agenda das reformas de base, em especial da reforma agrária, é encarada de forma ambígua e contraditória. Para as forças conservadoras, a reforma agrária levaria o país ao comunismo, enquanto para os segmentos de esquerda Jango não estaria efetivamente engajado na mudança da estrutura rural do país. No entanto, em essência, as reformas de base propostas estavam sintonizadas com a agenda da Aliança para o Progresso. A extensão da legislação trabalhista ao campo, a implementação do estatuto do trabalhador rural, o direito de voto para os analfabetos, pontos mais polêmicos do programa de Jango, foram posteriormente implementados, tanto no regime militar quanto na fase de abertura política. Mesmo a

INTRODUÇÃO

reforma monetária constituía um programa de estabilização que acabou sendo posto em prática no governo Castello Branco.

Na verdade, as ideias de Jango estavam longe de um comprometimento com o comunismo. Muitos depoimentos ressaltam que Jango sempre fez questão de se definir como não comunista e como refratário à implementação desse tipo de regime no país. Seu projeto político era dar continuidade ao programa de Vargas e levar a legislação trabalhista ao campo. O engajamento de Jango no programa de redistribuição fundiária, sobretudo no final do governo, seria em parte resultado da competição com outras lideranças de esquerda, como Julião e Brizola, que, com seu radicalismo, empurraram Goulart para posições mais radicais, como o decreto do Supra, que estabeleceu a desapropriação das terras das margens das rodovias, em 13 de março de 1968. As palavras do próprio Goulart são elucidativas:

> A reforma de base no campo deve ser efetivada nos mesmos moldes da reforma encetada por Getúlio Vargas nos centros urbanos. É imperativa a necessidade de organizar a economia agrícola; assim como se impõe, com urgência, aquelas medidas capazes de estender ao camponês os benefícios que a justiça social lhe deve assegurar. Este é o caminho para que cada camponês, cada fazendeiro, produtor ou trabalhador rural, possa transformar-se em consumidor dos produtos nacionais.[37]

Se as propostas de reforma não carregavam uma alta dose de radicalismo, por que foram percebidas por seus opositores contemporâneos como algo tão ameaçador? Muitos daqueles que escreveram sobre o período que antecedeu o golpe de 64 afirmam que não havia uma real possibilidade de implementação de uma revolução de esquerda no Brasil, e que o fantasma do comunismo era um mero pretexto para justificar um golpe militar desejado há muito por setores radicais de direita. Ainda que se reconheça que essa afirmação pode ter uma base de sustentação empírica, a chamada ameaça comunista merece uma análise mais aprofundada. Para isso é importante compreender o papel do medo como aglutinador de tensões e detonador de ações políticas que podem parecer à primeira vista inexplicáveis ou exageradas.[38]

---

[37] Entrevista de João Goulart à revista *Manchete*, em novembro de 1966, no Rio Grande do Sul, 2004:215.

[38] O historiador francês G. Lefebvre, em sua obra *O grande medo de 1789*, analisa o medo e sua propagação na França, na crise do Antigo Regime. Algumas referências importantes de seu trabalho, como as correntes de medo, mensageiros do pânico e a conspiração política, são elementos importantes como detonadores do medo. Ver Lefebvre, 1979.

Na história do Brasil republicano, o fantasma do comunismo sempre foi um elemento importante do imaginário político.[39] Com relação a Goulart, desde sua passagem pelo Ministério do Trabalho, sua imagem começou a ser associada ao comunismo, o que criou grandes dificuldades para a sua posse. Ao longo de seu governo, a onda de medo do comunismo intensificou-se, contaminando inúmeros segmentos da sociedade brasileira, inclusive militares que, a princípio, não eram simpatizantes da conspiração que resultou no golpe militar.

Que elementos permitiram que as falas dos chamados "mensageiros do pânico" encontrassem eco? Um ponto importante a ser considerado é o reatamento das relações diplomáticas do Brasil com a URSS em 1962. Embora as negociações e a aprovação da medida tenham sido respaldadas pelo Congresso, sua concretização despertou muitos temores. Vivia-se uma conjuntura de Guerra Fria, com o cenário internacional dividido entre os países comunistas e o chamado "mundo livre", e a disposição do Brasil de intensificar relações com os primeiros estimulou a desconfiança. Aliou-se a isso a Revolução Cubana de Fidel Castro e seu propósito de exportar a revolução comunista para os demais países da América Latina. Ao lado do quadro internacional, a agenda de Goulart de nacionalização de algumas empresas estrangeiras e a Lei de Remessa de Lucros acenderam a desconfiança internacional e dos setores conservadores brasileiros.

Paralelamente à ação dos mensageiros do medo, que atuavam para interpretar essas iniciativas e amplificar a ameaça do comunismo, devem ser computadas também as ações do próprio governo e das lideranças de esquerda, que alardeavam sua capacidade de mobilização, bem como o potencial revolucionário das massas trabalhadoras.

Os discursos feitos na época por Leonel Brizola, Francisco Julião, Miguel Arraes e muitos outros líderes do PTB e do PCB mostram que havia uma crença de que era possível acelerar o processo de transformação social e de que existiam forças organizadas na sociedade capazes de sustentar esse processo. Com essa postura, as forças de esquerda faziam crer a seus opositores que estavam prontas para tomar o poder, quando na verdade estavam muito longe disso, como ficou evidenciado mais tarde — e não apenas pela postura de Jango de não querer resistir, mas porque as forças de esquerda, por sua fragmentação, por seus cálculos equivocados, não dispunham de recursos. De toda forma, as demonstrações de força materializadas nos levantes militares — revolta dos marinheiros e dos sargentos —, no comício da Central do Brasil (13-3-1964) e na manifestação do Automóvel Clube[40] forneceram elementos para que se intensificasse a conspiração entre

---

[39] Ver Castro, 2002.

[40] No dia 30 de março o presidente Goulart compareceu a uma reunião dos sargentos, no Automóvel Clube do Brasil, que tinham o objetivo de se insurgir contra a oficialidade em alguns regulamentos militares. O discurso de apoio do presidente às reivindicações dos sargentos exacerbou ainda mais os ânimos dos militares contra o governo.

os opositores e se espalhassem as correntes de pânico, divulgando uma ideia de caos, desordem e de marcha inevitável do Brasil para o comunismo.

Celso Furtado, em seu livro autobiográfico, fornece um depoimento esclarecedor:

> Do ângulo em que me situava, dirigindo amplo segmento da máquina administrativa e mantendo contatos permanentes com governadores e personalidades públicas, o que mais me preocupava era o clima de incerteza e a impressão, que começava a predominar na opinião pública, de que o país estava à deriva. Eu sabia que isso não era verdade, pois, no meu setor, tudo estava sendo feito conforme o programado. Mas o que conta nesses momentos é a imagem de si mesmo que o governo projeta.[41]

O relato de Furtado chama a atenção, não para as atividades que estavam realmente acontecendo, mas para a imagem que o governo projetava e para a percepção que dele tinham os atores sociais. Importa aqui destacar não apenas as intenções com que as ações eram efetivadas, mas a maneira pela qual elas eram percebidas e as reações que desencadeavam. A exacerbação do medo dos comunistas teve como uma de suas causas as esquerdas, que faziam questão de exagerar o potencial revolucionário das massas.

Há um tom de reprovação que perpassa a maioria dos depoimentos. Os eventos e aspectos selecionados são sempre acompanhados por avaliações negativas, mesmo nos relatos dos aliados de Goulart. Realizações do governo, como, por exemplo, a implantação da Eletrobrás, que poderia ser mencionada para compor uma outra imagem do período, foram relegadas ao esquecimento. Celso Passos, ministro de Minas e Energia (1962) e deputado pela UDN, reconhece em seu depoimento que a Eletrobrás foi uma grande obra do governo Goulart e que o presidente sempre apoiou e garantiu a gestão técnica do projeto. Merece também ser lembrada a consolidação da Sudene. Ainda que sua criação tenha ocorrido no governo JK, de acordo com Celso Furtado foi no mandato de Jango que a autarquia se consolidou, abrindo uma nova perspectiva para o Nordeste. Igualmente, a implantação da Universidade de Brasília e a definição de suas linhas mestras foram obra de Darcy Ribeiro sob a direção de Jango, fato que não aparece em nenhum relato, permanecendo absolutamente apagado da memória do governo Goulart.

---

[41] Furtado, 1997:269.

Apresentadas essas considerações, resta esclarecer alguns pontos. Em primeiro lugar, ressalto que meu objetivo é compreender os mecanismos de construção da memória sobre Goulart e seu governo, não fazer uma análise das variáveis político-econômicas da crise e, por conseguinte, um julgamento da figura de Jango. Ao mesmo tempo, não se trata de promover uma redenção do líder trabalhista na história do Brasil e de destacar suas possíveis qualidades ou minimizar suas insuficiências. A aposta deste texto é que, enfocando-se os mecanismos de produção dessas memórias, se possa abrir caminho para análises do personagem histórico de João Goulart e de seu governo que se distanciem dos polos cristalizados dessas mesmas memórias. Ou, melhor ainda, que tais memórias possam ser compreendidas a partir dos impasses e limites que se colocaram para o governo Jango, que expliquem também as ambiguidades constitutivas do discurso da maioria dos depoimentos analisados.

Na verdade, as acusações feitas a Goulart e as insuficiências atribuídas a ele, que fazem dele o responsável maior pelo golpe de 1964 e pelos 21 anos de ditadura que se seguiram, devem ser estendidas aos demais atores sociais da época. Limitações e defeitos de uma geração, de uma cultura política, não podem ser atribuídos exclusivamente a um indivíduo. Os equívocos do governo Goulart devem ser pensados como oriundos em grande parte das práticas políticas vigentes no regime de 1945-64. Tanto as avaliações que exageram o papel de Goulart, fazendo dele o depositário de todos ao males e consequentemente o portador de um poder, de uma capacidade de articulação, de um projeto equivocado quanto aos limites de seu tempo e da sua sociedade, quanto aqueles que o retratam como incapaz de articular qualquer proposta consistente expressam uma memória contraditória que iguala em certa medida as forças conservadoras e os segmentos da esquerda.

A proposta deste livro é contribuir para um melhor entendimento do período, buscando explorar outras facetas do governo Goulart de modo a detectar processos pouco percebidos no curto prazo, mas que geraram transformações expressivas a longo prazo. Mesmo que o governo Goulart não tenha conseguido levar a cabo seus propósitos, foi graças à sua ação nessa conjuntura que se colocou em pauta uma agenda com as principais demandas dos trabalhadores rurais. Sua proposta de estender a legislação trabalhista ao campo avançou de forma significativa e estabeleceu as bases para programas e reformas posteriores. Do mesmo modo, a discussão sobre a reforma da educação mapeou os principais problemas, entraves e caminhos, que foram equacionados pelo regime militar.

Se Goulart não foi capaz de implementar reformas importantes demandadas pelos trabalhadores e pela sociedade brasileira de sua época, seu governo funcionou como um campo de experiências, onde inúmeras ideias e novas propostas emergiram.

INTRODUÇÃO

Bibliografia

Além dos livros e artigos listados, foram consultados os depoimentos constantes do acervo de história oral do Cpdoc dos seguintes depoentes: Abelardo Jurema, Afonso Arinos de Melo Franco, Alzira Vargas do Amaral Peixoto, Ângelo Nolasco de Almeida, Antônio Balbino, Antônio Carlos Murici, Antônio Seabra Magri, Arinos Câmara, Armando Monteiro Filho, Assis Lemos, Augusto do Amaral Peixoto, Barbosa Lima Sobrinho, Casimiro Ribeiro, Célio Borja, Celso Passos, Clay Hardman de Araújo, Dênio Nogueira, Edmundo Macedo Soares, Ernâni do Amaral Peixoto, Ernesto Geisel, Eusébio Rocha, Evandro Lins e Silva, Francisco Amaral, Francisco Julião, Francisco Teixeira, Henrique Teixeira Lott, Hugo Faria, João Agripino, João Cleofas, João Pinheiro Neto, Jorge Loretti, Jorge Oscar de Mello Flôres, José Américo de Almeida, José Bonifácio Lafayette de Andrada, José Gomes Talarico, José Gregori, Machado Lopes, Osvaldo Cordeiro de Farias, Oliveira Brito, Osvaldo Lima Filho, padre Antônio Melo, Paulo Pinheiro Chagas, Paulo Pinto Guedes, Raul Ryff e Renato Archer.

ABREU, Alzira Alves de et al. (Orgs.). *Dicionário histórico biográfico brasileiro*. 2. ed. Rio de Janeiro: FGV, 2002.

BANDEIRA, Luiz Alberto Moniz. *O governo João Goulart: as lutas sociais no Brasil, 1961-1964*. 7. ed. Rio de Janeiro: Revan; Brasília: UnB, 2001.

BARRET-DUBROCQ, Françoise (Org.). *Pour quoi se souvenir?* Paris: Académie Universelle des Cultures, Bernard Grasset, 1999.

CASTRO, Celso. *Os militares e a República: um estudo sobre cultura e ação política*. Rio de Janeiro: J. Zahar, 1995. 208p.

――――. *A invenção do Exército brasileiro*. Rio de Janeiro: Jorge Zahar, 2002.

――――. O golpe do ponto de vista dos militares. *IHU On-Line*, São Leopoldo, p. 16-17, 5 abr. 2004.

D'ARAUJO, Maria Celina. *Sindicatos, carisma & poder: o PTB de 1945-65*. Rio de Janeiro: FGV, 1996.

――――ete al. (Orgs.). *Jorge Oscar de Mello Flôres: na periferia da história*. Rio de Janeiro: FGV, 1998.

――――; CASTRO, Celso; SOARES, Glaucio Ary Dillon (Orgs.). *Visões do golpe: a memória militar de 1964*. São Paulo: Ediouro, 2004.

FERREIRA, Jorge. Como as sociedades esquecem: Jango. In: FERREIRA, J.; SOARES, Marina de Carvalho (Orgs.). *A história vai ao cinema*. Rio de Janeiro: Record, 2001.

————. *Imaginário trabalhista: getulismo, PTB e cultura política popular 1945*. Rio de Janeiro: Civilização Brasileira, 2005.

FERREIRA, Marieta de Moraes. João Goulart. In: ABREU, Alzira Alves et al. *Dicionário histórico biográfico brasileiro*. 2. ed. Rio de Janeiro: FGV, 2002.

————; MENDONÇA, Lourival. Goulart no exílio: memória e história. In: SIMPÓSIO NACIONAL DE HISTÓRIA, 22., 2003, João Pessoa. *Anais...* João Pessoa: Anpuh, 2003.

FICO, Carlos. *Além do golpe: versões e controvérsias sobre 1964 e a ditadura militar*. São Paulo: Record, 2004.

FIGUEIREDO, Argelina Cheibub. *Democracia ou reformas? Alternativas democráticas à crise política: 1961-1964*. São Paulo: Paz e Terra, 1993.

FREIRE, Américo (Coord.). *Conversando sobre política: José Gomes Talarico*. Rio de Janeiro: FGV, 1998.

FURTADO, Celso. *Obra autobiográfica*. São Paulo: Paz e Terra, 1997.

GOMES, Angela de Castro. Trabalhismo e democracia: o PTB sem Vargas. In: GOMES, Angela de Castro (Org.). *Vargas e a crise dos anos 50*. Rio de Janeiro: Relume-Dumará, 1994.

GORENDER, Jacob. *Combate nas trevas — a esquerda brasileira: das ilusões à luta armada*. São Paulo: Ática, 1987. (Série Temas, 3 — Brasil Contemporâneo).

HIPPOLITO, Lúcia. *De raposas e reformistas: o PSD e a experiência democrática brasileira (1945-1964)*. Rio de Janeiro: Paz e Terra, 1985.

HUYSSEN, Andreas. *Seduzidos pela memória*. Rio de Janeiro: Aeroplano, 2000.

LAMARÃO, Sérgio. Frente Ampla. In: ABREU, Alzira Alves de et al. (Orgs.). *Dicionário histórico biográfico brasileiro*. 2. ed. Rio de Janeiro: FGV, 2002.

LAVABRE, Marie-Claire. Peut-on agir sur la mémoire? *Cahiers Français: la Mémoire, entre Histoire et Politique*, n. 303, juil./aôut 2001.

LEFEBVRE, Georges. *O grande medo de 1789*. Rio de Janeiro: Campus, 1979.

RIO GRANDE DO SUL (Estado). Assembleia Legislativa do Rio Grande do Sul. *Parlamentares Gaúchos — João Goulart: perfil, discursos e testemunhos (1915-1976)*. Porto Alegre, 2004.

ROUSSO, Henry. *Les dilemmes d'une mémoire européenne* (no prelo). Disponível em alemão em: <www.zeithistorische-forschungen.de/16126041-Rousso-3-2004>. Acesso em: jan. 2006.

SANTOS, Wanderley Guilherme dos. *Sessenta e quatro: anatomia da crise*. São Paulo: Vértice, 1986.

TOLEDO, Caio Navarro de. *O governo Goulart e o golpe de 64*. São Paulo: Brasiliense, 1982.

VILLA, Marco Antônio. *Jango: um perfil (1945-1964)*. São Paulo: Globo, 2004.

2
Memórias em disputa: Jango, ministro do Trabalho ou dos trabalhadores?

*Angela de Castro Gomes**

> Ministro do Trabalho, nenhum outro foi mais combatido, mais caluniado e mais ultrajado até em sua honra pessoal. E tudo isso por quê? Porque não me coloquei ao lado dos poderosos! Porque não desservi trabalhadores! Porque não fiz o jogo dos grupos econômicos contra os sindicatos! Porque não me opus ao salário mínimo! Porque não combati a Lei dos Lucros Extraordinários! Porque não preconizei a entrega do nosso petróleo! Porque não criei obstáculos à Petrobras! Porque não me manifestei contrário à sindicalização dos trabalhadores rurais! Porque não era golpista! Porque não sou entreguista! Enfim, fui atacado, injuriado, combatido, sofrendo o que poucos homens públicos já sofreram neste país, apenas porque fui invariavelmente fiel à minha consciência!
>
> João Goulart, outubro de 1957

E sse é um pequeno fragmento de um longo discurso pronunciado por João Goulart durante a Convenção Nacional do Partido Trabalhista Brasileiro (PTB), do qual era então presidente.[1] Nessa ocasião, ele também era o vice-presidente da República de Juscelino Kubitschek, pois fora conduzido ao cargo, em 1955, em pleito histórico e dramático, uma vez que realizado sob impacto do suicídio de Vargas (agosto de 1954), além de ameaçado pelo movimento de 11 de novembro, que procurou impedir a posse dos eleitos.[2] No discurso de 1957, Jango fez um breve balanço de sua trajetória política, certamente para afirmar sua posição institucional e sua liderança política, ambas questionadas por

---

* Pesquisadora sênior do Cpdoc/FGV e professora titular de história do Brasil da Universidade Federal Fluminense (UFF).

[1] Arquivo João Goulart, JG ptb 1957.10.00, Cpdoc/FGV.

[2] Vale observar que essa foi a primeira eleição na qual se utilizou a cédula única, havendo votação em separado para os cargos de presidente e vice-presidente da República. Jango foi mais votado que JK, que se elegeu com o menor percentual de votos da história da República (apenas 33,85) e com uma concentração de eleitores do interior do país, pois essa era a grande base do Partido Social Democrático (PSD).

JOÃO GOULART: ENTRE A MEMÓRIA E A HISTÓRIA

disputas internas e externas ao PTB. Afinal, com o desaparecimento físico de Vargas, acirraram-se os confrontos por seu legado pessoal, assim como se multiplicaram as iniciativas de redefinição programática do trabalhismo, o que aprofundou mais ainda as disputas entre as lideranças petebistas.[3]

Para os objetivos deste capítulo, a pequena e contundente narrativa de sua curta experiência ministerial durante o segundo governo Vargas[4] é plena de significados. Nela, o orador quer fixar a figura de um político que, por "seu nacionalismo e trabalhismo", viu-se "caluniado e ultrajado", e não apenas em sua honra profissional, mas também em sua honra pessoal, a partir de sua gestão como ministro. É trivial reconhecer que, na carreira de políticos profissionais, ocupar um posto ministerial é algo marcante e crucial para seu futuro político. No caso de João Goulart, não foi, e não poderia ser diferente. Assim, o que desejo destacar é que, mesmo considerando-se essa obviedade, há algo especial a se salientar sobre esse momento, no caso da carreira de Jango. Particularmente, quando se atenta para as histórias e as memórias que sobre ele se construíram, ainda se constroem e, certamente, se construirão no futuro.

Nesse sentido, os oito meses de Ministério do Trabalho de João Goulart podem e devem ser considerados um "acontecimento biográfico", fundador da trajetória desse político, num duplo sentido. Primeiro, pelas marcas que tal experiência produziu na construção de sua imagem para si mesmo e para seus aliados mais próximos, destacando-se os membros de seu partido, o PTB. Uma imagem de político nacionalista e reformista, que estava disposto a pagar um alto preço para se posicionar ao lado dos trabalhadores — urbanos e rurais — ou, em suas próprias palavras, para sustentar uma postura de "fidelidade à sua consciência". Segundo, pelos desdobramentos que essa imagem provocou na movimentação de seus opositores — no fragmento, os "entreguistas, golpistas e poderosos" —, e que, desde 1954, podiam ser facilmente identificados como integrando um grupo de políticos civis, particularmente da União Democrática Nacional (UDN), de expressivos setores militares e de fortes grupos empresariais.

O que proponho para fundamentar esse argumento é um exame mais minucioso da experiência ministerial de Jango, partindo-se da hipótese de que ela é, efetivamente, a base de apoio do processo de produção da imagem desse político para ele mesmo, para seus contemporâneos e para as construções históricas e memorialistas que o tomam como figura central. Portanto, é importante destacar que essa imagem está profundamente marcada pela adesão a valores considerados, no mínimo, muito inovadores e polêmicos.

---

[3] Sobre o período, ver Gomes, 1994:133-160.
[4] Jango foi ministro de Vargas de 17 de junho de 1953 a 22 de fevereiro de 1954; logo, por apenas oito meses.

Ou seja, dependendo de quem esteja avaliando, ela pode ser conotada como altamente positiva ou perigosamente negativa. Uma imagem partida, como a dos políticos em geral (que sempre têm oposit ores), mas que, nesse exemplo específico, ganha força especial, sobretudo após os acontecimentos de 1964, com o regime militar e o exílio de Jango.

Para atingir esse objetivo, vamos acompanhar alguns momentos e eventos desse período ministerial, a fim de demonstrar que a imagem política que Jango fixa para si e para os outros, a partir dessa experiência, realmente encontra sólido terreno. Por isso, teve alto poder de impacto nos anos 1950, produzindo posicionamentos claros e mesmo radicais, contrários a ela ou a seu favor. Essa divisão que institui o perfil de Jango talvez possa explicar em boa parte a ambiguidade que sua figura ganhou com o passar do tempo, bem como iluminar o teor das batalhas de memória que se travam em torno de seu legado político. Dito de outra forma: a disputa de memórias sobre quem é João Goulart na história do Brasil pode se enriquecer com uma outra questão: quem foi João Goulart como ministro do Trabalho? Uma pergunta, vale assinalar, que não precisa supor uma resposta completa ou uma única resposta, podendo se reatualizar no campo da memória, sob o estímulo de novas conjunturas políticas, com o passar do tempo.[5]

Com tal pano de fundo e trabalhando especialmente com a documentação do arquivo pessoal de João Goulart, além de outros arquivos e um conjunto de entrevistas de história oral, este capítulo examinará as circunstâncias em que Jango se tornou ministro; em seguida, como se conduziu e foi sendo avaliado, nessa posição, por seus contatos com autoridades, trabalhadores e a população em geral; e, finalmente, que tensões o levaram a deixar o cargo.

Um novo ministro do Trabalho para Vargas: a posse e a greve dos marítimos

> Quando a gente ia para a esplanada do Castelo discutir as nossas reivindicações as reuniões varavam a noite. A gente ia para lá à tarde e ficava até a manhã do outro dia, discutindo.
>
> Irineu José de Souza, líder dos operários navais

A posse de João Goulart no Ministério de Trabalho em 17 de junho de 1953 não deve ser entendida como um acontecimento político-administrativo como tantos

---

[5] Outro texto que examina a atuação de Jango como ministro é o de Ferreira, 2005, cap. 2.

outros do mesmo gênero, ocorridos anterior ou posteriormente, pelo menos por duas razões. A primeira tem a ver com a escolha do nome do ministro, ou seja, com o que ele representava em função de sua curta trajetória política. Um ponto que foi potencializado pelas circunstâncias em que chegou ao cargo: no bojo de uma reforma ministerial que provocou polêmica entre os contemporâneos e que ainda provoca debates na literatura especializada que trata do período. Isso porque tal reforma tem sido interpretada tanto como uma "virada à esquerda" do segundo governo Vargas, quanto como uma maturação das intenções conciliadoras do mesmo governo, que insistia na busca de um consenso político, aproximando-se do PSD e até da UDN, o que deixava o PTB desprestigiado e descontente. Esta última perspectiva tem ganhado espaço na literatura acadêmica,[6] o que implica pensar por que — sobretudo para os contemporâneos (militares e civis de vários partidos) — interessava ou era possível ver tal reforma como uma "radicalização popular" de Vargas. A resposta está em boa parte, como já se antecipou, nas ações do novo titular da pasta do Trabalho.

A segunda razão se vincula ao contexto específico vivido pelo movimento sindical naquele momento, uma vez que, desde a posse de Vargas em 1951, ocorrera uma retomada das ações sindicais. Tal reativação interrompera um período de repressão — o do governo Dutra —, também marcado pela cassação do registro do Partido Comunista Brasileiro (PCB), que desde 1947/48 entrara na ilegalidade, mas vinha reorientando suas ações em relação ao movimento sindical, do qual se mantivera afastado. Uma aproximação potencializada pelas dificuldades que a economia atravessava e que eram sentidas pelos trabalhadores em virtude do aumento do custo de vida e da perda de valor do salário mínimo. Dessa forma, a situação política era tensa: problemas na economia e agitação sindical, por um lado; decréscimo do prestígio político de Vargas e do governo, por outro.

Segundo alguns petebistas, o próprio Jango não almejava ocupar a pasta do Trabalho na ocasião. Para José Gomes Talarico, por exemplo:

> Ele queria ser ministro da Agricultura, e não ministro do Trabalho. Ele conhecia problemas de gado, do campo e a tendência seria substituir o ministro da Agricultura. A sua convocação para o Ministério do Trabalho foi um ato de desespero do dr. Getúlio, no sentido de entregar o ministério a uma pessoa da sua confiança. Ele tinha constatado que estava se esvaziando e se liquidando frente aos trabalhadores. Assisti,

---

[6] Sobre esse ponto, ver D'Araujo, 1982. Vale ressaltar que Vargas não alterou as chefias dos ministérios militares.

por exemplo, ao 1º de maio de 1953. Foi com o Segadas [Vianna, então ministro do Trabalho]. Realizamos a festa no campo do Vasco porque ficamos com receio de não lotar o Maracanã (...). E me lembro, quando ele [Vargas] estava fazendo o discurso, da desatenção dos assistentes. (...) Com isso, o dr. Getúlio verificou que tinha que mudar radicalmente, 360 graus, para voltar a merecer a confiança, o respeito e a simpatia dos trabalhadores.[7]

Jango tornou-se ministro aos 35 anos; jovem em idade e, de certo modo, também em experiência política. Sua carreira pode ser considerada meteórica, uma vez que, entre 1946 e 1950, alcançara seus primeiros cargos eletivos — deputado estadual e deputado federal pelo Rio Grande do Sul —, aos quais se somou alguma vivência de executivo na Secretaria de Interior e Justiça de seu estado e, principalmente, muita presença na organização do PTB gaúcho. Além disso, o que o qualificou para uma posição tão alta em momento tão delicado foram suas estreitas ligações pessoais com Vargas e sua já inequívoca liderança dentro do PTB. De fato, em 1952, tornou-se presidente do Diretório Nacional do partido, evidenciando talento de negociador em contatos com políticos e sindicalistas. Justamente por isso, Vargas mandara chamá-lo para o Rio de Janeiro e patrocinara sua escolha para a direção do PTB, então conturbado internamente e afastado de suas bases sindicais.

Assim, no início de 1953, Goulart já era identificado, para o bem e para o mal, como um líder partidário de grande penetração na classe trabalhadora, além de receber tratamento e atenção especiais do presidente Vargas. Aliás, o presidente já dera claros sinais disso ao destinar um gabinete para Jango no Palácio do Catete, mesmo sem que ele ocupasse qualquer cargo executivo e, sobretudo, ao evidenciar o quanto apostava e apoiava a nova orientação que o ministro do Trabalho iria imprimir a sua gestão. Exatamente por isso, esse é um momento considerado muito especial para a história do PTB, do getulismo, do trabalhismo e de Jango, pois seria aquele em que se daria partida ao processo de transmissão do carisma de Vargas. Isto é, o próprio Getúlio, em vida, iniciava o que se chama de rotinização do carisma, escolhendo João Goulart como seu maior e melhor herdeiro político.

Jango, portanto, tomou posse por ocasião de uma reforma ministerial e em meio a uma crise que atingia especialmente a pasta do Trabalho. Por conseguinte, importa registrar que Vargas já havia tido dois ministros, ambos do PTB, considerados adequados e competentes, mas ambos não conseguiram cumprir o que o presidente parecia

---

[7] Talarico, 1982.

almejar. O depoimento de Hugo de Faria, que dirigia o Departamento Nacional do Trabalho do ministério, é muito esclarecedor. Apesar de longa, a citação é preciosa, pois, segundo ele:

> O dr. Getúlio tirou o Danton Coelho (...) porque este não realizou o que esperava. Não estou fazendo nenhuma restrição à honestidade de Danton, à lealdade que ele tinha ao Getúlio. O que havia (...) é que ele não tinha o instrumental necessário para ser ministro. Então, o Getúlio botou o Segadas Vianna (...) que era um homem que tinha esse instrumental. Mas Segadas sofreu impactos negativos de que não tinha culpa. (...) É que mesmo tendo sido aumentado o salário mínimo, a inflação disparou e a popularidade do Getúlio começou a ser destruída. (...) na verdade, houve dois fenômenos que foram mortais para a popularidade dele. O primeiro foi que Getúlio pegou o país sem divisas e aí começou o encarecimento de produtos básicos. (...) O segundo foi que Getúlio teve de enfrentar a inflação. (...) A isso tudo se somou uma desgraceira pior: a queda do preço do café, gerando uma balança comercial desfavorável.
>
> O Segadas pegou isso tudo e toda a técnica e todo o conhecimento dele não foram suficientes. A única solução era aumentar o salário mínimo (...). O dr. Getúlio deve ter sentido que a sua popularidade caía. Ele já tinha tentado a solução política — o PTB, com Danton — e não deu certo. Depois tentou a solução profissional com o Segadas (...), mas naquela conjuntura também não deu certo. Finalmente, ele chegou à solução político-partidária que foi o Jango.[8]

A escolha de João Goulart significou uma tentativa de recuperar o diálogo e o prestígio junto ao movimento sindical, substituindo um ministro, também petebista, que vinha se defrontando com uma situação de crescente carestia e de protestos dos trabalhadores, sindicalizados ou não. Por isso, é preciso ter em mente que, mesmo antes da posse de Jango, o número e o teor das greves que ocorriam no país era algo inusitado, sobretudo considerando-se o passado recente da década de 1940, a do Estado Novo e do governo Dutra. Para se avaliar a importância e o impacto do que acontecia, basta lembrar que, em março de 1953, 60 mil trabalhadores foram para as ruas da cidade de São Paulo, numa passeata conhecida como a "da panela vazia", que acabou por desembocar em um movimento que se tornou um marco para o movimento operário: a chamada Greve dos 300 mil.[9]

---

[8] Faria, 1985.
[9] Moisés, 1978.

Essa greve foi extremamente importante para trabalhadores, empresariado e governo, não só pelo grande número de manifestantes que articulou, mas, principalmente, por ter dado origem a um comando intersindical, do qual nasceu uma organização à margem da estrutura corporativa vigente. O Pacto de Unidade Intersindical (PUI) chegou a reunir cerca de 100 sindicatos, rompendo a interdição legal que proibia trabalhadores de diferentes categorias profissionais de se associar, o que produziu, na prática, um comando paralelo à direção oficial dos sindicatos. Entre março e abril de 1953, têxteis, gráficos, metalúrgicos e outros trabalhadores entraram em greve e em confronto com a polícia. Eles acabaram por aceitar o aumento salarial proposto pela Justiça do Trabalho, inferior ao que reivindicavam, mas suficiente para não empanar as principais conquistas do movimento: o aumento do número de trabalhadores sindicalizados e o aparecimento de novas lideranças, que se opunham às direções sindicais estabelecidas, então contrárias ao enfrentamento com o governo e os empresários.

Essa movimentação fica ainda mais bem qualificada quando a ela se agrega a atuação de militantes vinculados ao PCB. Nesse momento, sob a pressão de setores do partido, foi abandonada a postura de se afastar dos sindicatos oficiais, partindo-se para uma disputa de posições em seu interior. Isso significou competir em eleições sindicais, fazer oposição aberta aos chamados pelegos estabelecidos nas diretorias e organizar greves, o que era do pleno conhecimento do Ministério do Trabalho. A própria saída do ministro Segadas Vianna vinculou-se a essa questão, uma vez que seu anticomunismo, muito claro, o levara a assumir uma posição de recusa total de manter contatos com alguém que fosse assim taxado. Esse não era o perfil de Jango, tido como um homem capaz de dialogar com lideranças de trabalhadores, mesmo identificadas como comunistas, o que não significava que, ele mesmo, fosse reconhecido como tendo qualquer inclinação e muito menos filiação ao PCB. Portanto, a substituição não só deixa clara a existência de divergências no PTB no que dizia respeito às relações com o movimento sindical, como explicita o apoio que Vargas se dispunha a dar a essa nova estratégia de aproximação com os trabalhadores e suas lideranças.

Jango chegou ao ministério em um momento extremamente tenso, uma vez que se discutia o encaminhamento a ser dado a uma ameaça de greve dos marítimos, que vinha sendo articulada e já estava marcada para zero hora do dia 16 de junho de 1953.[10] Essa greve ameaçava de paralisação os portos do Rio de Janeiro, Santos e Belém, o que política e economicamente era muito grave, pois o transporte do país se fazia na época, basicamente, ou por ferrovias ou por mar. A aceitação do cargo, a posse e as primeiras medidas como

---

[10] Sobre a greve dos marítimos, ver Barster, 1982.

38 JOÃO GOULART: ENTRE A MEMÓRIA E A HISTÓRIA

ministro representaram um batismo de fogo e o teste de uma nova política, o que pode ser mais bem compreendido com um breve conhecimento da categoria dos marítimos, de suas reivindicações e do tipo de greve que planejavam.

Para tanto, é interessante começar pelo exame de um documento datado de 13 de junho de 1953, assinado pelo Comando Geral da Greve e dirigido ao Ministério do Trabalho.[11] Ele se inicia esclarecendo as razões do movimento e afirmando que "só agora, o ministro Segadas Vianna vem a público declarar que procura solução para os interesses dos marítimos". O governo, portanto, só se movimentara quando a greve fora definida e sua data acertada para 16 de junho. Uma greve, segundo seus líderes, que lutava por direitos consignados em lei e assegurados por decisão do Tribunal Federal de Recursos desde dezembro de 1950, e cujas articulações eram conhecidas por todos, pois a imprensa noticiava os fatos desde o fim de março de 1953. E, para concluir, o documento enfatizava:

> Dizer que não há motivos para uma greve — a mais alta forma de protesto dos trabalhadores e um direito assegurado na Constituição —, quando esta se faz para prestigiar os poderes Legislativo e Judiciário, é ABSURDO. Considerá-la ilegal quando o próprio governo, já nas vésperas de sua deflagração, reconhece justos os motivos que a determinaram é INCOERÊNCIA.[12]

É compreensível a retórica usada pelo comando grevista para afirmar a legitimidade do movimento. Sobretudo quando declara que seu objetivo era o cumprimento da lei e de uma decisão judicial, dando a conhecer que o ministério/governo, como todo o país, desde muito sabia das justas demandas dos marítimos, bem como de sua recente opção pela greve. Nessa lógica, um dos grandes responsáveis pela situação a que se chegara era o ministro Segadas Vianna, que, ignorando os cerca de "100 mil marítimos", os empurrou cada vez mais para a greve. Assim, o documento reforçava o movimento, destacando o tamanho, a força e a importância da categoria, além de acusar a existência de uma ameaça de intervenção da Marinha de Guerra, pela convocação de reservistas para substituir os trabalhadores.

Uma argumentação convincente e consistente, sobretudo quando se examina o arquivo pessoal de João Goulart. Nele, há documentos referentes ao movimento, cobrindo os meses de abril e maio de 1953, tanto advindos da Diretoria do Lloyde

---

[11] Arquivo João Goulart, JG mt 1953.04.13, Pasta I, doc. I-11, Cpdoc/FGV.
[12] Arquivo João Goulart, JG mt 1953.04.13, Pasta I, doc. I-11, p. 1, Cpdoc/FGV (destaque do original).

Brasileiro — falando de "agitação" e de um "mau ambiente" entre o operariado, insuflado por "ideias subversivas" —, quanto produzidos pelos assistentes sindicais, que relatavam o andamento desses "graves fatos". Dessa forma, fica evidente que Vargas e o Ministério do Trabalho estavam perfeitamente inteirados da articulação da greve, assim como tinham conhecimento da presença de "elementos", identificados como "subversivos/comunistas", nos diversos sindicatos. Nesse sentido, a greve dos marítimos permite uma aproximação valiosa e bastante esclarecedora do que faziam e de como agiam esses assistentes sindicais, funcionários nem sempre muito perceptíveis nos relatos sobre greves. Nesse caso, durante o período que precedeu a greve, no decorrer de sua realização e imediatamente depois dela, são numerosos e minuciosos os relatórios dos assistentes sindicais ao chefe do Setor de Cooperação Técnica do ministério. Neles, vê-se que eram instruídos a frequentar as assembleias sindicais, registrando tudo que pudesse interessar sobre seu clima político e sobre o comportamento da diretoria, dos oradores e dos assistentes. Também deviam andar pelas proximidades das sedes dos sindicatos, conversando com trabalhadores, "sentindo" se aprovavam ou não as decisões das assembleias e o que pensavam sobre as autoridades governamentais. Nos termos utilizados nos próprios documentos, os funcionários "averiguavam, faziam diligências e rondas", relatando em seguida suas observações. E elas eram bem cuidadosas e diversificadas, podendo abarcar os termos do discurso de um orador, passando pelo sentimento de confiança ou de revolta que dominara a assembleia, até chegar ao que se comia e bebia durante a reunião ou fora dela. Ou seja, eles deviam informar se os trabalhadores estavam alcoolizados e/ou transtornados etc.

Assim, por meio desses documentos, que cobrem fatos ocorridos em diversos sindicatos e em diversos momentos da greve, torna-se possível saber como o movimento foi acompanhado pelo governo, e que este conhecia e monitorava bem de perto suas reivindicações e articulações. Uma tarefa nada fácil, pois os chamados marítimos, além de numerosos e possuidores de longa e combativa tradição associativa, eram muito diversificados entre si. Apenas para se ter uma ideia do universo de trabalhadores que a categoria cobria e que, em parte, a greve queria articular, pode-se citar os sindicatos: de Oficiais de Máquina da Marinha Mercante, de Oficiais de Náutica, de Operários Navais, de Marinheiros e Remadores, de Foguistas, de Eletricistas, entre outros. Todos reunidos na Federação Nacional dos Trabalhadores em Transportes Marítimos e Fluviais, presidida por João Batista de Almeida, conhecido como Laranjeiras, que se opunha ao movimento grevista e se tornara o alvo preferencial de seus promotores, que, por isso, exigiam sua imediata substituição.

A montagem da greve dos marítimos revela, assim, a atuação de um conjunto de líderes — vários com ligação com o PCB —, que se opunham aos dirigentes já instalados nas diretorias sindicais. Sua intenção era fazer uma radical oposição, ou através das eleições sindicais, ou por outros meios que contornassem o atestado de ideologia, não mais legal, mas necessário na prática para se tornar um dirigente sindical. Um bom exemplo é o de Irineu José de Souza, um dos líderes dos operários navais em 1953, ligado ao PCB desde os anos 1940. Segundo seu relato, tivera dificuldades para se candidatar, devido à necessidade do atestado de ideologia, verificado pelo Dops. Mas, em 1953, conseguiu ser eleito e acabou tomando posse duas vezes, uma das quais, inclusive, com a presença do novo ministro do Trabalho, João Goulart.[13]

Quanto às reivindicações do movimento, elas eram antigas, conhecidas e também documentadas. Envolviam, no geral, apesar de haver variações de sindicato para sindicato, o pagamento de um abono de emergência e de adicionais, do salário-família e de quinquênios para a oficialidade; a criação de um plano de carreira; a regulamentação da jornada de trabalho a bordo, além de melhorias na alimentação a bordo. Nesse contexto, o Sindicato dos Oficiais de Náutica da Marinha Mercante teve um papel-chave, uma vez que dele partiu uma ação ordinária contra a União, reconhecida por sentença do Tribunal Federal de Recursos, por unanimidade, desde o fim do ano de 1950. Porém, a Comissão da Marinha Mercante, outro dos alvos preferenciais dos grevistas, ao lado do diretor do Lloyde, suspendera, em 1952, o cumprimento do julgado, até receber um parecer do consultor-geral da República. Tal parecer, encaminhado ao Ministério do Trabalho, datado de 30 de abril de 1953 e assinado por Carlos Medeiros Silva, se encontra no arquivo João Goulart e é taxativo: aconselha o imediato cumprimento da sentença, "sem evasivas e subterfúgios", até porque não deve o consultor discutir o mérito do julgado. Sendo assim, afirma: "Pouco importa que a execução da sentença venha a acarretar ônus vultosos ou suscitar novas reivindicações. São motivos que não têm pertinência e não podem servir de pretexto a críticas e protelações".[14]

Não espanta que um sindicato integrado apenas por oficiais tenha se constituído em polo agregador do movimento, tanto por ter decidido pela greve, quanto por ter solicitado o apoio dos demais sindicatos. Seus representantes, inclusive, participavam de diversas assembleias, consideradas "agitadíssimas" pelos observadores do ministério, especialmente a partir do início do mês de junho. A dinâmica de articulação entre os sindicatos foi a de construir um Pacto de Ação Comum e não desistir da greve, marcada para o dia 16 de junho, o que se manteve mesmo quando Jango assumiu pessoalmente

---

[13] Souza, 1997, projeto "Na Época dos Operários Navais", coordenado por Angela de Castro Gomes.
[14] Arquivo João Goulart, JG mt 1953.04.13, Pasta I, doc. I-3, Cpdoc/FGV.

as negociações. A estratégia foi então aceitar a mediação de Jango, partindo para conversações, mas não cancelar a decretação da greve.

O que se constata na documentação é que nem a greve, nem suas reivindicações, nem a presença de comunistas entre os marítimos, nem as indisposições com Segadas Vianna eram novidades para Vargas ou para o Ministério do Trabalho. Porém, tal conhecimento não produziu qualquer ação governamental efetiva que procurasse intervir no curso das articulações, a não ser quase às vésperas da deflagração da greve, quando Jango passou a receber os marítimos, antes mesmo de Vargas decidir formalmente a troca de ministros. Um fato que é revelador de um tipo de duplo encaminhamento — por fora e por dentro do ministério —, bem ao gosto do presidente. Um encaminhamento confirmado por atores que ocupavam posições muito diferenciadas no espectro político naquele momento, o que confirma a estratégia de Vargas e o papel que Jango nela desempenhava. Vários depoimentos, como o do sr. Irineu, atestam que muitas lideranças dos marítimos iam ao Palácio do Catete procurar Vargas e conversar com Jango, ainda quando Segadas Vianna era ministro, esclarecendo, inclusive, que uma das reivindicações então efetuadas era justamente a nomeação do presidente do PTB para o cargo de ministro. Dessa forma, da ótica dos marítimos, o principal interlocutor governamental era mesmo João Goulart, razão pela qual ele devia ser o futuro ministro, o que de fato ocorreu e foi entendido pelos trabalhadores como uma vitória do movimento.

Essa versão converge também com o depoimento do próprio Segadas Vianna,[15] que se considerava desprestigiado diante da atuação de Jango, que recebia os sindicalistas e se posicionava contra o presidente da Federação dos Marítimos, o Laranjeiras, um aliado político do então ministro. Sua proposta de enfrentar a greve acionando um decreto do tempo de II Guerra Mundial que permitia a convocação de reservistas da Marinha de Guerra foi considerada um equívoco por Jango. Esta foi a gota d'água que o levou a pedir demissão, prontamente aceita por Vargas. Hugo de Faria também confirma essa linha de atuação e agrega informações sobre o exato momento da nomeação de Jango. Mais uma vez, vale a citação do diretor do Departamento Nacional do Trabalho:

> Quando o Segadas saiu, o ministério ficou acéfalo. (...) Aí, a turma dos marítimos decreta a greve. Decreta a greve à revelia da Federação Nacional de Marítimos, que ainda estava nas mãos do Laranjeiras, que não topava a greve. Dentro dessas características era uma greve ilegal, porque o órgão sindical superior não tinha apoiado. (...) Começo a negociar com os grevistas de dia, mas de noite, eles iam para o Hotel

---

[15] Vianna, 1987.

Regente conversar com o Jango, já nomeado ministro. A turma toda — inclusive os agentes de informação —, que continuavam a trabalhar para mim, me comunicavam: "O dr. João Goulart recebe às tantas horas..." Então fui até o Hotel Regente e falei: "Quero dizer ao senhor, que sou demissionário e comigo todos os meus diretores. Só estou à frente do ministério por um dever funcional, que tenho há muitos anos, mas estou ansioso que o senhor assuma e me conceda exoneração". Ele respondeu: "Não! O senhor continue tratando da greve, pois ainda vou levar uns dias para assumir!" "Então, ministro, vou pedir um favor: não faça mais reuniões com os grevistas aqui. Dupla reunião não pode ser." O Jango teve palavra: "Não vou fazer e quando fizer chamo o senhor". Dois dias depois, ele assumiu, mas, inacreditavelmente, não ia ao ministério. Eu tinha que ficar no ministério o tempo todo. Era uma exaustão! De noite, às 10, 11 horas, eu ia para o Hotel Regente encontrar o Jango. Aí íamos jantar para discutir os problemas. Foram 10 dias de angústia.[16]

Foram efetivamente 10 dias de intensa atividade para todos, uma vez que, em 25 de junho de 1953, um acordo foi celebrado nas dependências do Ministério do Trabalho, diante de uma Comissão de Conciliação, por meio do qual as reivindicações da greve foram, no fundamental, atendidas. Por conseguinte, de 16 a 25 de junho, muitas foram as assembleias sindicais e muitos foram os relatórios dos "agentes de informação", orientados a realizar uma enquete entre os grevistas, além de "sentir o clima" vigente. Segundo seus relatos, o clima era de confiança no movimento e nas negociações, sendo as reuniões realizadas "em ordem" e sem "trabalhadores alcoolizados". Mas havia, sem dúvida, caso providências não fossem tomadas, a possibilidade de a greve se expandir a outras categorias, como a dos ferroviários e a dos carris urbanos, o que seria altamente complicador. Os comentários gerais eram de que crescia o número de sócios dos sindicatos e até mesmo de adesões de não sindicalizados, reforçando a legitimidade dessas associações e de seus representantes, que, como a imprensa noticiava, compareciam à Câmara dos Deputados e conversavam com o ministro do Trabalho. Por isso, uma das perguntas da enquete[17] era, justamente, como Jango estava sendo avaliado naquele momento. As respostas eram unânimes, sendo o novo ministro recebido "com alegria e a certeza de que iria compreender" as justas demandas dos trabalhadores. Quanto à convocação de reservistas navais, era qualificada como tão absurda — destacava-se que

---

[16] Faria, 1982/83. O Hotel Regente era o local de moradia de João Goulart quando no Rio. Segundo este e outros depoentes, a portaria do hotel era uma "verdadeira loucura".
[17] Arquivo João Goulart, JG mt 1953.04.13, Pasta I, docs. I-38, I-39, I-42, I-45, I-48, I-49 e I-50, por exemplo, Cpdoc/FGV.

os marítimos não haviam sido comboiados nos tempos da guerra — que nem merecia consideração. Já a substituição de Laranjeiras no comando da federação, essa era justíssima, mas não devia ser entendida como uma intervenção sindical.

Em síntese, os informantes acreditavam que a greve poderia ser encerrada com rapidez e sem maiores danos com a atuação de Jango, o que de fato acabou ocorrendo quando da assinatura do acordo. Um processo — e esse é o ponto a se ressaltar — que foi acompanhado de perto pelo presidente Vargas, como atesta uma carta do ministro, datada de junho de 1953.[18] Trata-se, na verdade, de um relatório, no qual Jango faz um balanço da situação no momento de sua posse — com a greve dos marítimos no início — e a considera grave, por seus possíveis reflexos na economia, caso não fosse rapidamente encerrada. Ele também enumera as principais causas do movimento: o aumento do custo de vida, a inércia governamental, as reivindicações justas, pois já previstas em lei ou pelo acórdão do Tribunal Federal de Recursos, ao que se somava a questão do presidente da federação e a ação de minorias militantes muito ativas. Tudo isso para deixar claro o encaminhamento que vislumbrava como necessário. Jango considerava factível atender às demandas dos marítimos, até porque elas teriam judicialmente que ser cumpridas.

Por conseguinte, o que a atuação de Jango evidencia e a documentação atesta é que, desde antes de assumir o ministério, sua posição foi a de um mediador entre os sindicatos e o governo. Seu poder derivava de uma autorização pessoal de Vargas, uma vez que era o presidente de um partido político, o PTB, e não um membro do *staff* governamental. A greve dos marítimos foi, portanto, uma espécie de prova de fogo, tanto para o ministro, quanto para uma nova estratégia política de lidar com a questão do aumento do custo de vida e das reivindicações de lideranças sindicais, mesmo as que não ocupavam cargos de diretoria. Dessa forma, não é casual que, na terminologia de outro documento, sem assinatura, produzido entre junho e julho de 1953 e intitulado "Posição do ministro João Goulart", tal estratégia tenha sido nomeada de "política de tolerância". Nessa espécie de avaliação, que não foi produzida para Jango, mas chegou a seu conhecimento, sua política era entendida como visando a produzir uma aproximação maior com os trabalhadores e, por isso, não hostilizava "ostensiva e abruptamente certos elementos", vale dizer, os "elementos" que, sabidamente, mantinham vínculos com o PCB.[19] Até porque, duas grandes forças atuavam no "panorama geral": "as classes

---

[18] Arquivo João Goulart, JG mt 1953.04.13, Pasta II, doc. II-8, Cpdoc/ FGV. A carta/relatório não tem dia, mas deve ter sido escrita entre 18 e 25 de junho, isto é, entre a posse de Jango e o fim da greve.
[19] Arquivo João Goulart, JG mt 1953.06.00-3: "Posição do ministro João Goulart", entre junho e julho de 1953, p. 1, Cpdoc/FGV.

patronais", que, se contrariadas, poderiam influir com seus "argumentos financeiros", e o Partido Comunista, que, após 1947, reorientara seu interesse no tocante aos sindicatos. O PCB, "pela ação de seus agentes e rede de conspiração, podia conturbar a opinião pública" e atingir o governo, o que não era desejável. Finalmente, havia uma conclusão sobre o que se imaginava ser o objetivo do novo ministro. Ele pretendia, na verdade, "sem despertar maiores atenções", estimular a ascensão de novas e sadias lideranças sindicais, que pudessem enfrentar o PCB. Porém, "atirar líderes novos, ainda sem experiência, na luta aberta e direta contra os comunistas é temerário e inútil", sendo a "calma e serenidade do ministro" uma espécie de faca de dois gumes, com a qual se precisava ter muito cuidado.[20]

O teor do documento, ponderando as vantagens e os riscos presentes na estratégia ministerial, explica em parte a dedicação e o empenho de Jango em uma rápida resolução para a greve. Ele sequer compareceu ao ministério, deixando todas as questões administrativas sob a responsabilidade de Hugo de Faria, que respondia, na prática, pelo cargo. Essa experiência, bem-sucedida nesses 10 tumultuados dias, teria desdobramentos, como se verá. Em tais circunstâncias, o acordo selado no fim da greve foi avaliado como uma vitória tanto do novo ministro e de Vargas, quanto dos marítimos, quer do ponto de vista mais objetivo — o do atendimento das reivindicações —, quer do ponto de vista mais subjetivo — o da solidariedade da categoria. O depoimento de Irineu José de Souza, que se recorda vividamente de sua "segunda posse" como presidente do Sindicato dos Operários Navais — uma vez que o próprio Jango se deslocou para Niterói —, traduz o balanço da greve, na ótica dos trabalhadores:

O que de mais importante aconteceu, e acho que ninguém vai contestar, foi a aproximação que se fez entre o operário naval e o comandante de náutica, na greve de 1953. Antes, o comandante de náutica era uma classe privilegiada e completamente afastada dos operários navais. (...) Nós só tivemos acesso a eles nessa greve. Havia ainda a classe dos maquinistas, que era outra classe privilegiada (...). Sem falar nos radiotelegrafistas e outros, que eram considerados oficiais de náutica. Então, com a unidade, nós trouxemos para esta casa [o Sindicato dos Operários Navais] todas as categorias que tinham suas sedes do lado de lá [Rio de Janeiro]. Vieram todos para Niterói. Aqui, nós reunimos o taifeiro, o foguista, o maquinista, o radiotelegrafista, o condutor eletricista, o condutor motorista e o comandante de náutica propriamente dito. (...) A greve de 1953 foi bonita por isso: na unidade que teve. Todas as categorias estavam dentro do movimento.[21]

---

[20] Arquivo João Goulart, JG mt 1953.06.00-3: "Posição do ministro João Goulart", entre junho e julho de 1953, p. 2, Cpdoc/FGV.
[21] Souza, 1997.

A greve dos marítimos certamente não foi considerada bonita por todas as partes nela envolvidas, mas foi emblemática para Jango. Com seu término, ele assumiu efetivamente o cargo de ministro do Trabalho, podendo iniciar a montagem de sua equipe e dar partida a uma política mais ampla e afinada com as diretrizes do PTB e do governo do presidente Vargas. Nesse exato momento, ele foi identificado como um ministro capaz de desenvolver uma política de "tolerância", que evitasse "a luta entre as classes" e que encaminhasse um diálogo com variados tipos de lideranças sindicais, estivessem elas ou não em postos de diretoria. Mas, a despeito disso, sua posição, conforme os termos do relatório de junho/julho de 1953, ainda era uma "incógnita", que comportava muitos riscos.[22]

Um ministro do Trabalho para os trabalhadores: o novo ministério e a demissão de Jango

> Jango no ministério foi uma revolução, foi uma avalanche de novidades, de humanismo, de popularidade e de paternalismo também...
>
> Hugo de Faria

Embora se possa pensar, e com alguma dose de razão, que a avaliação acima esteja marcada pelo exagero e pela admiração que a distância do tempo acentua, não há como ignorar os elementos que a fundamentaram. O primeiro é o fato de seu autor não ser simpático a Jango quando de sua posse, o que também pode ser entendido como um elemento de valorização do vínculo que se criou entre ambos *a posteriori*. Mas, de toda forma, as relações entre o novo ministro e o homem que seria seu braço direito tiveram um início conturbado, uma vez que seus contatos se fizeram em plena greve dos marítimos. Hugo de Faria, na ocasião, era um dedicado funcionário de carreira e, a despeito das desconfianças que nutria em relação a Jango e a seus métodos, manteve-se em sua função durante os "10 dias de angústia" que precederam o fim da greve e a real posse do ministro. Até então, como mencionado, Goulart não comparecia ao ministério, "despachando", principalmente com os grevistas, no famoso Hotel Regente. Só quando os ânimos serenaram é que passou a exercer suas funções com duas características que merecem destaque, pois qualificam o modelo de ministro e de ministério que então se

---

[22] Arquivo João Goulart, JG mt 1953.06.00-3: "Posição do ministro João Goulart", entre junho e julho de 1953, p. 1, Cpdoc/FGV.

inaugurava. Uma experiência que, conforme o argumento deste capítulo, consolidaria a imagem que se construiu de João Goulart, para ele mesmo e para seus partidários e adversários, desde os anos 1950.

A primeira dessas características remete a uma explícita divisão de trabalho no ministério, explicada por Hugo de Faria e atestada por contemporâneos de diferentes posições políticas. Segundo Faria, Jango, após sua posse efetiva, convidou-o a ocupar o cargo de chefe de gabinete, com a clara incumbência de "administrar o ministério". Dessa forma, ele deveria cuidar das rotinas do órgão, assegurando ao ministro ampla liberdade de movimentos para agir politicamente.

> Eu aceitei (...) Eu tinha delegação do ministro para fazer tudo: assinar portaria, não assinar, relutar, mudar. Eu era o ministro administrativo, o ministro técnico, e o Jango era o ministro político. Foi um período bom, em que eu (...) dei cobertura ao dr. João Goulart. Dei mais cobertura ainda porque, na verdade, como não era suspeito de ser comunista, como não era suspeito de ser agitador (...), uma medida minha (...) era considerada normal, medida de administração. Se saísse do Jango, ia ser considerada uma medida com fins políticos. Nesse período, que vai de setembro de 1953 até fevereiro de 1954, dei uma tranquilidade muito grande ao Jango.[23]

A citação, além de deixar evidente o peso das suspeições que já pairavam sobre Jango — a "incógnita" que ele era —, esclarece que o ministro possuía um "projeto político" para o qual queria reservar todo o seu tempo e empenho. A segunda característica envolve exatamente o significado desse projeto, que, obviamente, era do conhecimento do presidente Vargas. Nas palavras do próprio Jango, em seu pedido de demissão de 22 de fevereiro de 1954, "o verdadeiro sentido de minha atuação à frente do Ministério do Trabalho, Indústria e Comércio" era abrir "de par em par" suas portas aos trabalhadores, para sentir de perto suas queixas e reivindicações, o que se anteviu como uma orientação que desagradaria "às forças da reação", fazendo-as se voltar contra ele.[24]

Constituindo-se em um projeto arquitetado desde a posse, as medidas que Jango implementou no ministério foram vivenciadas por seus colaboradores, por líderes sindicais e trabalhadores e, mais ainda, pelos empresários e políticos de oposição ao governo como uma autêntica "revolução" de práticas políticas, com consequências meio imprevisíveis.

---

[23] Faria, 1985.
[24] Arquivo Getúlio Vargas, GVc 1954.02.22-1, pedido de demissão de João Goulart do Ministério do Trabalho, p. 1, Cpdoc/FGV.

Uma "revolução" (palavra nada ingênua) que atingiu tanto a feição da própria instituição, quanto a imagem do político, quer como ocupante do cargo ministerial, quer como pessoa. Essa "revolução" teve duas faces. Uma delas abarcou a dimensão comportamental, mais subjetiva, pois centrada nas relações entre ministro e ministério, por um lado, e sindicatos e suas lideranças, por outro. Mais uma vez, é o depoimento de Hugo de Faria — o ministro administrativo — que nos dá o tom da mudança e a profundidade do impacto causado pelos que a vivenciaram. Para mostrar a real dimensão do que Jango começava a produzir no ministério, ele recua aos tempos do Estado Novo, bem vívido na memória de todos os atores do segundo governo Vargas. Assim, para ele:

> (...) como decorrência do Estado Novo, a figura de ministro era uma figura muito protegida, muito cheia de cerimonial, muito complicada para se ter um entendimento. Para se falar com um ministro era um inferno, uma luta. Quem conseguia falar com ministro era homem de prestígio. O ministro era isolado do contato com a plebe, com a massa. (...) Além disso, havia o formalismo; a pessoa chegava, tinha que falar com a secretária do secretário da secretária; quer dizer, era um quarto ou quinto escalão da seleção. Antes de um ministro ir a uma solenidade se fazia uma análise completa. Normalmente, os pronunciamentos eram escritos. Toda vez que um ministro ia até um sindicatozinho — digo, não no sentido pejorativo, mas no sentido de maior ou menor — ele fazia um discurso escrito. Tudo era superformal, supercontrolado. Essa era a dinâmica do ministério, de que, aliás, eu até gostava (...)[25]

A entrada de Jango em cena, desde sua ação inicial para encerrar a greve dos marítimos, bem como sua disponibilidade de tempo, ou seja, suas prioridades políticas alteraram radicalmente esse sólido cerimonial, indicador e fortalecedor de "lugares" bem estabelecidos e de hierarquias controladas e mantidas como símbolos de autoridade e poder. De maneira muito convergente, tanto funcionários do Ministério do Trabalho, quanto sindicalistas e empresários ficaram, bem ou mal, surpreendidos com as novas rotinas e práticas instaladas por Jango, que se dedicava quase exclusivamente a receber e a conversar com representantes de sindicatos — em especial, de trabalhadores. Seguindo ainda a saborosa narrativa do chefe de gabinete:

> As audiências públicas no Ministério do Trabalho passaram a ser assustadoras. Uma vez por semana, centenas de pessoas chegavam para as audiências, que começavam às

---

[25] Faria, 1985.

quatro horas da tarde e acabavam à meia-noite, uma hora da manhã. Enfim, houve realmente um renascimento do informalismo, pelo estado de espírito de Jango — até certo ponto paternalista — de precisar falar com todo mundo. Então todo mundo ia falar com ele. O Jango, como ministro, tinha capacidade de ter um grande número de contatos. A vida dele começava às 10 da manhã e acabava às duas da manhã e (...) ele só fazia uma coisa: atender gente. Ponha cinco, 10 minutos para grupos de 10, 15, multiplique isso e veja que, por dia, ele atendia a centenas de pessoas. Se um sindicato fazia churrasco, ele ia ao churrasco (...). Havia uma festa na praia de Ramos — estou contando porque esse caso é típico — os moradores queriam falar com ele sobre o problema de casa. Então davam uma comida na praia, e ele ia para a praia, sem camisa, conversar com o pessoal. A maior forma de comunicação do Jango era sua própria capacidade cavalar de trabalhar, de assistir, de ouvir, de ser paciente.[26]

Mas, que propósitos fundamentais tais mudanças visavam atingir, para além, evidentemente, do que elas materializavam pela desritualização das formas de acesso às autoridades? Uma das respostas pode ser encontrada em carta produzida pelo próprio ministro e enviada aos presidentes de sindicatos, pedindo colaboração para a política trabalhista do governo.[27] No documento, o ministro solicita que "cada trabalhador sindicalizado" se transforme "num consciente e eficiente colaborador das autoridades do Ministério", tendo como objetivo a rigorosa "fiscalização do cumprimento da legislação trabalhista". Portanto, trata-se de uma espécie de campanha de ampla mobilização — "com coragem e espírito público" — para trazer ao conhecimento do ministério todas as infrações cometidas contra a CLT. Uma mobilização que tinha como alvo o cumprimento da lei, nada mais do que isso, ou seja, nada mais legal do que isso. Porém, as coisas não eram tão simples. Por um lado, porque se sabia que um dos maiores obstáculos ao cumprimento da legislação era a resistência patronal nos locais de trabalho, ao que se aliava a falta de pessoal dedicado ao trabalho de fiscalização; por outro, porque a lei proibia, por cautelas óbvias, a participação direta do trabalhador no processo de fiscalização das leis.

Contudo, como a carta de Jango adverte, tal proibição não significava uma "atitude passiva de alheamento" por parte dos trabalhadores, os maiores interessados na execução da legislação. Por isso, eles precisavam se associar ao ministério, "sem temerem injustificáveis vindictas (*sic*) dos empregadores" e, desejando cooperar, podiam levar ao conhecimento da direção de seu sindicato qualquer infração cometida contra a CLT: "Por seu turno, o

---

[26] Faria, 1985.
[27] Arquivo João Goulart, JG mt 1953.06.00-1, doc. 1, p. 1, Cpdoc/FGV.

Sindicato deverá encaminhá-la à Delegacia Regional do Trabalho (DRT) competente, remetendo, na mesma oportunidade, cópia ao Gabinete do Ministro (...)".[28] Dessa forma, o trabalhador teria pleno direito de colaborar na "campanha de fiscalização", ao se comunicar com seu sindicato, que, este sim, poderia e deveria encaminhar suas observações não só à DRT de sua região, mas também — é bom notar — diretamente ao gabinete do ministro. Isto é, Jango propunha uma grande mobilização e, através dela, montava um efetivo canal de comunicação entre trabalhadores e ministro, que passava e ultrapassava as delegacias regionais do trabalho e fundava-se nos sindicatos, agentes do cumprimento da lei e dos "princípios de mútua dependência do capital e do trabalho". Uma estratégia que abria as portas do ministério e das DRTs aos trabalhadores e que era corroborada pelo PTB, vivendo, como Vargas, um momento de busca de maiores contatos com o movimento sindical. Uma estratégia, vale frisar, que era do político Jango e também do presidente do PTB, como o deputado Euzébio Rocha registrou, muitos anos depois:

> A entrada de João Goulart para o Ministério do Trabalho trazia implícita a própria proposta do partido no sentido de integrar as amplas massas trabalhadoras em um sistema de governo, ou seja, fazer com que realmente os problemas da comunidade trabalhadora fossem examinados e atendidos (...). (...) porque a essa altura já não se tinha mais, dentro do PTB, a concepção (...) de que os grandes e bons governos de sensibilidade são capazes de salvar a comunidade nacional. Já havia uma nova filosofia (...) que era a de que é preciso que os segmentos da sociedade se estruturem (...). Daí a tentativa do Jango de dar aos sindicatos maior liberdade, maior organicidade, maior organização e maior participação.[29]

Foi certamente também dentro dessa nova filosofia que se acabou de fato com as intervenções em sindicatos e com a exigência do atestado de ideologia, extinto juridicamente, mas em pleno vigor no Dops. Com Jango, a lei passou a ser cumprida, pois o ministério não impedia, nem tomava qualquer medida contrária aos que fossem eleitos, como, aliás, a posse de Irineu José de Souza no Sindicato dos Operários Navais ilustra muito bem. Além disso, e mais preocupante ainda, o ministro cogitava da extensão da legislação trabalhista ao campo, sustentando um programa de reformas econômicas e sociais que chegava a falar até de reforma agrária. Um programa que seu partido, o PTB, abraçava de forma crescente e evidente, a despeito das disputas internas que o agitavam.

---

[28] Arquivo João Goulart, JG mt 1953.06.00-1, doc. 1, p. 2, Cpdoc/FGV. As citações posteriores são do mesmo documento.
[29] Rocha, 1991.

Ficava cada vez mais claro o apoio de Goulart às lideranças sindicais, o que se reforçaria com a convocação de um Congresso da Previdência Social, no qual o ministério encaminhou uma proposta de participação de sindicalistas na administração das autarquias — os importantes institutos de assistência e previdência —, o que lhes permitiria o controle de uma rede de empregos e recursos financeiros.[30] Assim, são perfeitamente compreensíveis as reações à gestão de Jango, especialmente nos meios empresariais e políticos, civis e militares, de oposição a Vargas.

Reações e suspeitas que foram cuidadosamente transmitidas a Vargas, no mesmo modelo dos relatórios dos assistentes sindicais, que frequentavam reuniões de trabalhadores e transitavam em salas do ministério. Embora Jango, em nenhum momento e de nenhuma maneira, tivesse sido identificado como comunista, era responsabilizado pela crescente participação desses "agitadores profissionais", que ele acorbertava e mesmo patrocinava, na medida em que acreditava poder, através deles, fortalecer "suas manobras políticas". Por isso, nos termos de um relatório enviado a Vargas narrando reunião ocorrida no movimento sindical em janeiro de 1954,[31] Jango é taxado de "o orientador oficial desses novos emissários da desordem e da agitação". Na verdade, esses "emissários" possuíam um "gigantesco plano de envolvimentos e desprestigiamentos de personalidades e políticos", cujo termo era colocar Jango na posição de "Salvador da Pátria". O ministro era, nesse e em outros documentos, acusado de fomentador de greves e, particularmente, de o grande apoiador do pleito de aumentar o salário mínimo para Cr$ 2.400, o que criaria desassossego entre as classes produtoras no país. Jango, nessa perspectiva, não pretenderia conciliar patrões e empregados, como seria de seu dever. Muito ao contrário, ele se vinculava a lideranças conhecidas de movimentos de agitação social, algumas agindo até dentro do próprio Ministério do Trabalho e, ainda mais, dentro do gabinete do ministro.[32]

Evidentemente, a política ministerial de aproximação com o movimento sindical realizada por Jango não passou despercebida a seus opositores, que o atacaram duramente, assim como ao presidente Vargas. A prática de Jango de negociar e se antecipar às demandas dos trabalhadores — forçando algumas vezes os empregadores a fazerem concessões — foi frequentemente vista e denunciada, não como uma forma de esvaziar conflitos,

---

[30] Compareceram ao Congresso cerca de 1.200 representantes de sindicatos de diversos estados da Federação. Ver Ferreira, 2005:110-113.

[31] Nota informando sobre reunião no Instituto de Aposentadorias e Pensões dos Empregados em Transportes e Cargas (Iapetec), criado em 1938, com membros do movimento sindical e com a presença de Jango. Arquivo Getúlio Vargas, GV 1954.01.00-4, 4p, Cpdoc/FGV.

[32] O documento refere-se especificamente ao sr. Mário Maia, além de citar uma série de nomes de lideranças sindicais.

mas como uma maneira de estimulá-los e mesmo de "pregar a luta de classes". Nessa ótica e de forma equivocada, Jango não era o ministro do Trabalho, mas o ministro dos trabalhadores; pior ainda, dos maus trabalhadores. Dessa forma ele foi sistematicamente atacado, sobretudo pela grande imprensa, com destaque para a *Tribuna da Imprensa*, do udenista Carlos Lacerda, como "agitador principal" e "cabeça de motim" do movimento sindical. Goulart foi, ao mesmo tempo e paradoxalmente, "um pau-mandado de Getúlio" e o homem que agia enquanto o velho ditador cochilava. De toda forma, a conclusão a que se chegava era que ambos articulavam planos maléficos e continuístas de instalação de uma "República sindicalista".

Por conseguinte, em janeiro de 1954 e com o tema de um novo aumento de salário mínimo em pauta, Jango teve uma imagem amplamente difundida, discutida e dividida. Ele era tanto o político que recebia e ouvia trabalhadores informalmente, articulando a resolução de conflitos antes da eclosão das greves, sendo assim uma liderança hábil e valiosa para projetos governamentais mais abrangentes; quanto o político perigosamente envolvido com comunistas, que estimulava a agitação social e propunha um aumento irresponsável do salário mínimo. Enfim, ele era o comandante de uma "jangada peronista--comunista", que apenas julgava manobrar.

O ponto de irrupção desse tenso processo certamente pode ser datado de início do ano de 1954, quando o ministro propôs o projeto de um aumento de 100% para o salário mínimo. Segundo estudos ministeriais, devido à elevação do custo de vida, a questão salarial continuava explosiva e, para enfrentá-la, era necessário elevar o valor do salário mínimo de Cr$ 1.200 para Cr$ 2.400. Não é difícil imaginar a violenta reação provocada por esse projeto, tanto que, ao que tudo indica, Jango o encaminhou sabendo da possibilidade de sua saída do cargo. Se realmente pensou assim, estava certo.

Os principais lances dessa crise são esclarecedores para se dimensionar o montante da articulação oposicionista a Vargas, articulação que só se concluiria com o episódio do suicídio, em agosto de 1954. O ministro da Fazenda, Oswaldo Aranha, por exemplo, como atesta documento de janeiro de 1954, era totalmente contrário à proposta de Jango, embora salvaguardando, em parte, a situação do ministro. Segundo ele:

> É necessário pôr um fim ao processo de fazer recair no Tesouro, sem recursos para as despesas normais, todas essas liberalidades (...). (...) O dinheiro do Tesouro não pode ser instrumento de demagogia e popularidade para outros administradores ou entidades deficitárias.
>
> Compreendo a atitude do Jango, premido pelas reivindicações operárias, mas, Getúlio, sem uma política de contenção, de que serei o responsável pessoal, marcharemos para

novas emissões, para a anarquia do Tesouro, enfim, para a desordem, que, esta sim, é a pior das greves.[33]

O ministro foi contundente — "nossa gente não te quer compreender e nem ajudar" — e, "por mais que faças", não se corrigirá esse abuso. Mas Aranha sabia com quem estava lidando. Por isso, concluiu a carta explicando que assinara os expedientes "para que decidas como te parecer melhor", uma vez que seu dever era advertir Vargas. E ele não estava isolado nessa posição, que era secundada, com grandiloquência, pelos membros da "Banda de Música" da UDN — parlamentares que faziam muito barulho no Congresso —, com destaque para Carlos Lacerda, que atacava Vargas e Jango com virulência crescente.

Tais acusações não eram novas, mas ganhavam "maior periculosidade" ante o desmedido da proposta do ministro, que queria um aumento de 100% do salário mínimo. Não havia dúvida de que Jango só podia ser um "manipulador da classe operária", "um estimulador de greves", "um amigo dos comunistas", que tinha como plano — naturalmente, com o total assentimento de Vargas — a implantação de uma "República sindicalista" no Brasil. Alimentando tais ataques havia um outro fato. Divulgava-se que Vargas mantinha conversações secretas com Perón, no sentido da formação de um Pacto ABC — Argentina, Brasil, Chile — com evidentes contornos antinorte-americanos e tendências socializantes. Uma mistura explosiva, que associava má condução da política interna (econômica e social), com irresponsabilidade no encaminhamento da política externa. Diretrizes que, levadas ao extremo, seriam capazes de autorizar até mesmo um pedido de impedimento do presidente da República.

Mas ainda houve mais. O chamado Manifesto dos Coronéis, com a assinatura de 82 deles, explicitou o descontentamento dos militares com o tratamento que vinham recebendo do governo e afirmou a impossibilidade de um trabalhador ganhar o mesmo "salário" de um segundo-tenente do Exército. Segundo o manifesto, se o aumento do salário mínimo podia quebrar o país, ele, com certeza, iria esvaziar o Exército de recrutas e de dignidade. Certamente não por casualidade, esse documento foi divulgado quase no mesmo dia em que era oficializada a proposta de aumento do salário mínimo. Assim, em 22 de fevereiro de 1954, um dia que deve ter sido mais quente que o habitual, dois ministros acabaram deixando a pasta: Jango, o do Trabalho, e o da Guerra, o general Espírito Santo Cardoso, substituído pelo general Zenóbio da Costa.

---

[33] Carta de Oswaldo Aranha ao presidente Vargas, de 23 de janeiro de 1954, justificando a impossibilidade de novo aumento aos marítimos e trabalhadores de outras autarquias e sociedades mistas. Arquivo Oswaldo Aranha, AO cp 1954-01-23, p. 1 e 2.

Mas apesar de tudo, no dia 1º de maio de 1954, Vargas anunciou o novo salário mínimo, uma iniciativa entendida por muitos analistas como um gesto extremado para procurar apoio entre os trabalhadores, sobretudo em função da oposição forte e sistemática que recebia do Parlamento, da imprensa e dos militares. Conforme mais uma vez registra Hugo de Faria:

> A saída do dr. João Goulart do ministério foi motivada por uma ação militar, que não se concretizou com a saída de tanques e canhões para a rua; mas se sintetizou numa tremenda pressão junto ao presidente Getúlio Vargas. Realmente, toda essa movimentação teve o objetivo de parar aquilo que João Goulart queria fazer. Se Jango tivesse continuado no ministério, teria conseguido estender a proteção ao trabalhador do campo (...); teria conseguido uma melhor proteção ao empregado doméstico; uma maior participação dos operários na administração dos organismos públicos federais. Então [depois da saída Jango], procurei terminar a tarefa que tinha iniciado — o salário mínimo —, que foi concluída sem maiores problemas. Foi o maior salário mínimo dado em determinada conjuntura.[34]

A carta em que João Goulart pede demissão a Vargas é um documento longo para as circunstâncias — quatro páginas — e também um texto emocionado, no qual ele se preocupa em fixar dois pontos.[35] O primeiro é sua lealdade a Vargas e seu distanciamento de "vaidades pessoais e ambições de mando", que o conduziriam a transigir e não a persistir em suas ações a favor dos trabalhadores, inclusive das "necessidades do trabalhador rural". O segundo é a justificava do aumento do salário mínimo, que atingia "níveis de fome" e só interessava a um capitalismo desumano e antibrasileiro, "que não tendo pátria, não hesita em tripudiar sobre a miséria do povo". Contra ele, Jango se voltava, mas não era o "implacável inimigo do capitalismo", como se propagava, pois existia "um capitalismo honesto, amigo do progresso, de sentido sadiamente nacionalista", que sempre mereceu seu aplauso e apoio. Nesse documento, o ex-ministro e ainda presidente do PTB demarca compromissos e crenças políticas. Fica explicitado que o primeiro e maior desses compromissos é certamente com Vargas e com o trabalhismo. Mas trata-se de um trabalhismo renovado pelo nacionalismo e pelo reformismo, que encontravam eco crescente em uma sociedade que se urbanizava e industrializava em ritmo acelerado. Se a figura de Vargas continuava presidindo e orientando as ações do

---

[34] Faria, 1985.
[35] Pedido de demissão de João Goulart. Arquivo Getúlio Vargas, GVc 1954-02-22-1, Cpdoc/FGV. Todas as citações a seguir são desse documento.

ministro e do PTB, a figura do próprio Jango emerge do texto de maneira independente, como a de um novo líder que buscava construir sua trajetória pessoal, mesmo que ela se fizesse à sombra do carisma do presidente.

Assim, em seu pedido de demissão, que visava facilitar o governo de Vargas, Jango delineia bem as duas figuras que se construíram sobre sua pessoa como ministro e como homem público. Uma figura nitidamente partida, ambígua e surpreendente e, por isso mesmo, muito perigosa. Uma divisão que só se acentuou com o passar do tempo e dos eventos em que Jango se envolveu nos anos 1960, culminando com sua atuação como presidente da República. O ministro que conversava e se colocava ao alcance dos trabalhadores era cada vez mais percebido como um líder fraco e incapaz, como esse pequeno trecho do depoimento de Augusto do Amaral Peixoto expressa tão bem:

> Como todos nós do PSD, eu tinha receio da atitude que João Goulart pudesse tomar como presidente da República, dada a sua atuação quando ministro do Trabalho e a maneira como ele fazia política. No seu gabinete não havia ordem; qualquer um chegava, metia a mão na porta e entrava. Não queria saber quem é que estava lá dentro, ia metendo a mão e entrando. Era um homem nessas condições. Ele achava que isso era democracia, e nós achávamos que isso era falta de hierarquia. Um homem que deixa de ser cidadão para ser ministro, vice-presidente, ou, principalmente, presidente da República, não é possível dar essa liberdade a qualquer um![36]

Uma divisão que persiste nas batalhas de memória que continuam a se travar após sua morte. Batalhas que têm no período de sua gestão no Ministério do Trabalho um momento fundador e absolutamente definidor. Talvez, por esse motivo, se possa encerrar este capítulo que reflete sobre a construção da imagem de Jango com um parágrafo dessa carta de demissão: "Não pretendo recuar, pois, Senhor Presidente, do caminho que até agora venho seguindo. Continuo ao lado dos trabalhadores. Apenas mudo de trincheira".

Bibliografia

BARSTER, Dennis Linhares. *Medição de forças: o movimento grevista de 1953 e a época dos operários navais.* Rio de Janeiro: Zahar, 1982.

---

[36] Peixoto, 1975.

D'ARAUJO, Maria Celina. *O segundo governo Vargas (1951-1954): democracia, partidos e crise política*. Rio de Janeiro: Zahar, 1982.

FARIA, Hugo de. *Depoimento*. Rio de Janeiro: Cpdoc/FGV, 1982/83.

———. *Depoimento 1983*. Rio de Janeiro: Cpdoc/FGV, 1985.

FERREIRA, Jorge. *O imaginário trabalhista: getulismo, PTB e cultura política popular (1945-1964)*. Rio de Janeiro: Civilização Brasileira, 2005.

GOMES, Angela de Castro. Trabalhismo e democracia: o PTB sem Vargas. In: GOMES, Angela de Castro (Org.). *Vargas e a crise dos anos 50*. Rio de Janeiro: Relume-Dumará, 1994. p. 133-160.

MOISÉS, José Álvaro. *Greve de massas e crise política: estudo da greve dos 300 mil em São Paulo, 1953-54*. São Paulo: Polis, 1978.

PEIXOTO, Augusto do Amaral. *Depoimento*. Rio de Janeiro: Cpdoc/FGV, 1975.

ROCHA, Euzébio Martins da. *Depoimento 1984*. Rio de Janeiro: Cpdoc/FGV, 1991.

SOUZA, Irineu José de. *Depoimento*. Niterói: Labhoi/UFF, 1997.

TALARICO, José Gomes. *Depoimento 1978-79*. Rio de Janeiro: Cpdoc, 1982.

VIANNA, José de Segadas. *Depoimento 1983*. Rio de Janeiro: Cpdoc/FGV, 1987.

3
O período Jango e a questão agrária: luta política e afirmação de novos atores

*Mario Grynszpan**

Nossas imagens, nossas formas atuais de percepção do mundo rural brasileiro e de seus agentes guardam estreita relação com processos políticos e sociais ocorridos a partir dos anos 1940 e que atingiram um de seus momentos de maior intensidade no início da década de 1960, durante o governo João Goulart. Consolidou-se nesse período a visão de que havia uma questão agrária a ser resolvida no Brasil, de que a concentração da propriedade fundiária, traço contínuo de nossa história desde os tempos coloniais, era a base de todo um conjunto de problemas com os quais se deparava a grande maioria da população rural, como miséria, fome, isolamento, baixos níveis de escolaridade, precárias condições de moradia e infraestrutura, apenas para citar alguns. Tais problemas, por sua vez, passaram a ser vistos como fortes entraves à industrialização e ao desenvolvimento econômico do país como um todo, na medida em que determinavam a exclusão da população rural, então a maioria de nossa população, do mercado de consumo. Na visão que se firmou, portanto, era fundamental que se resolvesse a questão agrária para que o país pudesse avançar de forma autônoma rumo ao desenvolvimento.[1]

Até pelo menos as quatro primeiras décadas do século XX, os dramas das populações rurais foram vistos predominantemente como decorrências de causas naturais,

---

* Pesquisador do Cpdoc/FGV e professor do Departamento de História da UFF.
[1] Para uma análise dos fatores de mudança nos padrões de percepção do mundo rural brasileiro, em um recorte cronológico mais amplo, ver Grynszpan, 2002. Para uma sociologia histórica do debate intelectual sobre o mundo rural brasileiro, ver Garcia Jr. e Grynszpan, 2002. Ambos os textos foram bases importantes para a redação do presente capítulo.

desde biológicas — como a mestiçagem ou doenças — a climáticas — como as secas. Até esse momento, os termos preferencialmente empregados para se referir ao homem do campo, como campônio, rurícola, sertanejo, caipira, capiau, jeca-tatu, foram fortemente informados por sentidos negativos, estigmatizantes, demarcando diferença, distância, e denotando indolência, passividade, ignorância ou barbarismo. Diante de forças que não controlava — a natureza, sua herança genética —, segundo as representações correntes, o homem do campo se resignava, aceitando passivamente seu destino. Já a partir dos anos 1950 e início dos 60, aqueles mesmos dramas passaram a ser vistos como produtos de problemas históricos do país que, em vez de naturais, eram de ordem social e, portanto, passíveis de ser solucionados por meio de ações políticas. Ao conjunto anterior de termos de referência ao homem do campo sobrepôs-se um outro, abarcando categorias como camponês, lavrador, posseiro, trabalhador rural, marcadas por um conteúdo positivo, indicando reconhecimento, identificação, e expressando maior dinamismo e capacidade de luta. Longe de resignar-se diante do que seria o seu destino, o camponês, na visão que se impôs, lutava para modificá-lo, mobilizando-se, organizando-se e empreendendo ações diversas.[2]

O que passou a ser identificado como origem dos principais problemas do campo, e de boa parte das mazelas da nação, foi o grande domínio rural, o latifúndio. E se era essa a causa de nossos grandes problemas, a solução que foi aos poucos se firmando foi a de sua eliminação via reforma agrária.

O emprego do termo "latifúndio" se generalizou no debate político e intelectual, tornando-se corrente seu uso como se fosse um ente, com vida e vontade próprias. Muito mais do que uma grande extensão de terra, designava um sistema de dominação, base do poder dos grandes proprietários, ou dos latifundiários. Concentrando-se a propriedade fundiária, concentrara-se também, a um só tempo, um enorme poder nas mãos dos grandes proprietários, dotando-os de recursos de controle sobre aqueles que se encontravam em seus domínios, sobre suas redes de sociabilidade e mesmo para além delas.

Com o fim da escravidão, o que se estabeleceu no campo não foi exatamente um sistema de trabalho livre. A terra mantida cativa pelos senhores pesou para que se afirmassem, sob denominações diversas — como colonato nos estados mais ao Sul, ou morada, no Nordeste —, formas de coerção e de imobilização da mão de obra, fazendo das propriedades universos sociais relativamente fechados.[3] Os trabalhadores e suas famí-

---

[2] Os anos 1950 e, sobretudo, os 60 são também de descoberta do campesinato pelos meios artísticos e culturais de modo geral. Sobre essa questão, ver Ridenti, 1993 e 2000.
[3] A ideia de cativeiro da terra vem de José de Souza Martins, 1979.

lias moravam nessas propriedades, ali obtinham não só a subsistência, mas também uma série de outros bens de que necessitavam. Era ali que se desenrolava boa parte da vida social dos indivíduos, que se davam seus contatos e se formavam suas redes de relações mais importantes. Havia, é certo, circulação de pessoas, contatos externos e transferências entre propriedades. Contudo, de maneira geral, o trabalhador estava sujeito a um grande proprietário, a um senhor, preso por uma série de laços, obrigações e dívidas. Quando se transferia de uma propriedade para outra, o que não era corriqueiro nem se dava em ampla escala, o que fazia, na grande maioria das vezes, era deslocar sua sujeição de um senhor para outro.[4]

A imobilização garantia o trabalho, mas era muito mais do que uma forma de contenção e de exploração da mão de obra. O que prendia o trabalhador a uma propriedade não era apenas ter ali trabalho, casa e acesso a um pedaço de terra onde podia ter a sua criação e plantar o que necessitava para a sua subsistência e a de sua família. Não eram, tampouco, apenas as dívidas materiais, que, via de regra, contraía com o grande proprietário. Era tudo isso traduzido em um conjunto de obrigações morais, pessoais, e mesmo de laços de compadrio, que ligavam o trabalhador ao senhor. Não era, portanto, um contrato de trabalho que unia o trabalhador ao grande proprietário, mas uma relação personalizada, que, ainda que fosse de sujeição, supunha uma série de obrigações de ambos os lados. O vínculo pessoal a um senhor abria para o trabalhador a possibilidade de ter acesso a uma morada e a um pedaço de terra, mas também lhe proporcionava proteção e auxílio em determinadas situações. Em troca, ele devia ao senhor não só trabalho, ou produção, mas também respeito, lealdade e apoio nas disputas políticas e lutas faccionais em que este se envolvesse. Quanto maior o número de pessoas vinculadas a um senhor, sob sua dependência — a sua clientela —, maior seu prestígio e seu poder.

Porém, prestígio e poder não resultavam apenas dos vínculos entre um senhor e seus trabalhadores e dependentes. Havia também um sistema de relações pessoais, de laços morais de lealdade, amizade, parentesco, que uniam grupos de senhores, formando redes de interdependência que, *grosso modo*, organizavam, assim como dividiam, a sociedade rural brasileira do topo à base.[5] A capacidade de mobilizar essas redes em momentos como, por exemplo, eleições era uma medida do poder político

---

[4] Para algumas análises mais propriamente focadas nas relações de morada e de colonato, ver Garcia Jr., 1983; Heredia, 1979; Martins, 1979; Palmeira, 1977.
[5] A noção de redes de interdependência vem das análises de Norbert Elias, 1987.

dos grandes proprietários, conformando a base do fenômeno que se convencionou chamar de coronelismo.[6]

O poder dos grandes proprietários garantiu aos interesses agrários uma representação significativa nas instâncias de tomada de decisão, de proposição e de aprovação de leis e políticas públicas. Daí por que medidas que poderiam produzir impactos sobre as relações sociais no campo ou sobre a estrutura fundiária, de maneira geral, sempre enfrentaram forte resistência e dificuldades.

Apesar da resistência a esse tipo de medidas e do fato de que nem todos os que as aceitavam as definiam da mesma forma, ganhou força, entre os anos 1940 e 60, a tese de que era preciso promover mudanças no campo brasileiro. Falar dos destinos do mundo rural significava falar, ao mesmo tempo, dos destinos da nação. Na visão dualista que então predominava havia dois Brasis: um arcaico, feudal para alguns, localizado no campo, identificado com o latifúndio; e outro moderno, capitalista, englobando as grandes cidades.[7] Esse Brasil atrasado, segundo as visões da época, representava um poderoso freio no desenvolvimento da nação brasileira, já que no campo, até a década de 1940, encontravam-se cerca de 70% da população. Eliminar o atraso configurava-se, portanto, como um projeto nacional.

Para alguns, o desenvolvimento almejado seria obtido pela modernização da produção no campo e pela elevação do padrão de vida das populações rurais, via rendimentos e educação, integrando-as ao circuito de consumo de bens manufaturados. Para outros, porém, não havia como alcançar esse resultado sem a extinção do latifúndio, o que só se faria por uma reforma que modificasse profundamente a estrutura agrária do país. O tema da reforma agrária foi, desse modo, projetado para o centro do debate político nacional.

A mudança no eixo dos debates sobre o campo foi consolidada pelo intenso processo de mobilização que ali ocorreu a partir da década de 1940 e, principalmente, de meados dos anos 1950 a início dos 60. Os trabalhadores rurais afirmaram-se, então, como uma das grandes novidades, como atores fundamentais no espaço político do país, identificados sobretudo, a princípio, pelo termo camponês. Entre os elementos que possibilitaram a mobilização estavam as expulsões de camponeses das grandes propriedades.

---

[6] O coronelismo foi analisado por Victor Nunes Leal em sua obra clássica *Coronelismo, enxada e voto: o município e o regime representativo no Brasil* (1948).

[7] *Os dois Brasis* (1959) é o título de um livro do sociólogo francês Jacques Lambert. Referências centrais no debate sobre o dualismo estrutural da sociedade brasileira e a existência de relações feudais no campo são os trabalhos de Alberto Passos Guimarães, 1963; Andrew Gunder Frank, 1964; Caio Prado Jr., 1966. Para uma sociologia desse debate, ver Palmeira, 1971.

O período Jango e a questão agrária   61

Intensificando-se fortemente naquele momento, elas ocorreram por questões diversas, dependendo da região do país. No Nordeste, em estados como Pernambuco, por exemplo, estavam associadas, por um lado, ao declínio dos antigos engenhos e à sua incorporação ao sistema de usina, e, por outro, à expansão, gerada por um aumento da demanda de açúcar no pós-guerra, das áreas de plantio de cana com finalidades industriais, avançando sobre os lotes de uso dos camponeses e de suas famílias. No estado do Rio de Janeiro, no Sudeste, foi o próprio processo de urbanização, impulsionado ainda mais pelo crescimento das migrações do campo para a cidade, que levou a uma transformação do espaço rural, fazendo com que áreas antes voltadas para a agricultura fossem esvaziadas e destinadas a loteamentos. Em regiões de fronteira, como em Goiás ou no Paraná, foi a grilagem que determinou a saída de posseiros das terras que cultivavam.

Com a generalização das expulsões, aquilo que antes era normal, a saída de trabalhadores das propriedades, passou a se intensificar e a assumir um sentido diverso, atingindo um elevado número de pessoas, de forma súbita, simultânea e em áreas distintas. Por isso, quem saía de uma propriedade dificilmente era reabsorvido por outra, pelo menos não nas mesmas condições de antes. O acesso a um lote para cultivo próprio nas propriedades, por exemplo, que até então era uma possibilidade aberta a todos os que se vinculavam a um senhor, ainda que não se aplicasse a todos de fato, deixou de sê-lo. Mais do que isso, longe de se fazer sentir apenas por aqueles que saíam das propriedades, tal situação produziu efeitos também para os que permaneciam, criando um quadro de instabilidade e ameaça.

Para que se possa dimensionar esse processo, e o impacto por ele produzido, cabe observar que, a partir daquele momento, se operou uma mudança radical na distribuição da população brasileira. Se até 1940 cerca de 70% dela se encontravam na área rural e 30% na urbana, em um curto espaço de quatro décadas essa proporção se inverteu, passando a ser de cerca de 30% na área rural e 70% na urbana. Esse êxodo produziu um dramático inchamento nas periferias das cidades e o crescimento de favelas. Estas, que já eram motivo de preocupação desde pelo menos o início do século XX, expandiram-se e se tornaram de tal forma visíveis que passaram, justamente nos anos 1950, a ser objeto de mensuração estatística, como atestam a realização do 1º Censo de Favelas da Prefeitura do Rio de Janeiro e sua inclusão no Censo Demográfico do IBGE.

Na verdade, o que se observava naquele momento era a transformação do mundo rural brasileiro, com a desconstrução progressiva das relações sociais tradicionais. Isso produziu efeitos desestruturadores nas vidas dos trabalhadores, mas a autoridade dos senhores, fundada nas relações tradicionais, se viu também abalada. Dessa forma, a migração para as cidades foi apenas uma das reações possíveis às expulsões. Outra foi o questionamento da autoridade dos grandes senhores por meio da luta por terra e direitos, direcionada por aquelas que seriam também uma novidade no cenário político do país, as organizações camponesas.[8] Essas organizações, a princípio ligas camponesas e associações de lavradores, contribuíram para produzir o ator que representavam. Elas consolidaram a presença do campesinato no espaço político, construindo-lhe uma imagem pública, fazendo com que fosse percebido como grupo, com interesses específicos, com porta-vozes próprios, com uma representação autorizada.

Todos esses processos se aceleraram no início dos anos 1960, durante o governo João Goulart. As lutas no campo se intensificaram, com ocupações de terras em vários estados, e greves e manifestações camponesas nas grandes cidades. A reforma agrária se firmou definitivamente como tema incontornável, mantendo-se constantemente na ordem do dia, ocupando as seções de maior destaque dos jornais, desde os grandes aos pequenos, tornando-se um dos principais eixos do debate e das disputas políticas nacionais, gerando proposições e tomadas de posição. Para além do campesinato, impunham-na ao debate público organizações de trabalhadores urbanos, intelectuais, partidos políticos como o PTB, ao qual pertencia o presidente. A legitimidade do tema expressava-se por um forte apoio da população, como evidenciavam pesquisas realizadas em março de 1964. Segundo elas, 72% dos eleitores das principais capitais, como São Paulo, Rio de Janeiro, Belo Horizonte, Porto Alegre, Recife, Salvador, Fortaleza e Curitiba, consideravam necessária a reforma agrária.[9] Impondo-se como questão obrigatória e legitimando-se, mesmo uma parte dos setores contrários à reforma viu-se constrangida a, publicamente, minimizar sua oposição, afirmando-se favorável a ela. Fazia-o, porém, procurando esvaziá-la do seu sentido redistributivo, qualificando-a tão somente como uma melhoria das condições de vida da população rural via educação e saúde.

Jango assumiu a presidência com ampla margem de desconfiança de diversos setores e sob o controle do Congresso, iniciando seu governo sob regime parlamentarista. Buscou, assim, compor com grupos conservadores, em especial do PSD, de modo a garantir a governabilidade. O PSD era não só o maior partido no Congresso, como também um dos componentes da coalizão governista. Por outro lado, Jango tinha compromissos com movimentos populares e grupos mais à esquerda, cujas ações foram fundamentais para viabilizar sua posse, e à frente dos quais se encontrava, entre outros, Leonel Brizola, então

---

[8] Vários autores que estudam movimentos camponeses chamam a atenção para o fato de que, na sua origem, estão, em geral, rupturas súbitas e generalizadas em relações sociais tradicionais, levando ao questionamento da autoridade dos grupos dominantes. Ver, por exemplo, Bianco, 1975; Moore Jr., 1975; Palmeira, 1977; Wolf, 1973 e 1979.

[9] Lavareda, 1991:156.

governador do Rio Grande do Sul. Isso fez com que o presidente, especialmente durante a vigência do parlamentarismo,[10] se movimentasse de forma oscilante, ora acenando para os conservadores, ora assumindo posturas mais radicais.

Desde logo, o governo conferiu um lugar central à extensão do controle sobre as populações rurais, que, em processo de ruptura de seus vínculos tradicionais com os grandes proprietários, passaram a constituir um grupo politicamente disponível.[11] Seu investimento nesse sentido pode ser aferido pela ênfase especial que deu à reforma agrária, incluída entre as chamadas reformas de base, mudanças de caráter profundo cuja implementação era considerada fundamental ao desimpedimento e à promoção do desenvolvimento nacional.[12] Desde o início, portanto, as ações do governo pesaram para a consolidação da ideia de que o desenvolvimento nacional passava necessariamente pela resolução da questão agrária, e para o reconhecimento do campesinato como um novo ator político.

Um evento de efeito simbólico significativo foi, em novembro de 1961, poucos meses após a posse de João Goulart e ainda na vigência do parlamentarismo, a presença do presidente, assim como a de seu primeiro-ministro, Tancredo Neves, e a do governador de Minas Gerais, Magalhães Pinto, no I Congresso Nacional de Lavradores e Trabalhadores Agrícolas, realizado em Belo Horizonte. O Congresso Camponês de Belo Horizonte, como ficou conhecido, foi um marco importante na afirmação do campesinato e da percepção pública de seus problemas e de suas reivindicações. A presença do presidente e demais autoridades contribuiu sem dúvida para isso, dando projeção e impacto ao encontro. Mais do que isso, Tancredo Neves era do PSD e Magalhães Pinto da UDN, partido de posturas mais à direita. Sua presença no evento junto com Jango, não só como autoridades, mas também como expressões de diferentes posições no espectro político, reforçou, ao mesmo tempo que evidenciou, o amplo reconhecimento do campesinato como um novo ator e a legitimidade da reforma agrária, mesmo que, para cada um deles, esta e a própria afirmação dos camponeses pudessem ter sentidos diferentes. João Goulart, em seu discurso, enfatizou a necessidade urgente de uma ampla reforma agrária no país.

Para além da luta pela reforma agrária, o congresso de Belo Horizonte foi a expressão de outro processo, no qual a ação do governo teve peso importante: o das disputas entre as diversas forças políticas que buscavam consolidar seu controle sobre o novo ator

---

[10] O parlamentarismo foi derrubado por plebiscito em janeiro de 1963.

[11] Camargo, 1981:188-222.

[12] Além da reforma agrária, falava-se na necessidade de reformas nas áreas bancária, fiscal, urbana, administrativa e universitária. Outro importante ponto de discussão era a extensão do direito de voto aos analfabetos e praças de pré.

que se impunha, o campesinato, organizando-o e apresentando-se como seu legítimo representante, seu porta-voz autorizado. No encontro, mediram forças sobretudo dois grupos de grande presença entre os camponeses: a União dos Lavradores e Trabalhadores Agrícolas do Brasil (Ultab) e as ligas camponesas. A Ultab foi criada em meados dos anos 1950, sob a influência do PCB, que mais sistematicamente, a partir da década de 1940, começou a deslocar quadros para a mobilização e a organização do campesinato.[13] As ligas camponesas surgiram na mesma época, a partir de Pernambuco, tendo à frente o advogado Francisco Julião.[14] Enquanto a Ultab tinha uma presença nacional mais forte, a principal base das ligas estava no Nordeste. Acolhendo em seus quadros dissidentes do PCB mais próximos da linha da Revolução Cubana ou identificados com o pensamento do líder da Revolução Chinesa, Mao Tsé-Tung, além de militantes trotskistas, elas eram consideradas um grupo mais radical do que a Ultab, por defenderem a ideia de reforma agrária "na lei ou na marra", isto é, com ou sem o aval do Congresso, pela ação direta do campesinato. Ainda que a Ultab tivesse sido a principal organizadora do congresso de Belo Horizonte e a maioria dos participantes fosse ligada a ela, foram as ligas que deram o tom do encontro. Foi sua palavra de ordem que figurou nas resoluções finais do congresso, reivindicando justamente a realização de uma reforma agrária radical, "na lei ou na marra".[15] O que se deu ao longo dos anos, contudo, até o golpe de 1964, apesar do empenho das ligas em se afirmarem como um movimento político mais amplo, nacional, abrangendo igualmente setores urbanos, foi uma progressiva redução de seu espaço. A ação do governo, principalmente ao promover a criação de sindicatos de trabalhadores rurais, pesou nesse desfecho.

As organizações camponesas criadas até o início dos anos 1960 tinham o estatuto de entidades civis, registradas em cartório, não se constituindo em representações sindicais. Elas eram, principalmente, ligas camponesas e associações de lavradores, cabendo ainda citar o Master — Movimento dos Agricultores Sem Terra —, do Rio Grande do

---

[13] Em seu pleno de janeiro de 1946, o PCB decidiu pela necessidade de "destacar os melhores e os mais hábeis militantes para o trabalho no campo". Era preciso, resolução do partido, "organizar os trabalhadores agrícolas das aldeias e das fazendas para a luta política, para a luta em favor dos seus direitos" (Grynszpan, 1987:72). É certo que, mesmo em períodos anteriores, pode-se encontrar referências a esforços de comunistas no sentido de promover a organização de camponeses. Mas foi a partir da década de 1940 que esse trabalho passou a ser feito de modo mais sistemático e contínuo.

[14] As ligas foram criadas em 1955, nas lutas contra a expulsão dos foreiros do Engenho Galileia, na Zona da Mata de Pernambuco. Projetando o nome de Francisco Julião, elas, até o início dos anos 1960, se expandiram por Pernambuco e por outros estados do Nordeste. Sobre as ligas camponesas, ver Azevedo, 1982; Bastos, 1984; Camargo, 1973; Julião, 1962; Moraes, 1970.

[15] Ver a declaração final do congresso em Julião, 1962:81.

O PERÍODO JANGO E A QUESTÃO AGRÁRIA

Sul. A razão para que o processo de organização do campesinato tivesse assumido essas características iniciais, tomando por base o Código Civil, estava, segundo diversos autores, nas dificuldades existentes para a criação de sindicatos, mesmo sendo ela prevista pela legislação desde o início do século XX. O Decreto nº 979, de 1903, por exemplo, permitia a formação de sindicatos rurais, ainda que não distinguisse entre empregados e empregadores. Essa distinção foi feita por um decreto posterior, o de nº 7.038, de 1944, regulamentado no ano seguinte pela Portaria nº 14. Apesar da possibilidade legal, uma série de entraves obstavam na prática a difusão dos sindicatos e seu reconhecimento pelo Ministério do Trabalho.[16] Esses entraves eram denunciados por alguns jornais na década de 1950, sendo também dirigidos apelos aos diferentes ministros do Trabalho para que pusessem fim à situação. A questão foi tratada na II Conferência Sindical Nacional, realizada em fins de 1959, quando o então ministro Fernando Nóbrega foi apontado como responsável, dizia a denúncia, pela sustação do registro de mais de 40 sindicatos já organizados e que apenas aguardavam o reconhecimento.[17]

Assim, se as organizações de trabalhadores urbanos tinham já uma longa história de atividade e de presença política, na área rural havia, em fins dos anos 1950, somente cinco sindicatos reconhecidos em todo o Brasil. O mais antigo deles, o Sindicato dos Empregados Rurais de Campos, no estado do Rio de Janeiro, datava da década de 1930. Os demais eram: o Sindicato dos Empregados Rurais de Belmonte, criado em 1951 e reconhecido em 1955, e o Sindicato dos Empregados Rurais de Ilhéus e Itabuna, criado em 1952 e reconhecido em 1957, ambos na Bahia; o Sindicato dos Empregados Rurais de Tubarão, criado em 1951 e reconhecido em 1952, em Santa Catarina; e o Sindicato dos Empregados Rurais de Barreiros, Rio Formoso e Serinhaem, criado em 1954 e reconhecido em 1956, em Pernambuco.[18]

Há que se destacar que, em que pese aos óbices interpostos à criação e ao reconhecimento de sindicatos, a legislação facultava a organização em sindicatos àqueles considerados empregados rurais, isto é, aos que se empregavam para trabalhar nas terras de alguém em troca de remuneração. Com isso, ficava de fora toda uma série de categorias, como foreiros, arrendatários, parceiros, posseiros e mesmo pequenos proprietários, aos quais se reservava a possibilidade de ingresso nos sindicatos de empregadores. E eram essas categorias, justamente, que vinham se mobilizando e lutando de modo mais intenso contra os grandes proprietários.

---

[16] Ver, sobre a questão, Alves, 1968; Azevedo, 1982; Bruneau, 1974; Calazans, 1983; Füchtner, 1980; Martins, 1981; Medeiros, 1982.

[17] *Novos Rumos*, 27 nov./3 dez. 1959:5.

[18] Calazans, 1983:9; Ianni, 1975:89.

Esse quadro começou a mudar a partir de 1962, com uma investida mais sistemática do governo e de setores do próprio Congresso no sentido de, via sindicalização, consolidar bases de apoio e institucionalizar o crescente movimento camponês. Presenciou-se, então, uma verdadeira proliferação de projetos, decretos e portarias relativos à sindicalização rural, acompanhados de recomendações explícitas para que fossem desobstruídos os canais de reconhecimento. Além disso, foram aprovadas leis e criadas instituições visando intensificar esse processo. Mais do que simplesmente viabilizar e mesmo acelerar, pela regulamentação, a criação e o reconhecimento de sindicatos no campo, o que a ação do governo acabou por produzir foi a afirmação de uma nova categoria social, a do trabalhador rural, englobando não só os empregados, como na legislação anterior, mas também todo o conjunto de atores em processo de mobilização, até ali reconhecido de modo predominante pelo termo "camponês".

Pelo menos seis portarias relativas ao tema da sindicalização rural foram editadas entre 1962 e 1963. A primeira delas, a Portaria nº 209-A, de 25 de junho de 1962, tomava por base o Decreto-Lei nº 7.038, de 1944, e aprovava instruções para a organização e o reconhecimento de entidades sindicais rurais, tanto de trabalhadores quanto de empregadores. Criava também um quadro de atividades e profissões rurais que devia nortear a formação dos sindicatos, bem como a das associações de grau superior, que eram as federações e confederações. Essas organizações deviam reunir aqueles que exerciam atividades ou profissões idênticas, similares ou conexas. Excepcionalmente, o Ministério do Trabalho poderia permitir a formação de organizações que congregassem mais de uma categoria, tendo em vista as dificuldades para a criação de uma entidade representativa de cada uma em separado. Poderiam ser criadas, de acordo com a portaria, duas confederações: uma Confederação Nacional da Agricultura, reunindo empregadores, e uma Confederação Nacional dos Trabalhadores na Agricultura. Pelo quadro de atividades contido na portaria, porém, posseiros, arrendatários e outras categorias de pequenos produtores ficavam agrupados como empregadores.[19]

Em novembro de 1962 duas novas portarias foram emitidas. A de nº 355-A versava sobre o mesmo assunto da Portaria nº 209-A, mas introduzia mudanças no quadro de atividades. Por ela, os produtores autônomos, pequenos proprietários, arrendatários e trabalhadores autônomos que explorassem atividade rural sem empregados, em regime de economia familiar ou coletiva, eram considerados trabalhadores. Já a de nº 356-A, de

---

[19] *Diário Oficial da União*, 12 jul. 1962, p. 7499-7500.

O PERÍODO JANGO E A QUESTÃO AGRÁRIA

21 de novembro de 1962, regulamentava as eleições para os cargos de administração e representação nos sindicatos rurais.[20]

Em março de 1963 foi aprovado pelo Congresso o Estatuto do Trabalhador Rural. O estatuto tornava extensivos ao campo direitos que os trabalhadores urbanos já haviam incorporado décadas antes, como a obrigatoriedade do registro em carteira profissional, salário mínimo, repouso semanal e férias remunerados, entre outros. O estatuto penara longos anos no Congresso, onde começou a ser discutido ainda em meados da década de 1950, em função da resistência de setores identificados com os proprietários. Sua adoção só se deu em uma nova conjuntura, marcada pelo fim do parlamentarismo e por um processo crescente de pressões sobre o Congresso para a realização de uma reforma agrária.[21] Mais, tratava-se de um Congresso cuja composição havia sofrido alterações importantes por força das eleições de 1962. O crescimento do eleitorado havia determinado o aumento do número de cadeiras de 326 para 404. Destas, o PSD ocupou 118, mantendo-se como a maior bancada, ainda que seu crescimento tivesse sido pequeno em relação à legislatura anterior, quando tinha 115 cadeiras. Quanto ao PTB, praticamente dobrou seu número de representantes, passando de 66 para 116 e tornando-se a segunda bancada, ultrapassando a UDN, que de 70 pulou para 91 cadeiras.[22]

Além de instituir direitos, o Estatuto do Trabalhador Rural também contemplava a formação de organizações sindicais, inclusive de grau superior.[23] Seguiram-se a ele três novas portarias para regulamentar a questão. A de nº 346, de 17 de junho de 1963, trazia instruções sobre a organização e o reconhecimento das entidades sindicais rurais. Esboçava um novo quadro de atividades rurais e listava os posseiros como trabalhadores autônomos.[24] A portaria seguinte, de nº 347, também de 17 de junho, regulamentava as eleições para os cargos dos sindicatos rurais. Finalmente, a Portaria nº 531, de 11 de novembro do mesmo ano, aprovava instruções referentes à execução das duas anteriores no tocante à fundação dos sindicatos de trabalhadores rurais.[25]

Paralelamente a essa intensa produção legislativa, o governo criou também, por lei delegada de 11 de outubro de 1962, aquele que seria seu principal instrumento de

---

[20] *Diário Oficial da União*, 27 nov. 1962, p. 12236 e 12238.

[21] A aprovação do estatuto não significou, é claro, que os trabalhadores rurais como um todo tenham efetivamente se apoderado dos direitos previstos. Ainda hoje é precária a implementação dos direitos sociais no campo. Em alguns casos, a aprovação levou mesmo os proprietários a intensificar as expulsões, temerosos dos custos que os novos direitos imporiam. Ainda assim, o estatuto tornou-se um importante instrumento de luta para os trabalhadores rurais.

[22] Villa, 2004:87.

[23] Ver o texto do Estatuto do Trabalhador Rural em *Vade-mécum agrário* (Incra, 1978:771-805).

[24] *Diário Oficial da União*, 21 jun. 1963, p. 5440-5441.

[25] *Diário Oficial da União*, 27 jun. 1963, p. 5577-5579; 20 nov. 1963, p. 9792.

intervenção na questão agrária, de maneira mais ampla, e na sindicalização rural, de modo mais específico: a Superintendência de Política Agrária (Supra). Apesar de ter a seu cargo o planejamento, a promoção e a execução da reforma agrária e de medidas complementares de assistência técnica, financeira, educacional e sanitária, dispondo para tanto de poderes especiais de desapropriação, a Supra exerceu grande influência na sindicalização rural, por intermédio de seu Departamento de Promoção e Organização Rural (Depror).[26] A ela coube, juntamente com o Ministério do Trabalho, dar apoio institucional à criação de sindicatos, seja liberando as verbas necessárias para o início de seu funcionamento — aquisição de sede e pagamento de serviços de contadores e advogados —, seja facilitando o seu reconhecimento.[27] Dessa atuação conjunta resultou, em meados de 1963, a criação da Comissão Nacional de Sindicalização Rural (Consir), na qual a Supra tinha forte representação.[28] Entre as metas básicas da Consir estavam a fundação de sindicatos e a realização de planos integrados de atendimento das reivindicações das populações camponesas em áreas específicas, sobretudo no âmbito do direito civil e do direito trabalhista.[29]

Para se ter uma ideia de como todas essas medidas influíram no processo de sindicalização rural basta ver que, dos apenas cinco sindicatos reconhecidos em todo o país em fins dos anos 1950, saltou-se para mais de mil no início de 1964, e mais de 40 federações. Acrescente-se a isso a própria criação da Confederação Nacional dos Trabalhadores na Agricultura (Contag), em dezembro de 1963, reconhecida em 31 de janeiro de 1964.

Esses dados podem ser lidos, por um lado, como reveladores de uma demanda reprimida pela criação de entidades sindicais de trabalhadores rurais. Regulamentando-se e eliminando-se os óbices à criação dessas entidades, elas rapidamente se disseminaram, ganhando forte expressão numérica. Várias das antigas organizações, como as associações de lavradores, transformaram-se em sindicatos. Contudo, o que os dados também revelam é que a demanda por sindicatos foi igualmente produto da própria legislação e da ação do governo, que unificou o campo de disputas entre as forças que concorriam pelo controle do campesinato, determinando suas regras, definindo, vale dizer mesmo restringindo as organizações que, juridicamente, deteriam o monopólio da sua representação no nível municipal (os sindicatos), no estadual (as federações) e mesmo no

---

[26] *Correio da Manhã*, 13 out. 1962, p. 3. O texto da lei delegada que cria a Supra também pode ser encontrado em Magalhães, 1970:165.

[27] Camargo, 1981:221.

[28] Dreifuss, 1981:304.

[29] Calazans, 1983:37.

nacional (a Contag). Mais: ao fazê-lo, a ação do governo pesou para a criação da própria categoria a ser representada — o trabalhador rural —, caracterizando-a, definindo seus direitos, determinando seus instrumentos de defesa e de representação, distinguindo-a de seu oposto, os empregadores. Ao alterar, portanto, a legislação sindical, criando a figura jurídica mais abrangente do trabalhador rural, ao mesmo tempo que removeu os entraves ao reconhecimento de sindicatos e instituiu direitos no campo por meio do Estatuto do Trabalhador Rural, o governo João Goulart impôs um novo espaço e um novo móvel de disputas para aquelas forças. Obter o controle, poder falar em nome dos trabalhadores rurais, ser reconhecido como seu porta-voz autorizado, tudo isso passou a estar diretamente associado à capacidade de formar o maior número de sindicatos e de federações, condição fundamental para se conquistar a direção da Contag. Por outro lado, falar em nome dos trabalhadores rurais, representá-los, significava construir o próprio grupo que se buscava representar. Isso se fazia pelo esforço de agrupamento, de arregimentação, mas também pelo de classificação de categorias diversas, que iam desde assalariados até pequenos proprietários, passando por arrendatários, posseiros, parceiros, colonos, foreiros, moradores, entre outros, como trabalhadores rurais. Para além do pertencimento a uma organização sindical, o que estava em jogo com o trabalho de classificação era a própria possibilidade de se ter acesso e poder se apropriar dos direitos instituídos pelo Estatuto do Trabalhador Rural.

As forças presentes no campo se engajaram fortemente na disputa pela formação e pelo reconhecimento de sindicatos e também de federações, tendo em vista o controle da futura Contag. O PCB, por intermédio da Ultab, foi uma dessas forças. Vários foram os sindicatos criados sob sua influência. Outra força foi a Igreja Católica, que, embora ocupando uma posição predominantemente conservadora e buscando neutralizar a influência das esquerdas no campo, terminou por produzir formas de atuação bastante distintas. A presença da Igreja na área rural era bem mais antiga do que a dos grupos de esquerda, tendo atuado, de maneira geral, próxima dos grandes proprietários. A partir mais claramente dos anos 1950, algumas mudanças começaram a ser notadas. Em 1950, dom Inocêncio Engelke, bispo de Campanha, em Minas Gerais, alertou em sua pastoral para a chegada de agitadores à área rural e para o perigo de a Igreja vir a perder os camponeses como, segundo ele, já havia ocorrido com o operariado. Conclamava assim a pastoral, e também os proprietários, a se anteciparem à revolução, promovendo a melhoria das condições de vida das populações rurais. Sua pastoral tinha o título de *Conosco, sem nós ou contra nós se fará a reforma rural*.[30] Dessa forma, foi durante a década

---

[30] Engelke, 1977.

de 1950 que a Igreja começou a atuar mais sistematicamente junto ao campesinato, inclusive organizando-o. Um dos meios de sua atuação foram organizações leigas como os círculos operários, surgidos no Rio Grande do Sul em 1932 como uma iniciativa do padre Leopoldo Brentano para promover a doutrina católica e reforçar os vínculos da Igreja com os trabalhadores, influindo diretamente nos sindicatos. Essa ação procurava conter a influência dos grupos de esquerda. Os círculos se expandiram nacionalmente durante o Estado Novo, com o apoio e o incentivo aberto do governo. Já nos anos 1950, sua ação se estendeu também ao campesinato, criando organizações e formando lideranças em uma perspectiva marcadamente conservadora. Eles se opuseram ao governo João Goulart e se mostraram favoráveis ao golpe de 1964. Da ação mais conservadora da Igreja surgiu o chamado sindicalismo cristão.

Não foi essa, porém, a única linha de ação que resultou da implementação da doutrina social da Igreja no campo naquele momento. Outro desdobramento foi a conformação de um grupo de esquerda católico que terminou se afastando da Igreja, opondo-se à ação dos círculos operários e aproximando-se do PCB. Isso se deu, em larga medida, pela ação de jovens que haviam trabalhado na promoção da sindicalização rural por meio de um programa voltado para a educação pelo rádio, o Movimento de Educação de Base (MEB), criado em fins da década de 1950 na arquidiocese de Natal, no Rio Grande do Norte, que tinha então à frente dom Eugênio Salles. A partir do início dos anos 1960, o programa se expandiu para outros estados, impulsionado por um convênio com o Ministério da Educação. Foi importante, no trabalho desenvolvido pelo MEB, a presença de quadros da Ação Católica, outra entidade leiga, criada nos anos 1930, no Rio de Janeiro, pelo cardeal Leme. A Ação Católica era formada por grupos de jovens como a Juventude Universitária Católica (JUC), a Juventude Estudantil Católica (JEC) e a Juventude Operária Católica (JOC). Esses grupos acabaram adotando posturas mais à esquerda e criando uma organização autônoma em relação à hierarquia da Igreja, e de caráter claramente político, a Ação Popular (AP).[31] Foi o PCB, em aliança com a AP, que terminou por controlar o processo de criação da Contag, sendo o primeiro presidente Lyndolpho Silva, antigo dirigente da Ultab e militante do partido. Embora perdedor, o sindicalismo cristão continuou representando uma grande força entre os trabalhadores rurais, o que lhe valeu uma posição de predomínio mais adiante, após o golpe de 1964, quando foram excluídas do jogo político as lideranças de esquerda.

O grande derrotado nesse processo, porém, o grupo que de forma mais clara viu declinar sua presença e sua influência junto aos trabalhadores rurais foi justamente aquele que, no nível das representações correntes, é ainda hoje o mais comumente identificado

---

[31] Wiarda, 1969; Bruneau, 1974; Füchtner, 1980; Kadt, 1970.

com a mobilização ocorrida no período: as ligas camponesas. A sindicalização contribuiu em parte para o seu isolamento. Na visão das lideranças das ligas, os sindicatos eram a forma de organização mais indicada para os assalariados rurais, cujas reivindicações eram de natureza trabalhista. No caso das demais categorias — foreiros, arrendatários, parceiros, posseiros, sitiantes —, que denominavam camponesas e que percebiam como essencialmente revolucionárias, uma vez que, em sua luta pela terra, se opunham aos latifundiários, um dos principais setores das classes dominantes, pondo em xeque, portanto, sua existência e a própria ordem social vigente, as suas associações deviam ter um caráter civil, guardando autonomia em relação à estrutura e ao controle do Estado. Mesmo essas categorias, todavia, acabaram se organizando nos sindicatos, que dessa forma se impuseram como possibilidade única.

A radicalização das ligas, levando-as a assumir uma atitude de firme autonomia em relação ao governo, contribuiu também para o seu isolamento, não só por tê-las mantido fora da concorrência pela criação de sindicatos, mas também pelo temor que gerava nos setores conservadores. Em 1962, alguns de seus militantes foram presos em Goiás, segundo o noticiário, portando armamento que seria destinado à formação de grupos de guerrilha. Naquele mesmo ano, Francisco Julião investiu na transformação das ligas em um movimento político mais amplo, nacional, não restrito à área rural, criando o Movimento Revolucionário Tiradentes (MRT). Meses depois, na queda, no Peru, de um avião onde viajavam diplomatas de Cuba, teriam sido descobertos documentos evidenciando vínculos entre o MRT e o governo desse país.[32] A iniciativa de Julião não teve sucesso e a presença das ligas, de fato, acabou por declinar.

Se a ação do governo foi fundamental no desenrolar desse jogo político, é preciso ver que ela não incidiu unicamente sobre a sindicalização no campo. Como já se disse, o governo João Goulart investiu seguidamente na tentativa de realizar uma reforma agrária no país. Os recursos legais para a desapropriação de terras já existiam. A medida era prevista pelo art. 141 da Constituição em vigor, a de 1946, e já vinha sendo implementada por alguns governos estaduais, como o de Pernambuco, que desapropriou o Engenho Galileia, berço das ligas camponesas, em fins da década de 1950. Também o governo do estado do Rio de Janeiro chegou a desapropriar algumas fazendas onde havia conflitos, por intermédio de seu Plano Piloto de Ação Agrária, criado na administração do petebista Roberto Silveira (1959-61). Leonel Brizola, em 1962, quando ainda governador do Rio Grande do Sul, também decretou a desapropriação de duas fazendas, Sarandi e Camaquã.

---

[32] Villa, 2004:90-92.

Com Jango, o governo federal passou a tomar para si a iniciativa de intervir na estrutura agrária do país, e a criação da Supra foi um passo importante nesse sentido.

Com a criação da Supra o governo federal, além de incentivar a organização dos trabalhadores rurais em sindicatos, passou a ter um canal de intervenção direta nas lutas no campo. Foi para ela, por outro lado, que os trabalhadores em luta passaram a dirigir suas reivindicações. Tendo uma linha de ação que era vista como fundamentalmente favorável aos trabalhadores, a Supra foi alvo de pesadas críticas dos proprietários.

O primeiro superintendente da Supra, João Caruso, ligado a Leonel Brizola, permaneceu no cargo até junho de 1963. À frente do órgão, Caruso foi acusado de incentivar os conflitos no campo, decretando a desapropriação de fazendas ocupadas, como ocorreu no estado do Rio de Janeiro. Ali, sucessivas ocupações vinham ocorrendo, resultando algumas delas na decretação da desapropriação das áreas ocupadas. De 15 áreas cuja desapropriação foi decretada pela Supra até o final de 1963 em todo o Brasil, sete, ou seja, cerca de 50% localizavam-se no estado do Rio.[33] Para o então governador fluminense Badger da Silveira, do PTB, que chegou a encaminhar reclamações a João Goulart, as ações de Caruso, no caso do estado do Rio de Janeiro, só faziam alimentar os conflitos e as ocupações de fazendas.[34]

Diante das pressões dos grupos conservadores, Caruso foi forçado a se demitir, sendo a ocasião para isso a nomeação por João Goulart, sem consultá-lo, do conselho diretor da Supra.[35] Assumiu seu lugar João Pinheiro Neto, mais próximo do presidente e com bom trânsito no PSD. Vale observar que essa nomeação se deu no mesmo momento em que esse partido, que reunia uma parcela significativa dos representantes dos interesses dos grandes proprietários, ameaçava romper com o governo federal devido, entre outras razões, ao encaminhamento que se vinha dando à questão agrária.[36] Em agosto de 1963, João Pinheiro Neto declarou que a Supra promoveria desapropriações apenas como último recurso.[37] Apaziguar o PSD, ainda que sem eliminar as pressões

---

[33] *Relação das áreas desapropriadas no Brasil*, do Serviço de Planejamento Territorial da Supra (coleção Eduardo Martins). O fato de se decretar a desapropriação de uma fazenda não significava necessariamente que esta se efetivasse, imitindo-se o governo na posse e procedendo ao assentamento de trabalhadores. Muitas vezes o pagamento da indenização não chegava a ser realizado ou, quando o era, havia mecanismos jurídicos pelos quais os proprietários podiam recorrer. As condições de conflito, portanto, podiam persistir mesmo em áreas que já haviam sido objeto de decretos de desapropriação.

[34] *Última Hora*, edição do estado do Rio de Janeiro, 7 abr. 1964, p. 5. Entrevista com Badger da Silveira.

[35] *O Estado de S. Paulo*, 22 maio 1963, p. 3. *Última Hora*, edição do estado do Rio de Janeiro, 14 jun. 1963, p. 2. Ver também Camargo, 1981:219.

[36] Camargo, 1981:220.

[37] *Jornal do Brasil*, 9 ago. 1963, p. 9.

O período Jango e a questão agrária

dos movimentos populares, era importante para o governo naquele momento, quando tentava aprovar no Congresso um projeto de emenda constitucional que, sustentava, viabilizaria a reforma agrária.

Embora houvesse recursos jurídicos que possibilitavam a desapropriação de terras, não havia, segundo as alegações do governo, condições financeiras para a realização de uma reforma agrária no país na extensão necessária. O mesmo art. 141 da Constituição, que permitia as desapropriações, determinava, em seu §16, que elas deveriam ser feitas mediante prévia e justa indenização em dinheiro. Assim, seria de tal monta o volume de recursos necessários, de uma só vez, para a realização das desapropriações que a reforma agrária ficaria inviabilizada. O que propunha o governo, diante disso, era que se alterasse a Constituição de modo a permitir que as indenizações fossem pagas em títulos da dívida pública resgatáveis em prestações. Essa posição já havia sido defendida por João Goulart no Congresso Camponês de Belo Horizonte, em 1961, e continuou a ser defendida por ele até o golpe de 1964.

Esse foi, na verdade, um dos principais eixos das disputas e dos debates em torno da reforma agrária. Mais do que isso, foi também um de seus limites, dado que, com um expressivo setor conservador e uma significativa presença dos interesses agrários tradicionais, os dois terços de apoio necessários no Congresso para a aprovação da mudança constitucional dificilmente seriam obtidos. Ainda assim, o governo e algumas das principais lideranças do PTB investiram na aprovação da medida, que ganhou forma em um projeto de emenda constitucional elaborado pelo deputado Bocaiúva Cunha, propondo que a indenização em títulos pudesse ser feita nos casos de desapropriação por interesse social.[38] O projeto foi rejeitado, inclusive com a ajuda do PSD, na comissão especial formada para apreciá-lo, no primeiro semestre de 1963. No segundo semestre, o plenário também o rejeitou.

A derrota da emenda não determinou o fim das investidas do governo. Ela foi acompanhada pela intensificação das pressões do governo sobre o Congresso, e também dos grupos de esquerda, de organizações de trabalhadores, dos movimentos sociais. Manifestações e protestos, resistências, greves e ocupações de terras tornaram-se mais

---

[38] A Constituição, em seu art. 147, condicionava o uso da propriedade ao bem-estar social, prevendo a "justa distribuição da propriedade, com igual oportunidade para todos" com observância do que era disposto no §16 do art. 141, isto é, mediante indenização em dinheiro pelas desapropriações a serem feitas (República dos Estados Unidos do Brasil, 1951:63-64, 68). Cerca de um mês antes da criação da Supra, em 10 de setembro de 1962, foi aprovada a Lei nº 4.132, que regulamentava os casos em que a propriedade deveria ser considerada de interesse social, neles incluindo os bens improdutivos ou pouco explorados (Magalhães, 1970:2115).

recorrentes no período, atuando como formas de pressão e sendo lidas como sinais de alerta de que, caso não viesse como lei, a reforma agrária seria feita pelos próprios trabalhadores rurais. Ainda em 1963 começaram a circular notícias de que a Supra, como evidência do empenho do governo em realizar a reforma agrária, decretaria como de interesse social, para fins de desapropriação, terras situadas às margens de rodovias e ferrovias federais, além daquelas beneficiadas por investimentos federais em obras de irrigação, drenagem e açudes.

O decreto da Supra, como ficou conhecido, foi de fato elaborado, mas apenas em 1964. Sua assinatura foi anunciada no Comício das Reformas, realizado no Rio de Janeiro em 13 de março de 1964, em frente à estação de trens da Central do Brasil. Ao anunciar o decreto diante de uma multidão de mais de uma centena de milhar de pessoas, João Goulart acenava para os trabalhadores, para as esquerdas, para os demais setores favoráveis à reforma agrária e, ao mesmo tempo, pressionava o Congresso. Discursando na ocasião, o presidente retomou a defesa da emenda da Constituição no sentido de possibilitar a realização da reforma agrária, instando o Congresso a que ouvisse os reclamos populares e colaborasse para acelerar o progresso nacional.[39] Os apelos de João Goulart, porém, já não podiam mais ser ouvidos. As pressões sobre o Congresso e a crescente mobilização popular puseram-no em rota de colisão com este, fazendo com que perdesse importantes apoios ao centro, o que deu livre trânsito às articulações golpistas. Alguns dias após o comício, João Goulart foi derrubado.

Com o golpe, interrompeu-se o ciclo das ações espetaculares e grandes mobilizações. Desencadeou-se um processo de repressão que resultou na prisão ou na perseguição de lideranças, no fechamento de sindicatos e de ligas, impondo-se, assim, um quadro de desmobilização. As mudanças que se operaram nas relações sociais no campo naquele período, no entanto, haviam sido bastante profundas, o que fez com que os conflitos persistissem, mesmo que sob formas e com dimensões distintas. A legitimidade acumulada pelo tema da reforma agrária levou a que, já no governo Castello Branco, fosse criado o Estatuto da Terra, incorporando o dispositivo que João Goulart não havia conseguido aprovar: a desapropriação paga em títulos da dívida pública. O tema continuou sendo objeto de debates e de lutas, principalmente dos trabalhadores rurais, que, por meio de suas organizações, buscaram também efetivar a pauta de direitos de que legalmente passaram a dispor a partir de 1963. Consolidou-se assim, enquanto categoria de identificação, o termo trabalhador rural, e os sindicatos, federações e a Contag enquanto focos exclusivos das disputas pela representação dos trabalhadores rurais. Apenas em meados dos anos

---

[39] Villa, 2004:177-178.

O período Jango e a questão agrária

1980, já no processo de redemocratização, surgiu uma nova organização, não sindical, que com eles veio a competir: o Movimento dos Trabalhadores Rurais Sem Terra (MST).

Portanto, os processos políticos ocorridos a partir dos anos 1940 e, principalmente, no início dos 60, durante o governo João Goulart, tiveram desdobramentos importantes e de longa duração para o mundo rural, de maneira mais específica, e também para a nação como um todo. Foram produzidos e consolidados ali novos esquemas e categorias de percepção da realidade brasileira, de seus problemas e também de suas soluções. Ao mesmo tempo que foram produzidas, essas novas formas de percepção marcaram as práticas dos diversos agentes e objetivaram-se em instituições, em políticas, em normas e dispositivos legais. E mais, foi o próprio espaço das ações e das tomadas de posição política que se viu alterado pela afirmação de novos agentes, de novas identidades, como a de trabalhador rural. Profundos, os efeitos desses processos se impuseram mesmo durante os governos militares e se estendem até hoje, ainda que com redefinições importantes ao longo do tempo, mantendo presente a questão agrária.

Bibliografia

ALVES, Marcio Moreira. *O Cristo do povo*. Rio de Janeiro: Sabiá, 1968.

AZEVEDO, Fernando. *Ligas camponesas*. São Paulo: Paz e Terra, 1982.

BANDEIRA, Moniz. *O governo João Goulart: as lutas sociais no Brasil (1961-1964)*. Rio de Janeiro: Civilização Brasileira, 1978.

BASTOS, Elide Rugai. *As ligas camponesas*. Petrópolis: Vozes, 1984.

BIANCO, Lucien. Peasants and revolution: the case of China. *The Journal of Peasant Studies*, v. 2, n. 3, p. 313-335, Apr. 1975.

BRUNEAU, Thomas C. *The political transformation of the Brazilian Catholic Church*. London: Cambridge University Press, 1974.

CALAZANS, Maria Julieta Costa. *Os trabalhadores rurais e a sindicalização — uma prática*. Rio de Janeiro, 1983. ms.

CAMARGO, Aspásia. *Brésil nord-est: mouvement paysan et crise populiste*. 1973. Thèse (Doctorat) — Université de Paris, Paris, 1973.

————. A questão agrária: crise de poder e reformas de base. In: FAUSTO, Boris (Org.). *O Brasil republicano*. São Paulo: Difel, 1981. (História Geral da Civilização Brasileira, 3).

DREIFUSS, René. *1964: a conquista do Estado: ação política, poder e golpe de classe*. Petrópolis: Vozes, 1981.

ELIAS, Norbert. *A sociedade de corte*. Lisboa: Estampa, 1987.

———. *O processo civilizador*. Rio de Janeiro: Jorge Zahar, 1993.

ENGELKE, Inocêncio, dom. Conosco, sem nós ou contra nós se fará a reforma rural. In: *Estudos da CNBB — Pastoral da Terra*. [1950]. São Paulo: Paulinas, 1977.

FRANK, Andrew Gunder. Agricultura brasileira: capitalismo e o mito do feudalismo. *Revista Brasiliense*, n. 51, p. 45-70, jan./fev. 1964.

FÜCHTNER, Hans. *Os sindicatos brasileiros de trabalhadores: organização e função política*. Rio de Janeiro: Graal, 1980.

GARCIA JR., Afrânio. *Terra de trabalho*. Rio de Janeiro: Paz e Terra, 1983.

———; GRYNSZPAN, Mario. Veredas da questão agrária e enigmas do grande sertão. In: MICELI, Sergio (Org.). *O que ler na ciência social brasileira: 1970-2002*. São Paulo: Anpocs, Sumaré; Brasília: Capes, 2002. p. 311-348.

GOMES, Angela de Castro; PANDOLFI, Dulce Chaves; ALBERTI, Verena (Orgs.). *A República no Brasil*. Rio de Janeiro: Nova Fronteira, 2002. p. 116-155.

GRYNSZPAN, Mario. *Mobilização camponesa e competição política no estado do Rio de Janeiro (1950-1964)*. 1987. Dissertação (Mestrado) — PPGAS/MN, Rio de Janeiro, 1987.

———. Da barbárie à terra prometida: o campo e as lutas sociais na história da República. In:

GUIMARÃES, Alberto Passos. *Quatro séculos de latifúndio*. Rio de Janeiro: Paz e Terra, 1963.

HEREDIA, Beatriz. *A morada da vida*. Rio de Janeiro: Paz e Terra, 1979.

IANNI, Octávio. *O colapso do populismo no Brasil*. 3. ed. Rio de Janeiro: Civilização Brasileira, 1975.

INCRA (INSTITUTO NACIONAL DE COLONIZAÇÃO E REFORMA AGRÁRIA). *Vade--mécum agrário*. Brasília: Centro Gráfico do Senado Federal, 1978.

JULIÃO, Francisco. *Que são as ligas camponesas?* Rio de Janeiro: Civilização Brasileira, 1962.

KADT, Emmanuel de. *Catholic radicals in Brazil*. London: Oxford University Press, 1970.

LAMBERT, Jacques. *Os dois Brasis*. Rio de Janeiro: Inep, 1959.

LAVAREDA, José Antônio. *A democracia nas urnas: o processo partidário eleitoral brasileiro*. Rio de Janeiro: Rio Fundo, Iuperj, 1991.

O período Jango e a questão agrária

LEAL, Victor Nunes. *Coronelismo, enxada e voto: o município e o regime representativo no Brasil.* Rio de Janeiro: Forense, 1948.

MAGALHÃES, Joviniano de Caldas. *Manual agrário.* Rio de Janeiro: Record, 1970.

MARTINS, José de Souza. *O cativeiro da terra.* São Paulo: Ciências Humanas, 1979.

————. *Os camponeses e a política.* Petrópolis: Vozes, 1981.

MEDEIROS, Leonilde Servolo de. *A questão da reforma agrária no Brasil — 1955-1964.* 1982. Dissertação (Mestrado) — FFLC/USP, São Paulo, 1982.

MOORE JR., Barrington. *As origens sociais da ditadura e da democracia.* Lisboa: Cosmos, 1975.

MORAES, Clodomir. Peasant leagues in Brazil. In: STAVENHAGEN, Rodolfo (Ed.). *Agrarian problems and peasant movements in Latin America.* New York: Doubleday, 1970.

PALMEIRA, Moacir. *Latifundium et capitalisme: lecture d'um débat.* 1971. Thèse (Doctorat) — Faculté de Lettres et de Sciences Humaines, Paris, 1971.

————. Casa e trabalho: notas sobre as relações sociais na *plantation* tradicional. *Contraponto,* v. 2, dez. 1977.

PRADO JR., Caio. *A revolução brasileira.* São Paulo: Brasiliense, 1966.

REPÚBLICA DOS ESTADOS UNIDOS DO BRASIL. *Constituição dos Estados Unidos do Brasil — 1946.* Rio de Janeiro: Departamento de Imprensa Nacional, 1951.

RIDENTI, Marcelo. *O fantasma da revolução brasileira.* São Paulo: Unesp, 1993.

————. *Em busca do povo brasileiro.* São Paulo: Unicamp, 2000.

TOLEDO, Caio Navarro de. *O governo Goulart e o golpe de 64.* São Paulo: Brasiliense, 1982.

VILLA, Marco Antonio. *Jango: um perfil (1945-1964).* Rio de Janeiro: Globo, 2004.

WIARDA, Howard J. *O movimento operário católico brasileiro.* Rio de Janeiro: Centro João XXIII, 1969.

WOLF, Eric R. *Las luchas campesinas del siglo XX.* Madrid: Siglo Veintiuno, 1973.

————. On peasant rebelions. In: SHANIN, Theodor (Ed.). *Peasants and peasant societies.* Middlesex: Penguin, 1979.

4
A política macroeconômica e o reformismo social: impasses de um governo sitiado

*Hildete Pereira de Melo**
*Carlos Pinkusfeld Bastos**
*Victor Leonardo de Araújo**

A nalisar a experiência da política econômica implementada pelo governo João Goulart sempre foi um projeto acalentado por um dos autores deste capítulo. Militante estudantil, viveu a esquizofrenia da esquerda nordestina, que apoiava as reformas e combatia o governo de Jango, mas que no dia 1º de abril de 1964 estava na rua, correndo da polícia, na defesa do presidente constitucional do Brasil.[1] Afinal, o que foi aquele mandato e quais as suas realizações?

Este capítulo tem por objetivo revisitar a interação entre a instabilidade política do período e a política econômica do presidente Jango e avaliar sua experiência na construção de um capitalismo reformista. Todavia, é necessário separar os dois momentos distintos vividos pelo governo: o parlamentarista e o presidencialista.[2] Isso porque, em cada um desses regimes, as decisões políticas foram norteadas por parâmetros determinados pelo jogo político tenso e conflitante entre os interesses das elites dominantes e os anseios do povo pelas reformas. Os 16 meses do mandato parlamentarista e os 15 meses presidencialistas do governo Jango foram marcados por uma luta insana da elite política udenista (derrotada pelo suicídio de Vargas e pela renúncia de Jânio Quadros)

---

* Professores da Faculdade de Economia da UFF. Agradecemos os comentários da professora Maria da Conceição Tavares; os erros e omissões são de nossa inteira responsabilidade.
[1] Para uma síntese biográfica do presidente João Belchior Marques Goulart (1919-76), ver Ferreira, 2004.
[2] Na historiografia tradicional, esse aspecto não costuma ser tão enfatizado. Recentemente, Monteiro (1999) e Fonseca e Monteiro (2002) adotaram de certa maneira essa subdivisão.

para assumir o poder no país. Nenhum presidente da República foi tão vilipendiado quanto Jango. Vejam as palavras insuspeitas do jornalista Carlos Castelo Branco por ocasião de sua morte no exílio:[3]

> Poucos políticos foram tão cruamente julgados por seus contemporâneos, sobretudo depois de deposto... João Goulart se imaginou um pioneiro da revolução social no Brasil. E certamente deve ter morrido na expectativa de que a História será com ele mais amena do que seus contemporâneos.[4]

Passados 40 anos da expulsão de Jango do cargo de presidente, há nos últimos anos um tímido movimento de resgate da memória desses tempos. A história não pode relegar esse político apenas ao esquecimento e à paz dos cemitérios. Sobretudo, é preciso analisar seu desempenho no mandato presidencial, desvendar os acertos e a busca incessante pela promoção da justiça social. Desse balanço poder-se-á então definir outro lugar para ele na história, que provavelmente não será uma página em branco.[5] Revisitar a política econômica daqueles anos implica voltar aos últimos anos do governo Juscelino Kubitschek e à breve experiência do presidente Jânio Quadros e indagar sobre o comportamento das políticas sociais e macroeconômicas. Quando João Goulart assumiu o governo em setembro de 1961, a economia brasileira entrava em seu inferno astral. Sitiada pela conjuntura socioeconômica, na qual a Guerra Fria exacerbava as relações internacionais do Brasil, no plano interno a elite udenista não esquecia o passado do presidente ungido e este não podia dizer para a sociedade que esquecesse seu passado trabalhista.

Com essas preocupações, este capítulo analisa a política econômica do governo Jango a partir dos eventos políticos e sociais e dos condicionantes econômicos que a constrangeram, à luz do quadro conceitual da teoria econômica não ortodoxa. Dessa maneira, este capítulo pretende contribuir para alterar o foco interpretativo hegemônico das ciências sociais sobre o governo Jango mediante dois movimentos: inicialmente,

---

[3] *Jornal do Brasil*, 7 dez. 1976.
[4] O professor Francisco de Oliveira, em artigo recente na revista *Reportagem* (v. 5, n. 58, jul. 2004), comentando o livro *As ilusões armadas*, de Elio Gaspari, afirma: "Gaspari tem uma confessada má vontade para com João Goulart, compartilhada com a totalidade dos que estudaram o populismo, sua breve presidência e o golpe de Estado de 1964. A imprensa compõe com a universidade um formidável e uníssono coro nessa apreciação despectiva e pejorativa. O golpe de 1964 é visto sob a ótica de uma consequente reação às provocações de Jango... seu despreparo e debilidade. Ele é quase justificado".
[5] O jornalista Marceu Vieira, comentando no *Jornal do Brasil* os 20 anos da morte do presidente Jango, intitulou sua coluna de "Sobre sonhos que não se realizam", na qual faz um resgate do significado histórico da presidência Goulart. Ver *Jornal do Brasil*, 2 dez. 1996.

recolocando em perspectiva a compreensão usual dos condicionantes estruturais e conjunturais que marcaram o período. Discute-se também a distância, teórica e empírica, entre a necessidade de reformas para a superação das dificuldades então vividas pela economia e a gravidade da crise conjuntural e os limites que essa conjuntura impunha às possibilidades de atuação do governo. Para tanto, são arrolados os eventos que marcaram aquela conjuntura. Em seguida, sinteticamente, apresentam-se as principais características do processo de substituição de importações, que marcou a economia brasileira do pós-guerra e cuja suposta crise estaria ocorrendo precisamente durante o governo Jango. Sob essa ótica, este capítulo analisa a política econômica desse governo, tanto no parlamentarismo quanto no presidencialismo, e tece algumas considerações teóricas sobre a imensa dificuldade encontrada por Jango para a gestão da política econômica e sobre a virtual inviabilidade de superação do grave quadro macroeconômico nas condições socioeconômicas internas e externas daquele momento.

Os fatos

Ao assumir o governo em janeiro de 1961, o presidente Jânio Quadros denunciou, em seu discurso de posse, a situação financeira que lhe fora legada pelo governo anterior: a dívida externa que somava cerca de US$ 3 bilhões, dos quais US$ 2 bilhões deveriam ser quitados durante seu governo; o déficit no balanço de pagamentos; o déficit público; e uma taxa de inflação em torno de 26% no ano anterior.[6] Jânio convidou Clemente Mariani para ministro da Fazenda e Octavio Gouvêa de Bulhões para diretor executivo da Superintendência da Moeda e do Crédito (Sumoc). De fato, nos sete meses da presidência Quadros aplicou-se uma política de estabilização nos moldes Gudin-Bulhões — isto é, segundo as condições defendidas pelo Fundo Monetário Internacional (FMI); aboliu-se o sistema de taxas múltiplas de câmbio, pela Instrução nº 204 da Sumoc; cortaram-se drasticamente os subsídios ao trigo e ao petróleo; e desvalorizou-se o câmbio. Buscava-se uma adequação às condicionalidades do FMI para se obter novos empréstimos e entrar no circuito financeiro internacional.

Esse governo foi interrompido pela renúncia do presidente Jânio Quadros em 25 de agosto de 1961, ato que surpreendeu o país, pois na época, e até nos dias atuais, ninguém compreendeu realmente o que se passou. O Partido Social Democrata (PSD) e a União Democrática Nacional (UDN) rapidamente viram no ato tresloucado de Jânio

---

[6] Lago, 1983:168.

uma oportunidade ímpar para exercerem de fato o poder, e o Congresso Nacional de pronto aceitou a renúncia. Os ministros militares de Jânio reuniram-se e vetaram a posse do vice-presidente João Goulart. A nação, abalada pela renúncia, entrou em choque com o veto. Os udenistas endossaram o veto, mas o povo não. O Congresso Nacional, reunido em sessão permanente, procurava uma solução para o impasse... e chegou ao sistema parlamentarista. A Constituição foi rapidamente emendada e o parlamentarismo, instituído como forma de governo.

O mandato do presidente Goulart foi dessa forma cindido pelo impasse sobre a forma de governo: no parlamentarismo, sem comando efetivo e, no presidencialismo, governando no fio da navalha. Atento aos compromissos políticos com os trabalhadores, encurralado pela elite nacional e pelo contexto internacional de exacerbação da Guerra Fria. Esta contava com o decisivo apoio do governo norte-americano. No que tange à política econômica, há um fato marcante que este estudo pretende analisar: a instabilidade política não se refletiu de forma tão contundente no Ministério da Fazenda na fase parlamentarista. O breve governo Jango teve cinco ministros da Fazenda. Na maior parte do mandato parlamentarista, o cargo foi ocupado pelo banqueiro Walther Moreira Salles (9-9-1961 a 14-9-1962); mas, decidido o plebiscito pelo Congresso Nacional e durante o mandato presidencialista, houve mais quatro ministros: Miguel Calmon (14-9-1962 a 24-1-1963), San Tiago Dantas (24-1 a 20-6-1963), Carvalho Pinto (21-6 a 19-12-1963) e Ney Galvão (19-12-1963 a 2-4-1964). Essa instabilidade político-intitucional refletiu-se no âmbito econômico e está intimamente ligada à execução da política econômica de curto prazo que visava a estabilização da economia, mantendo sempre vivas as metas de crescimento com reformas sociais.

O processo de substituição de importações e sua "crise"

A leitura convencional da política macroeconômica do governo Jango é viesada. Não se parte da verdadeira natureza das dificuldades objetivas enfrentadas pelo governo, nem da divisão "equânime" do seu tempo histórico, e, sim, da percepção de um governo Jango "reformista" e das forças políticas que se opunham às reformas.

Inicialmente, cabe resgatar, bem simplificadamente, a justificativa fundamental dos economistas heterodoxos latino-americanos para a adoção de políticas ativas de substituição de importações, que foi a marca da política econômica brasileira do pós-guerra até o governo Jango. Tendo como formulação seminal os trabalhos de Prebisch (1949 e 1951), a chamada escola da Comissão Econômica para a América Latina e o Caribe (Cepal) contestou a tese da convergência entre países industrializados e primário-exportadores, uma vez assumidos os pilares do paradigma liberal: livre-comércio e não intervenção do Estado no funcionamento da economia.[7] Para essa escola, a divergência entre o dinamismo das exportações desses dois grupos de países faria com que, se os primário-exportadores tentassem crescer a taxas superiores aos dos países industrializados, acabassem incorrendo em crescentes déficits comerciais. A convergência entre países industrializados e primário-exportadores implicava exatamente que estes últimos crescessem mais aceleradamente que os primeiros. A superação dessa aparente impossibilidade histórico-teórica deveria ser obtida com uma política que buscasse utilizar seletivamente os limitados recursos externos dos países primário-exportadores para empreender um progressivo e gradual processo de industrialização.

Essa política foi adotada, com maior ou menor sucesso, por diferentes países da América Latina. Mas, mesmo nos países onde o processo de industrialização obteve maior êxito no início dos anos 1960, houve uma certa sensação de frustração. O grande objetivo — a convergência, ou seja, a elevação dos padrões de vida da população a patamares semelhantes aos observados nos países industrializados — só se concretizou para uma parcela reduzida da população. Segundo essa perspectiva, não só o processo de industrialização não fora capaz de melhorar as condições de vida de grande parcela da população, como acabou por impor uma limitação ao próprio futuro do crescimento industrial.

A formação de uma sociedade heterogênea e com péssima distribuição de renda limitou a criação de mercados consumidores para bens de consumo durável, de valor unitário mais elevado. Essas eram exatamente as indústrias que deveriam ser implementadas e expandidas nas fases mais avançadas do processo de substituição de importação, e que foram prejudicadas por um descasamento entre escala produtiva ótima e a dimensão reduzida do mercado de consumo de massa.[8]

Logo, a continuação do processo de industrialização e a superação da crise econômica, incluindo a desaceleração do crescimento do produto interno bruto (PIB), requeriam

---

[7] Estando aí incluídos uma política monetária não ativa (segundo os cânones do bom funcionamento do padrão-ouro), uma política fiscal de orçamento equilibrado (*sound finance*) e a ausência de política industrial ativa.

[8] É importante ressaltar que essa não foi a única restrição à dinâmica da industrialização detectada no início dos anos 1960. Também se observou a incapacidade da dinâmica do comércio exterior de gerar as divisas necessárias às importações de bens de capital e intermediários, bem como limitações na capacidade de poupança dos países latinos ante as demandas crescentes das novas fases de industrialização. Furtado (1966, 1968a e 1968b) também alude, erroneamente, a uma tendência ao crescimento da composição do capital, com achatamento dos lucros e, assim, redução do investimento. Tavares (1972) rebate esse argumento lembrando a existência de progresso técnico no setor de bens de capital, o que é expresso por esses autores, em linguagem marxista, em aumento da mais-valia relativa.

reformas estruturais para melhorar a distribuição de renda e, consequentemente, ampliar o mercado consumidor de massas. Uma das principais medidas nesse sentido seria a reforma agrária, que teria efeitos diretos e indiretos. O efeito direto seria aumentar a produtividade e, portanto, a renda dos indivíduos que permanecessem no campo, e o indireto, prender o homem ao campo e, assim, limitar sua migração para a cidade, migração que tinha impacto negativo sobre a formação do salário urbano.

Essa tese, dita estagnacionista, foi de início contestada historicamente pelo vigoroso crescimento da economia desde o final da década de 1960 até o início da de 1980, sem que as reformas de base, que podiam melhorar a distribuição de renda, fossem implementadas. No campo teórico da heterodoxia, também as formulações estagnacionistas cepalinas foram contestadas inicialmente no ensaio *Mais além da estagnação*, de Maria da Conceição Tavares,[9] publicado em 1972 e que pode ser considerado um trabalho seminal para o surgimento da "escola da Unicamp".[10]

Maria da Conceição Tavares aponta o papel fundamental que a expansão e a generalização do crédito ao consumo teriam como elementos ampliadores do mercado de consumo de bens duráveis de mais alto valor unitário.[11] Em suma, as reformas sociais do governo Jango poderiam reorientar o desenvolvimento brasileiro na direção de uma sociedade menos desigual, mas não eram fundamentais para o crescimento econômico.

Cabe ainda definir como, neste trabalho, se caracteriza como problemas estruturais e conjunturais. O termo *estrutural* refere-se a problemas mais permanentes ou ligados a questões de longo prazo (tendências) da economia. Nessa perspectiva, por exemplo, se encontram questões como a tendência à deterioração dos termos de troca (que justificariam políticas industrializantes) ou a tendência à estagnação, pela conformação de um mercado consumidor limitado, em consequência do próprio processo de industrialização e das estruturas sociopolíticas existentes. Já fatores *conjunturais* são entendidos como a reversão de um ciclo de investimento,[12] a eventual deterioração da balança comercial,

---

[9] Esse ensaio contou com a colaboração de José Serra.

[10] Usamos a denominação proposta por Serrano (2001), que destaca principalmente a contribuição que os autores ligados à Universidade de Campinas prestaram à tradição heterodoxa brasileira com a incorporação das contribuições de Kalecki no que tange ao princípio da demanda efetiva.

[11] Esse é um ponto crucial na sua explicação da superação da suposta barreira, pelo lado da demanda, ao crescimento econômico em estágios avançados do processo de industrialização, havendo, entretanto, outros aspectos importantes, como: as possibilidades que a ampliação do gasto público traria para induzir o crescimento da demanda e o gasto privado, inclusive "preparando os novos projetos de solidariedade entre o capital estrangeiro de longo prazo e o Estado" (Tavares, 1972:172). Isso sem contar seu papel fundamental na renovação da infraestrutura e no processo de concentração de renda, ampliando a lucratividade das empresas e, assim, sua capacidade de autofinanciamento. Vale destacar que o crédito foi também fundamental para a dinamização da construção civil, que tem grande impacto sobre a criação de emprego e renda.

[12] Dentro da lógica de um modelo keynesiano de crescimento, ou seja, baseado na interação do multiplicador da renda com o princípio da aceleração — na reação do investimento à variação da demanda agregada.

choques exógenos (de câmbio ou de matérias-primas), crescimento/retração do ativismo trabalhista etc. Geralmente, na leitura tradicional, os fatores conjunturais estão associados à condução de curto prazo da política econômica, principalmente no que diz respeito à implantação de políticas monetárias e fiscais inadequadas,[13] que na interpretação aqui proposta assumem um caráter explicativo secundário.

A política econômica parlamentarista

O primeiro gabinete parlamentarista, chamado de União Nacional, foi presidido pelo deputado do PSD-MG Tancredo Neves, indicado por Jango para o cargo de primeiro-ministro e aprovado pelo Congresso Nacional. Tancredo fora amigo e ex-ministro da Justiça de Getúlio Vargas em sua segunda administração, sendo hábil e respeitado nas hostes políticas. O Ministério da Fazenda foi ocupado pelo banqueiro Walther Moreira Salles (9-9-1961 a 14-9-1962), rico, amigo dos norte-americanos, mas também de Getúlio Vargas — possivelmente a qualidade que foi sua maior credencial para ocupar a pasta da Fazenda. A escolha de Moreira Salles juntou o útil ao agradável e minimizou as preocupações da elite conservadora com uma possível guinada à esquerda da política econômica após a posse de Jango.[14] Moreira Salles tinha sido diretor executivo da Sumoc de fevereiro de 1951 a maio de 1952 (segunda administração de Getúlio Vargas) e cumprira, no primeiro semestre de 1961, uma exitosa missão financeira internacional.[15] Sua presença no ministério conferia respeitabilidade ao governo na comunidade financeira internacional.

O gabinete de Tancredo Neves — que também acumulava a pasta da Justiça — foi, assim, composto por forças heterogêneas, fato que se consubstancia no vago programa de governo apresentado, dada a diversidade das forças políticas que, em tese, apoiavam o governo. Havia quatro ministros do PSD, dois do partido do presidente, o PTB, e igual número da UDN. É bem verdade que um dos udenistas era o nacionalista Gabriel Passos (na pasta de Minas e Energia); os demais eram personalidades sem expressa militância em partidos políticos.

---

[13] A leitura convencional interpreta a inflação como resultado de um excesso de demanda criado pela emissão monetária, também excessiva por parte do governo.

[14] Apenas dois representantes da elite empresarial ocuparam ministérios nas duas fases (parlamentarista e presidencialista) do mandato do presidente João Goulart: um foi o industrial José Ermírio de Moraes e o outro, o banqueiro Moreira Salles.

[15] Lago, 1983:179.

A inflação estava em alta, no rastro da desvalorização cambial provocada pela crise da renúncia, e tudo indicava que continuaria sua trajetória ascendente. Este era um problema candente, porque a inflação devorava os salários, e urgia combatê-la. O índice de preços ao consumidor, que já seguia trajetória ascendente — em julho de 1961 atingira a marca 1,58%, acumulando 14,15% no ano —, deu um salto no mês seguinte para 4,54%, permanecendo em patamares elevados até o mês de dezembro, para só então arrefecer durante o ano de 1962 (ver tabelas 1 e 2).[16]

Tabela 1
Brasil: índice de preços ao consumidor (IPC)
(mensal)

Ano	Jan.	Fev.	Mar.	Abr.	Maio	Jun.	Jul.	Ago.	Set.	Out.	Nov.	Dez.	Período
1961	2,12	1,03	1,84	4,36	1,41	1,06	1,58	4,54	4,65	4,81	5,77	3,40	43,72
1962	3,14	2,15	2,46	1,98	3,88	3,45	5,51	3,08	1,00	4,68	5,49	8,11	53,74
1963	0,62	5,06	9,57	3,74	4,52	3,84	6,70	4,06	4,28	6,34	6,17	5,93	82,61
1964	7,74	8,31	6,17	5,35	3,77	5,09	6,02	2,17	3,48	3,39	5,22	7,49	82,69

Fonte: Ipeadata. Dados calculados pelos autores.

Tabela 2
Brasil: índice de preços ao consumidor (IPC)
(trimestral)

Ano	1º trim.	2º trim.	3º trim.	4º trim.
1961	5,08	6,09	12,46	14,64
1962	7,16	9,26	10,27	19,07
1963	16,66	13,57	15,73	19,10
1964	23,64	14,66	11,36	15,72

Fonte: Ipeadata. Dados calculados pelos autores.

O ministro Moreira Salles preparou um programa de governo, apresentado numa reunião ministerial, intitulado "Ação de emergência", no qual reconhecia como principal problema o baixo crescimento do PIB, devido a problemas de financiamento dos investimentos. Era preciso voltar a crescer à taxa histórica do pós-guerra de 7,5% ao ano. É de se

---

[16] Embora a literatura econômica tradicionalmente associe esse repique inflacionário à crise política do período, a série histórica do IPC sugere algum padrão de sazonalidade no indicador, com elevação no último trimestre de cada ano e posterior reversão no primeiro trimestre do ano seguinte. Por outro lado, os indicadores de inflação de 1961 de fato permaneceram em patamares superiores aos de 1960. Jango já assumiu o governo num contexto de inflação persistentemente alta.

notar que o programa já trazia a marca Jango da preocupação social, porque destacava o problema da distribuição de renda, através da absorção dos trabalhadores subempregados, da construção de habitações e do saneamento, para melhorar a vida da população. Além da busca pela estabilidade de preços, outra fonte de preocupação era o desequilíbrio do balanço de pagamentos.[17] O ministro Moreira Salles reconhecia ainda a gravidade do problema da inflação. A dificuldade de compatibilizar crescimento com combate à inflação o levou a adotar um receituário ortodoxo, que combinava arrocho monetário e corte de despesas.[18]

O problema inflacionário herdado por Jango envolvia um forte componente pelo lado dos custos. À já mencionada desvalorização cambial, somava-se a uma forte pressão dos sindicatos por aumentos de salários. Em outubro de 1961, o governo concedeu um aumento de 40% ao salário mínimo, permitindo que este recuperasse um poder de compra equivalente ao de outubro de 1960, data do último aumento. No tocante à política cambial, os esforços do novo governo pareceram, segundo Fonseca (2003), reverter o ágio cobrado no mercado paralelo, muito sensível à conjuntura, como mostra o gráfico 1.

Gráfico 1
Taxa de câmbio oficial e paralelo
(índice: jan. 1961 = 100)

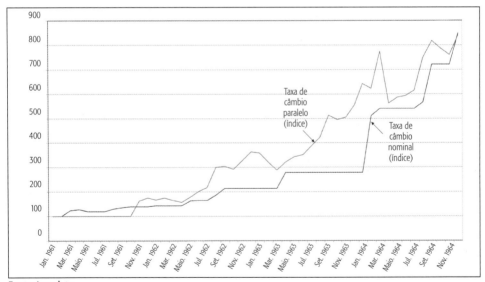

Fonte: Ipeadata.

---

[17] Brasil, Conselho de Ministros, 1961.
[18] Fonseca, 2003.

Além da estabilidade de preços, o desequilíbrio do balanço de pagamentos — deficitário em US$ 420 milhões em 1961 — também era uma questão premente. A dívida externa estava em cerca de US$ 3,4 bilhões, e os primeiros compromissos do serviço dessa dívida venciam nos primeiros meses de 1962. Ao final de 1961, a Câmara dos Deputados aprovou uma lei impondo severas restrições à remessa de lucros para o exterior, que somente naquele ano oneraria o balanço de pagamentos em US$ 31 milhões (tabela 3).

Contudo, o bom desempenho da balança comercial naquele ano, devido sobretudo a um aumento substancial das exportações brasileiras, levou as contas externas do país a encerrarem o ano superavitárias em cerca de US$ 115 milhões (tabela 3). Segundo Monteiro (1999), esse superávit seria consequência do impacto da desvalorização cambial de 100%, ocorrida em abril de 1961,[19] sobre as exportações. De fato, ocorreu uma elevação de cerca de 10% no valor total das exportações, como se vê na tabela 3. Mas, quando se desagregam os dados de comércio exterior, observa-se, em 1961, uma queda nas exportações em dólares de produtos manufaturados, e uma forte elevação das exportações no item "maquinarias, veículos, seus pertences e acessórios". Porém, esse salto de quase 700%[20] parece indicar fatores outros que uma desvalorização cambial, como a consolidação no Brasil da indústria automobilística. Por outro lado, vale observar que, apesar do crescimento de 8,6% do produto nesse ano, as importações permaneceram estáveis. Em resumo, em períodos de forte mudança da estrutura industrial, como o estudado, a relação direta entre desvalorização cambial e saldo comercial deve ser examinada com muita cautela.

O clima de instabilidade política ao longo do ano não impediu a economia de registrar uma taxa de crescimento de 8,6% em 1961. A instabilidade, contudo, talvez explique a redução das taxas de investimento como proporção do PIB, que em 1961 chegaram ao seu patamar mais baixo desde 1950: 13,1%, uma queda de 2,5 pontos percentuais se comparada ao ano anterior (tabela 5).[21] De fato, essa queda foi puxada pela parcela dos investimentos oriundos do setor privado, enquanto o investimento público como proporção do PIB permanecia praticamente estável. Todavia, não se pode desconsiderar o movimento cíclico da economia: o longo ciclo de investimentos do Plano de Metas se esgotava, e o declínio era inerente ao padrão cíclico do capitalismo.[22] O azar do presidente

---

[19] Ver Lago, 1983.
[20] Ver IBGE, 1961, 1962 e 1963, tabelas referentes ao comércio exterior.
[21] Em 1950, a formação bruta de capital fixo como proporção do PIB foi de 12,8%, segundo dados do IBGE.
[22] Tavares, 1972.

Jango foi assumir o governo nesse momento. A literatura credita esse movimento a fatores conjunturais, esquecendo esse movimento estrutural da economia.

Tabela 3
Brasil: balanço de pagamentos
(valores em US$ milhões)

Especificação	1960	1961	1962	1963	1964
A. Balança comercial	−23	113	−89	112	344
Exportação (FOB)	1.270	1.405	1.215	1.406	1.430
Importação (FOB)	1.293	1.292	1.304	1.294	1.086
B. Serviços	−459	−350	−339	−269	−259
Transportes e seguros	−85	−83	−84	−100	−73
Rendas de capitais	−155	−145	−136	−87	−131
Juros	−115	−114	−118	−87	−131
Lucros e dividendos	−40	−31	−18	0	0
Outros serviços	−219	−122	−119	−82	−55
C. Mercadorias e serviços (A + B)	−482	−237	−428	−157	85
D. Transferências	4	15	39	43	55
E. Transações correntes (C + D)	−478	−222	−389	−114	140
F. Capitais	58	288	181	−54	82
Investimento direto líquido	99	108	69	30	28
Empréstimos e financiamentos (médio e longo prazos)	348	579	325	250	221
Capitais de curto prazo	−	−	−	−	−
Amortizações	−417	−327	−310	−364	−277
Outros	28	−72	97	30	110
G. Total (E + F)	−420	66	−208	−168	222
H. Erros e omissões	10	49	−138	−76	−218
I. Superávit (+) ou déficit (−)	−410	115	−346	−244	4
J. Demonstrativo de resultado	410	−115	346	244	−4
Haveres de curto prazo — aumento (−)	241	−309	3	−33	−171
Ouro monetário — aumento (−)	40	2	60	76	58
Operações de regularização	61	260	120	187	52
FMI	48	40	−18	5	−28
Outros	13	220	138	182	80
Atrasados comerciais	68	−68	163	14	57

Fonte: IBGE, estatísticas históricas do Brasil.

Tabela 4
Brasil: variação do produto real

Ano	Variação
1961	8,6
1962	6,6
1963	0,6
1964	3,4

Fonte: IBGE, estatísticas históricas do Brasil.

Tabela 5
Brasil: formação bruta de capital fixo como proporção do PIB

Ano	Administração pública	Empresas e famílias	Outros	Total
1959	3,66	14,08	0,25	17,99
1960	3,98	11,48	0,27	15,72
1961	3,72	9,12	0,27	13,11
1962	4,00	11,23	0,28	15,51
1963	3,65	13,12	0,27	17,04
1964	3,68	11,04	0,27	14,99

Fonte: IBGE, estatísticas históricas do Brasil.
Obs.: Dados de crescimento nominal e real calculados pelos autores.

Tabela 6
Brasil: formação bruta de capital fixo
(R$ milhões de 1999)

Ano	Adm. pública total	Cresc. %	Privado total	Cresc. %	Outros	Cresc. %	Total	Cresc. %
1960	10.790,49		24.915,02		1.543,88		37.249,39	
1961	10.395,92	(3,66)	19.908,31	(20,10)	1.645,36	6,57	31.949,59	(14,23)
1962	12.525,28	20,48	22.788,97	14,47	1.540,68	(6,36)	36.854,94	15,35
1963	10.752,13	(14,16)	27.284,90	19,73	1.680,28	9,06	39.717,31	7,77
1964	11.632,41	8,19	25.405,98	(6,89)	1.666,29	(0,83)	38.704,68	(2,55)

Fonte: IBGE, estatísticas históricas do Brasil.
Obs.: Dados de crescimento nominal e real calculados pelos autores.

No *front* externo, o ministro Moreira Salles convenceu o presidente Jango a ir a Washington para negociar com John Kennedy os problemas da dívida externa e da regulamentação do capital estrangeiro na economia brasileira. Essa viagem foi realizada em abril de 1962, mas Jango voltou com as mãos vazias, e a direita se aproveitou do fato para criticar ainda mais o governo. A negociação exigia um alto preço: ruptura das relações diplomáticas e comerciais com Cuba, liberdade na remessa de lucros e dividendos para as empresas norte-

-americanas, garantia desses investimentos, compra da companhia de eletricidade American Foreign Power Company (Amforp),[23] e nenhuma relação com os países socialistas. Esses termos impediram que as negociações avançassem, pois o passado e o presente do presidente Jango não lhe permitiam pagar o preço proposto pelos norte-americanos.

Se no *front* externo o governo Goulart não podia fazer concessões, no interno, as medidas anunciadas por Moreira Salles em sua "Ação de emergência" pareciam não dar resultado. A inflação, embora em trajetória descendente nos primeiros meses de 1962, ainda permanecia em patamares elevados. Isso levou o governo a anunciar, em março desse ano, um novo programa de estabilização, que se caracterizava por um forte corte de despesas, visando reduzir o déficit orçamentário para Cr$ 150 bilhões, devendo suas fontes de financiamento ser "não inflacionárias".[24]

Jango enfrentava também um recrudescimento da mobilização popular. Ainda em 1961, precisamente de 15 a 17 de novembro, um congresso camponês reuniu em Belo Horizonte cerca de 1.600 trabalhadores rurais exigindo *reforma agrária na lei ou na marra* — a consigna da reunião. O equacionamento dessa questão enfrentava forte oposição da elite rural brasileira, que mantinha intocável a questão agrária desde o século XIX.[25] Para fazer a reforma agrária era necessário mudar o art. 141 da Constituição brasileira, de 1946, que previa o pagamento de indenização justa e prévia, em dinheiro, para as desapropriações por interesse público.

Para a elite proprietária, porém, tal mudança era impensável. Segundo depoimento de Moniz Bandeira (2001:76), as desavenças de Brizola com Jango explodiram. Brizola, segundo ele, era favorável até ao fechamento do Congresso Nacional, caso este constituísse um real empecilho às reformas sociais, chegando a afirmar que "esse Congresso que aí está não fará reforma nenhuma". Ainda como governador do Rio Grande do Sul, em fevereiro de 1962, Brizola desapropriou duas fazendas gaúchas — Sarandi e Camaquã —, pagando por elas a pequena quantia autorizada pelo Judiciário do estado como se fosse uma justa indenização. Os pecuaristas gaúchos reagiram, aumentando o preço da carne, e a disputa seguiu em frente. O clima azedou e a tensão explodiu, sobretudo no Nordeste. Cresceu o movimento das ligas camponesas e também o conflito. Jango saiu em defesa do povo, afirmando que "sobre a miséria do

---

[23] Essa empresa, estabelecida no Brasil desde 1928, era responsável pelo abastecimento de eletricidade a cidades menores nos estados de São Paulo e Rio de Janeiro, e às cidades de Porto Alegre, Pelotas, Curitiba, Salvador, Natal e Vitória.

[24] Fonseca e Monteiro, 2002.

[25] Tavares, 2000.

povo não se constrói a paz social",[26] comprometendo-se, portanto, com a realização da reforma agrária, o que se chocou com a posição majoritária do gabinete ministerial.

Os conflitos no Nordeste levaram o Conselho de Ministros a decretar estado de emergência nas regiões afetadas pela fome, mas isso não bastou para acalmar os ânimos. A luta política continuou, com o PSD ameaçando romper a aliança que estabelecera com o governo, e a UDN cada vez mais radical na denúncia dos possíveis erros governistas. O PSD acabou rompendo com o PTB e com o esquema de conciliação de classes vigente desde os tempos de Vargas. Além do rompimento do acordo político, intensificou-se a tensão no governo, em consequência da discordância do Gabinete Tancredo Neves quanto aos rumos da política agrária do presidente Jango, ou seja, a reforma agrária. O Gabinete Tancredo renunciou coletivamente em junho daquele ano, e o presidente Jango encaminhou ao Congresso o nome de San Tiago Dantas para suceder Tancredo Neves como primeiro-ministro, mas o Congresso Nacional o rejeitou. A UDN e o PSD concentraram seus ataques na política externa independente que ele executara no Ministério das Relações Exteriores.[27] A crise se aprofundou. Jango, então, propôs para o cargo o professor Francisco Brochado da Rocha, gaúcho adepto das reformas e, sobretudo, amigo de Brizola.

A crise da renúncia do Gabinete Tancredo e a nomeação do Gabinete Brochado da Rocha exacerbaram a luta pelo plebiscito para referendar ou não a emenda parlamentarista. Ficou explícito que as forças políticas, circunstancialmente aliadas ao governo, não sustentariam as bandeiras das reformas sociais, muito menos a agrária.[28] O Gabinete Brochado era uma mistura de integrantes do PSD e do PTB com alguns nomes sem militância política. Os ministros militares foram substituídos, e a luta pelo plebiscito se radicalizou. O movimento social também cresceu, e greves por melhores salários eclodiram por todo o país.

A proposta de política econômica do Gabinete Brochado da Rocha incluía tanto a reforma agrária, quanto o combate à inflação. Pretendia naquele ano (1962) estabilizá-la em 60% e, no seguinte, reduzi-la para 30% ao ano. Em junho, Moreira Salles foi obrigado a afrouxar as regras de austeridade e conceder um aumento ao

---

[26] *Diário de Notícias*, 12 maio 1962.

[27] Franco, 1968:227.

[28] Estamos intitulando as reformas de sociais, mas os documentos de época tratam essas reformas como de base. Estas originavam-se dos pontos apresentados ao presidente da República em setembro de 1962: plebiscito; revogação da Lei de Segurança Nacional; reforma da Lei Eleitoral, com o direito de voto estendido a todos os cidadãos, inclusive a soldados e analfabetos; 100% de aumento do salário mínimo; Lei de Greve mais favorável aos trabalhadores; treinamento e nomeação de todos os servidores civis; reforma agrária distributiva radical; rejeição da reforma bancária e novas reformas que garantissem a emancipação nacional; congelamento dos preços dos gêneros de primeira necessidade (Erickson, 1979:154-155).

funcionalismo público (retroativo a abril), além de lançar mais um pacote de assistência às companhias de viação férrea e navegação.[29] Esse gabinete não teve vida longa. Boa parte de seus esforços se concentrou em derrubar a emenda parlamentarista e em obter poderes especiais para implementar algumas reformas, como a tributária. O Congresso Nacional, porém, só autorizou a emissão de títulos da dívida pública, com cláusula de defesa contra a inflação, para defender a elite da corrosão inflacionária. O embate político pelos poderes especiais aprofundou a crise e provocou a renúncia do Gabinete Brochado em setembro de 1962. Claro que a renúncia teve como gota d'água a crise militar.

Para os principais chefes militares, a instabilidade do regime era insuportável e o Congresso Nacional devia resolver o impasse. Concordavam com esse diagnóstico o general Amaury Kruel, chefe da Casa Militar; os generais Osvino Ferreira Alves, Peri Constant Beviláqua e Jair Dantas Ribeiro, respectivamente comandantes do I, do II e do III Exércitos. Moniz Bandeira (2001:79), citando uma entrevista de San Tiago Dantas, afirma que o presidente Jango resistia a todas as pressões fora da legalidade para arrancar do Congresso a emenda do plebiscito. Todavia, um ato do general Jair Dantas Ribeiro precipitou os acontecimentos. Este enviou um telegrama ao presidente, comunicando-lhe não ter condições de conter a rebelião popular gaúcha caso o Congresso Nacional não aprovasse o plebiscito para as eleições de outubro daquele ano (1962). O general Nelson de Melo, ministro da Guerra, embora favorável ao plebiscito, quis punir o general e, para evitar a punição, o Gabinete Brochado da Rocha renunciou. A crise estava instalada. Apesar da oposição dos dirigentes do PSD, da UDN e do PSP, o Congresso Nacional acabou aprovando a emenda do senador Benedito Valadares (PSD-MG), a partir de um projeto do deputado Gustavo Capanema (PSD-MG), fixando a data do plebiscito para 6 de janeiro de 1963.

Não era o que o governo queria — aproveitar as eleições de 3 de outubro para o pronunciamento popular —, mas, em compensação, isso permitiria ao presidente da República formar um gabinete provisório, sem prévia anuência do Parlamento. A antecipação do plebiscito que decidiria entre a manutenção do parlamentarismo ou o retorno ao presidencialismo levou ao abandono da política de estabilização e à substituição de Moreira Salles por Miguel Calmon. Informalmente, voltava-se ao regime presidencialista. As forças progressistas saíram vitoriosas das eleições. Apesar do crescimento importante da bancada do PTB, o controle do Congresso Nacional ainda permaneceu nas mãos das forças conservadoras: o PSD, unido eventualmente à UDN, mais o PSP tinham a

---

[29] Fonseca, 2003.

maioria do Parlamento nacional. Esses partidos definiam os rumos da política nacional emanada do Poder Legislativo.

O ano de 1962 se encerrou com um déficit operacional equivalente a 4,61% do PIB (tabela 4) — um dos maiores já atingidos — e uma inflação anual de 53,7%. As despesas da União registraram uma taxa de crescimento real da ordem de 11,5%, contra um crescimento real das receitas inferior a 4%. Vale notar que tal aumento do gasto público, acompanhado por uma elevação da carga tributária inferior ao crescimento do PIB, não causou uma alta muito forte da inflação, como poderia sugerir uma leitura ortodoxa mais apressada.

As contas externas, por sua vez, fecharam o ano com um déficit de US$ 346 milhões no balanço de pagamentos, agravado pelo déficit comercial decorrente de uma significativa queda das exportações e de um ligeiro aumento das importações, em parte resultante do crescimento econômico — que, não obstante a crise, foi de 6,6%, ligeiramente inferior à histórica taxa de 7,5% ao ano — e da retomada dos investimentos, cuja taxa em 1962 foi de 15,5% do PIB. O setor público foi fundamental para a obtenção desse resultado: a parcela pública na formação bruta de capital fixo aumentou mais de 20%, enquanto a parcela do setor privado subiu apenas 14%.

A gestão de Miguel Calmon à frente do Ministério da Fazenda foi temporária. Aprovada a antecipação do plebiscito para janeiro de 1963, o governo ficou em compasso de espera até a sua realização.[30]

A sociedade brasileira mobilizou-se pelas reformas sociais, com palavras de ordem como reforma agrária, luta contra o capital estrangeiro, liberdade sindical e luta salarial. O ano de 1963 iniciou-se com a realização do plebiscito em janeiro. A rejeição do regime parlamentarista foi uma unanimidade nacional: 12 milhões de eleitores (80% dos votos válidos) votaram pelo presidencialismo. Em 23 de janeiro de 1963 revogou-se o Ato Adicional nº 4 e o país voltou à Constituição de 1946.

A política econômica presidencialista: o desejo de reformas sociais

Aliviado pela enorme vitória popular, o presidente Jango organizou seu ministério com políticos trabalhistas, alguns pessedistas e outros sem filiação partidária — participava de seu governo o melhor da elite nacional. Jango substituiu o ministro da Fazenda

---

[30] Fonseca, 2003.

Miguel Calmon por San Tiago Dantas, e a política econômica passou a ter como diretriz o Plano Trienal, elaborado entre dezembro e janeiro daquele ano por Celso Furtado, a quem coube um ministério extraordinário.[31]

A historiografia consagra como a grande estrela da política econômica daquele momento o Plano Trienal elaborado pelo economista Celso Furtado — até então superintendente da Sudene[32] — para preparar o desenvolvimento para os três anos que completariam o governo Jango. Os objetivos eram deter a inflação sem prejudicar o crescimento, mas mantendo o compromisso com as reformas estruturais; ou seja, o plano visava:

> a melhoria dos indicadores de crescimento e [a] distribuição de renda, mas enfatizando a necessidade de combater a inflação e equilibrar as contas a curto prazo. (...) apregoa-se agora que não só a estabilidade é compatível com as reformas, mas seu pré-requisito; seria impossível retornar às taxas históricas de crescimento do país com inflação, déficit público e saldos negativos no balanço de pagamentos crescentes.[33]

De orientação híbrida, misturando elementos heterodoxos e ortodoxos, o Plano Trienal diagnosticava a inflação brasileira como de demanda, prescrevendo para saná-la apertos monetário e fiscal. Buscava, contudo, conciliar a ortodoxia com a velha tradição cepalina de desenvolvimento via substituição de importações.[34] Os primeiros meses de 1963 foram marcados por forte repique inflacionário, em decorrência da política de realismo cambial, que levou a uma forte desvalorização — de mais de 30% — da taxa oficial. Apenas no primeiro trimestre do ano, o IPC alcançou 16,6%.

Refletir sobre a política econômica do governo Jango implica não desprezar todas as forças políticas que atuavam na arena política brasileira: os conservadores (direita), representados fortemente pela UDN, os progressistas (esquerda), cujas vozes ecoavam

---

[31] Fonseca, 2003.

[32] O convite para que o economista paraibano Celso Furtado dirigisse o recém-criado órgão de desenvolvimento regional em 1959 fora uma resposta ao grave problema nordestino, cuja combalida economia havia sido assolada por sérios distúrbios climáticos na década. A velha política de construção de açudes e redes de transporte não tinha sido capaz de modificar a economia da região. Urgia uma nova política — o desenvolvimentismo apregoava a construção de uma base industrial que mudasse a economia local. Foi com esse espírito que JK convidou Furtado para dirigir a Sudene (ver Lessa, 1982).

[33] Fonseca, 2003:10.

[34] As políticas anti-inflacionárias propostas por Furtado podem também ser lidas à luz da tradição da teoria estruturalista de inflação. Segundo vários autores dessa tradição, além das causas estruturais da inflação, haveria mecanismos de propagação (ver Bastos, 2001): déficit fiscal e política monetária frouxa. Assim, teoricamente, era possível inserir medidas de combate a esses componentes da inflação em uma interpretação estruturalista latino-americana.

através do então deputado pelo PTB-Guanabara Leonel Brizola, e os comunistas (PCB), enraizados nos órgãos sindicais e organizações sociais, todos tentando pressionar o presidente da República no limite da ordem institucional. Segundo Basbaum (1968:41), a conspiração era generalizada:

> Civis, militares, udenistas, petebistas, operários e camponeses, todos se reuniam em pequenos grupos, disfarçadamente ou não. E ninguém pensava em sustentar o governo legal; pelo contrário, todos se declaravam dispostos a tomar o poder.

Esse era o clima em 1963 e de janeiro a março de 1964: pequenas conspirações por todos os lados.

Num ambiente político de pressões, sobretudo salariais, especificamente do funcionalismo público, foi difícil manter a rigidez fiscal. Mais importante, porém, foi o papel que esse ativismo sindical exerceu sobre os reajustes nominais de salário e, consequentemente, sobre o estabelecimento de uma espiral inflacionária. Em junho, o ministro San Tiago Dantas foi substituído por Carvalho Pinto na Fazenda, com a difícil tarefa de evitar a deterioração dos déficits orçamentários e do balanço de pagamentos. O Plano Trienal a essa altura já havia sido abandonado — o orçamento de 1964, enviado ao Congresso Nacional em maio, já deixara de lado as metas fixadas pelo plano.[35]

Diante das dificuldades crônicas de fechar o balanço de pagamentos, a Sumoc regulamentou a importação de máquinas e equipamentos, através da Instrução nº 242, de julho de 1963. Essa instrução passou a disciplinar a importação de máquinas e equipamentos sem cobertura cambial. Nas palavras do ministro da Fazenda Carvalho Pinto, as importações do setor estavam limitadas aos itens que tivessem "indubitável essencialidade para o processo de desenvolvimento econômico do país [fossem] e de caráter indiscutivelmente inadiável".[36] Como a medida visava também proteger a indústria nacional de máquinas e equipamentos, contou com o apoio dos empresários brasileiros do setor.[37] Mas tal medida constituiu mais um elemento de tensão entre o capital internacional e o governo

---

[35] Fonseca, 2003.

[36] Ver "A Instrução 242 explicada", *O Estado de S. Paulo*, 7 jul. 1963.

[37] O empresariado nacional recebeu a Instrução nº 242 como uma possibilidade de pôr em igualdade de condições o produtor nacional e o fornecedor estrangeiro. O Sindicato da Indústria de Máquinas do Estado de São Paulo aplaudiu a medida, embora empresários do setor de fiação e tecidos ressaltassem a aparente dificuldade de renovar seu parque industrial pelas restrições impostas pela instrução, solicitando assim medidas complementares no sentido de oferecer novos canais de financiamento. Os jornais *Correio da Manhã* ("Tópicos e notícias", 10 jul. 1963), *O Jornal* ("Exigências da Instrução 242 vão ser revistas com cuidado", 11 jul. 1963), *Tribuna da Imprensa* ("Finanças no ritmo de CP — Sumoc: novas normas", 8 jul. 1963) e *Diário de Notícias* ("C. Pinto não quer falar sobre política", 11 jul. 1963; e "Momento econômico — os subdesenvolvidos", 13 jul. 1963) discutiram amplamente a questão.

brasileiro. O segundo semestre foi caracterizado ainda por novas tensões, com greves de várias categorias, e o envio por Goulart ao Congresso Nacional de um pedido de estado de sítio — do qual o presidente voltaria atrás três dias depois — e a regulamentação da Lei de Remessa de Lucros. O balanço de pagamentos fechou o ano de 1963 com a conta "remessa de lucros" zerada (ver tabela 3).

Embora a literatura econômica tradicionalmente advogue a tese da incapacidade do governo de manter a disciplina fiscal — o que de fato seria muito difícil, não por incapacidade intrínseca ou falta de comando, mas pelas tensões sociais do período —, o governo conseguiu a façanha de promover um severo ajuste fiscal: apesar de as despesas, em termos nominais, terem aumentado quase 76% em 1963, em termos reais elas caíram quase 3%, contra um crescimento real das receitas de 3,1% (tabela 7). Ou seja, aqui temos um dado que fragiliza, de uma só vez, duas teses da crítica tradicional ao governo Jango.

Tabela 7
Brasil: receita e despesa da União, 1960-64

Ano	Receita arrecadada (Cr$ bilhões)	Cresc. nominal	Cresc. real	Despesa realizada (Cr$ bilhões)	Cresc. nominal	Cresc. real	Superávit (+) ou déficit (-)	Neces. de financiamento operacional (% do PIB)
1960	233	–	–	265	–	–	(32)	–0,43
1961	317	36,24	–4,83	420	58,68	10,84	(102)	–2,83
1962	512	61,23	3,92	727	73,06	11,54	(215)	–4,61
1963	953	86,21	3,11	1.278	75,81	–2,65	(325)	–3,69
1964	2.011	110,97	13,10	2.771	116,87	16,23	(760)	–3,97

Fonte: IBGE, estatísticas históricas do Brasil.
Obs.: Dados de crescimento nominal e real calculados pelos autores.

Em termos nominais, o déficit foi um dos maiores já registrados (Cr$ 325 bilhões), mas, como proporção do PIB, ficou um ponto percentual abaixo daquele do ano anterior, só não sendo menor por causa da retração da economia, já que o PIB registrou crescimento de apenas 0,6% no ano. Pode-se, então, refutar a tese tradicionalmente aceita de falta de comando ou direção na condução da política fiscal. De fato, é notável que durante o período presidencialista o resultado fiscal tenha sido tão melhor do que no período parlamentarista, justamente em um governo considerado fraco e sem rumo! Por outro lado, assim como um suposto descontrole fiscal não se traduziu em aceleração inflacionária em 1962, a maior austeridade de 1963 não resultou em arrefecimento da inflação, muito pelo contrário!

É curioso notar também que o volume de investimentos como proporção do PIB subiu 1,5 ponto percentual num ano tão cheio de turbulências políticas e institucionais.

Os investimentos privados aumentaram quase 8% em 1963, enquanto os públicos caíram 14%. A formação bruta de capital fixo por parte do setor privado cresceu nesse ano cerca de 13%. Apesar do nervosismo político-institucional que se instalara no país, "continuaram realizando-se inversões concentradas nos setores produtores de insumos básicos existentes e ampliando-se o capital de giro requerido por processos mais capitalistas de produção e comercialização".[38] Além disso, a reversão cíclica indicada pelos dados de 1961 não foi tão profunda.

Os três meses finais do governo Jango se caracterizaram pelo aumento das tensões. Em janeiro de 1963, o governo concedeu um aumento de 56% ao salário mínimo, mas a recuperação do poder de compra não foi igual à obtida quando do reajuste anterior, em outubro de 1961. As reformas de base — sobretudo a agrária — e o comício da Central do Brasil acirraram os ânimos, até a deposição do presidente em 1º de abril.

Um balanço do governo João Goulart: a construção de uma nova ordem socioeconômica abortada

A política implementada pelo governo Jango teve como marca principal duas questões: a preocupação social e a defesa da economia nacional. A infame campanha engendrada pelas forças conservadoras contra o seu governo ofuscou suas inúmeras realizações: política externa independente; estabelecimento de relações comerciais com a República Popular da China; ampliação do intercâmbio comercial com os países socialistas e africanos; implantação de uma política nacional de saúde, traçada a partir da III Conferência Nacional de Saúde, convocada para discutir a proposta do ministro Wilson Fadul; a execução de um programa de emergência para a educação, com orçamento em 1962 de cerca de Cr$ 6 bilhões e do Plano Nacional de Educação, implantado em 1963 com cerca de Cr$ 9,8 bilhões para o ensino primário e mais Cr$ 7 bilhões para o ensino médio, só em recursos federais. O ideário republicano da educação universal espraiou-se pelo país.

No âmbito do trabalho, na administração do ministro Amaury Silva, foi criado um financiamento de longo prazo para 100 mil famílias adquirirem casa própria, iniciou-se a instalação de hospitais regionais da previdência social e instituiu-se a aposentadoria especial em função da natureza do serviço. Incentivou-se a organização de sindicatos rurais, cujo número saltou de 300, em 1963, para cerca de 1.500 em março de 1964.

---

[38] Lessa, 1982:135.

Reconheceu-se a Confederação Nacional dos Trabalhadores na Agricultura (Contag) e determinou a regulamentação do Estatuto do Trabalhador Rural.

Do ponto de vista da infraestrutura, foi regulamentado o Código Brasileiro de Telecomunicações, nacionalizando os serviços de telefonia, telegrafia, radiodifusão e radioamador. Criou-se o Conselho Nacional de Telecomunicações (Contel) e ampliou-se a rede de telex de centros urbanos como Rio de Janeiro, Brasília, São Paulo, Belo Horizonte, Recife e Porto Alegre com 72 países e empresas internacionais. Essas iniciativas foram importantes para a criação posterior da Empresa Brasileira de Telecomunicações (Embratel). O setor de energia elétrica teve enorme impulso com a aprovação pelo Congresso Nacional, em 1962, da Eletrobrás e a reformulação do Fundo Federal de Eletrificação. Para 1964 essa empresa previa investimentos de cerca de Cr$ 26 bilhões em todo o sistema Eletrobrás, assegurando a expansão do setor elétrico, assim como o início do projeto de aproveitamento de Sete Quedas, no rio Paraná, iniciativa que deu origem posteriormente à Usina de Itaipu.

O setor siderúrgico também foi alvo da atenção especial do presidente Jango, que inaugurou em seu governo a Usiminas, a Cosipa e a Ferro e Aço de Vitória. Foram ainda iniciados os estudos para a construção do porto de Tubarão, que melhoraria o desempenho da Companhia Vale do Rio Doce. A Petrobras, por sua vez, assumiu a distribuição a granel de derivados de petróleo e obteve o monopólio para o fornecimento de derivados petrolíferos a todos os órgãos públicos.

Está claro, pois, que o governo Jango não foi imobilista e tinha um norte, um projeto, inclusive ambicioso.[39] As reflexões finais deste capítulo devem, uma vez explicitadas as realizações de João Goulart, tentar interpretar a inter-relação entre os graves problemas econômicos e as extraordinárias dificuldades políticas enfrentados por seu governo. Se entendido o período presidencialista, mais particularmente a formulação e implementação do Plano Trienal, como a materialização do projeto reformista de Jango, cabe entender a pertinência, ou não, das reformas para a superação da crise conjuntural macroeconômica então já instaurada. Vale lembrar que o lançamento e a implementação do Plano Trienal cobriram apenas um curtíssimo período de seu governo. Como vimos, o governo Jango teve fases distintas: inicialmente, um período parlamentarista, no qual a composição de forças políticas heterogêneas levaria a um tipo de política econômica de compromisso, e depois, um período presidencialista, em que cresceu a instabilidade política, com a progressiva deterioração dos indicadores macroeconômicos.

---

[39] Na realidade, foi a construção do projeto nacional desenvolvimentista de Getúlio Vargas que se prolongou ao longo dos governos militares posteriores, entrando em crise com as dificuldades externas do início dos anos 1980 e sendo sepultado com a política neoliberal dos anos 1990.

As interpretações das desventuras do governo João Goulart no plano econômico não se limitam às tradicionais divergências entre monetaristas e estruturalistas. Os primeiros, como sempre, apontam a inconsistência das políticas fiscal e monetária como causas da inflação e do consequente desarranjo econômico geral, e os últimos buscam em causas estruturais, como desequilíbrios estruturais agrícolas ou externos, a razão para inflação elevada e baixo crescimento.

Cabe então perguntar: qual o papel das reformas propostas pelo governo Goulart na conjuntura econômica e, consequentemente, em sua própria sobrevivência política? A desaceleração do crescimento, observada após o *boom* dos investimentos realizados na vigência do Plano de Metas, era uma tendência estagnacionista estrutural,[40] ou uma inversão cíclica natural, após um período de rápida expansão, acompanhada de uma trajetória de desequilíbrio externo que, *ceteris paribus*, descambaria para uma forte crise de restrição externa? Até que ponto as reformas propostas poderiam lograr um resultado de curtíssimo prazo em relação ao crescimento econômico, auxiliando ou reforçando as medidas restritivas fiscais e monetárias?

Ainda que as respostas para essas perguntas tenham um caráter fortemente especulativo, é razoável supor que o impacto das mudanças distributivas só seria sentido a um prazo mais longo. Uma mudança na estrutura fundiária, por exemplo, demandaria mais tempo para exercer seu impacto tanto sobre a produção e a renda no campo quanto sobre os salários urbanos. No primeiro caso, existem as limitações físicas do ciclo produtivo rural e, no segundo, um "excedente de mão de obra" estrutural nas cidades que não seria reduzido, apenas estabilizado, com a redução do fluxo migratório do campo. Como se esses fatores estritamente econômicos não bastassem, devesse ainda levar em conta que as reformas eram extremamente contrárias aos interesses de boa parte do empresariado brasileiro, o que em nada estimulou uma atitude mais positiva dele em relação à política econômica oficial.

Tradicionalmente, obtém-se o amortecimento do ciclo econômico com a elevação do gasto autônomo, usualmente o público.[41] Esse componente, porém, já estava muito limitado no governo Jango, uma vez que, no ciclo expansivo do Plano de Metas,

---

[40] A interpretação furtadiana para a suposta crise estrutural do processo de substituição de importações, ou a tese estagnacionista, foi contestada tanto pela realidade da recuperação durante o milagre econômico, quanto teoricamente, no campo heterodoxo, por autores ligados à Unicamp, como visto anteriormente.

[41] Esse fato é ilustrado pela importância do gasto público, no contexto do II PND, para a manutenção do nível de demanda agregada durante a desaceleração cíclica do milagre econômico. Outro componente autônomo do gasto, as exportações, pode eventualmente fazer o papel desse componente de gasto, isoladamente ou em associação com o gasto público.

o gasto público já exercera um papel muito relevante e que uma das características desse período fora exatamente a forma "provisória" com que seu financiamento havia sido executado. A palavra provisória entre aspas foi utilizada para expressar como as necessidades tributárias e parafiscais do período Kubitschek foram superadas, com a criação de fundos específicos, sem que tenha havido a reformulação estrutural do sistema tributário, ou mesmo da estrutura da dívida pública. Logo, a saída da elevação do gasto público estava, por esse lado, bastante comprometida, ou carecia de alterações nos instrumentos de tributação e endividamento, para ser empreendida. Esse foi o caminho trilhado pelos governos militares que se seguiram, com a criação de instrumentos de proteção da receita fiscal (correção monetária), recomposição tarifária, modernização da máquina arrecadadora e indexação da dívida pública, tornando-a um elemento importante para a montagem da nova estrutura de intermediação financeira. Na verdade, pode-se argumentar que, em 1963, deu-se o contrário do ocorrido no período parlamentarista, quando a elevação do gasto público representou um componente positivo para a manutenção da demanda agregada em nível relativamente elevado, apesar da redução da taxa de crescimento econômico.

Independentemente de o governo Jango não contar, de forma consistente, com um elemento crucial de manejo da política macroeconômica de curto prazo, pela ausência de reformas em seus condicionantes estruturais, cabe observar que o caminho proposto por ele, e de certa forma assumido até mesmo por parte da administração, era o inverso: a contenção dos gastos públicos para controlar a inflação. Furtado, ao conceber o plano, apoiara-se em uma estratégia dupla: estabilizar a inflação de forma ortodoxa, o que fica claro pelo fato de a equipe monetarista da Sumoc ter sido responsável pela elaboração do capítulo monetário do plano[42] e restabelecer o crescimento econômico de forma sustentada mediante reformas estruturais. Vale anotar, com o risco de sermos repetitivos, que numa interpretação ortodoxa simplista, o ajuste nas variáveis fiscais e monetárias garantiria a estabilização econômica e a retomada do crescimento. Utilizamos o adjetivo simplista para reforçar a ideia de que a modernização conservadora levada a cabo pelos militares encampou uma série de reformas verdadeiramente estruturais, que em muito superavam o simples marco das políticas fiscais e monetárias convencionais.

Já mostramos também o equívoco usual das interpretações sobre a política econômica do governo Jango, que chamam a atenção para a questão do populismo, ou para uma suposta incapacidade de implementar políticas fiscais e monetárias restritivas

---

[42] Ver Lago, 1983.

o bastante para combater a aceleração da inflação.[43] O período presidencialista registrou um desempenho fiscal mais duro que o parlamentarista, mas esse comportamento foi incapaz de romper a espiral inflacionária.

Deve-se observar que João Goulart recebeu o governo com a inflação já elevada, e mais importante, em trajetória ascendente. Um componente de choque relevante para tal aceleração foi sem dúvida a mudança do regime cambial, com a desvalorização de 100% de preços básicos da economia, como petróleo e trigo. Após essa aceleração, notadamente na segunda metade de 1961,[44] a inflação pouco subiu em 1962,[45] voltando a se acelerar em 1963.

A elevação verificada no início de 1963 veio no bojo do Plano Trienal, com uma política de rendas inconsistente. Buscou-se uma recomposição de tarifas de serviço público (conforme mostra o gráfico 2), o que provocou um choque de custos, sem que nenhuma política de rendas fosse adotada. Ou seja, o choque de custos repassado aos preços teve como reação um choque nos salários nominais, realimentando a chamada espiral inflacionária.[46]

De fato, este último item ilustra bem a principal inconsistência do governo Goulart em termos macroeconômicos. Num período bastante instável, com vários indicadores macroeconômicos apresentando séria deterioração, dada a exacerbação das demandas sociais, e com os conflitos de interesse daí resultantes, era praticamente impossível implementar políticas de renda capazes de coordenar o sistema de formação de preços público e privado.

---

[43] Uma interpretação alternativa critica essa pecha de "fraco" e "incoerente" do governo Goulart, inserindo-o em um modelo, no qual a ação inflacionista de um governo pode ser explicada por um modelo racional maximizador, segundo alguma função utilidade do mesmo (ver Monteiro, 1999). Essa abordagem teórica ortodoxa diverge da utilizada neste capítulo. As dificuldades de interpretação dos atos do governo Jango estão inseridas num contexto de graves dificuldades externas e internas.

[44] E nesse caso não se pode desconsiderar o impacto da extrema instabilidade política sobre as variáveis macroeconômicas.

[45] Isso pode ser observado comparando-se a inflação medida em termos da variação do índice de preços entre dezembro de 1962 e 1961. A elevação da chamada inflação de pico foi extremamente reduzida, passando de cerca de 48% para 52%.

[46] Pode-se dar dois exemplos de como adotar uma política de recomposição tarifária sem causar impactos sobre a inflação: o Programa de Ação Econômica do Governo (Paeg) de novembro de 1964 e, mais recentemente, a implementação do Plano Real. No primeiro caso, a política de contenção salarial evitava que o choque de custos se transformasse numa espiral inflacionária, enquanto no segundo, além da desindexação formal dos salários, mantinha-se um sistema de câmbio nominal praticamente fixo. Outro caso que pode servir de ilustração é a elevação das tarifas dos serviços públicos privatizados no segundo governo Fernando Henrique Cardoso, que não criou uma espiral inflacionária graças a substanciais perdas nos salários reais dos trabalhadores.

Gráfico 2
Relação entre índice geral de preços e índice de preços de serviços públicos

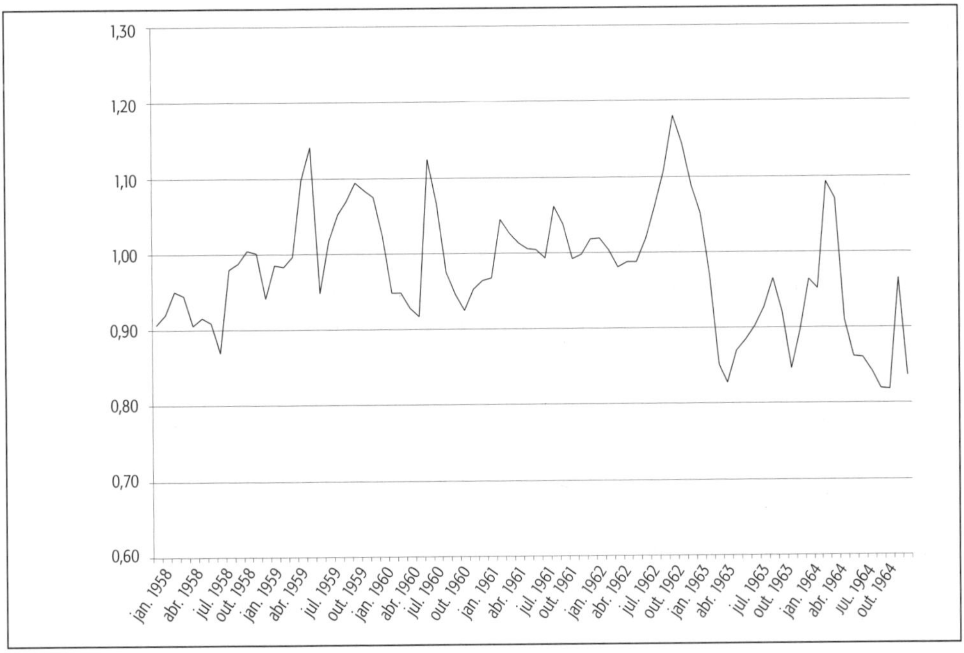

Fonte: Ipeadata. Dados calculados pelos autores.

A melhor defesa para o governo Goulart contra os ataques a sua eventual falta de "austeridade" macroeconômica encontra-se no período que o sucedeu. O governo Castello Branco e seu Programa de Ação Econômica do Governo (Paeg), apesar de algumas medidas de curtíssimo prazo de austeridade fiscal-monetária, se apoiaram principalmente numa política anti-inflacionária que reduziu a velocidade dos reajustes nominais dos preços utilizando uma fórmula de subindexação salarial.[47]

Obviamente, essa opção estava vedada a um governo no qual um dos principais compromissos era exatamente a diminuição, e não, o aumento

da concentração de renda. Um governo que tinha compromisso popular com o alto emprego e com políticas públicas compensatórias. Se, como defendemos, os efeitos estruturais das mudanças no sentido do capitalismo brasileiro contidas nas reformas de base só seriam sentidos a médio e longo prazos, como construir a "ponte política" para atravessar tal transição? Se o governo Jango assumiu com uma espiral preços/salários já fortemente estabelecida,

---

[47] Ver Resende, 1990.

com índices inflacionários elevados, como pensar em propor políticas fiscais e monetárias duras o bastante para romper a inércia inflacionária via refreamento das demandas dos trabalhadores? Essa difícil tarefa é ainda mais implausível num governo trabalhista.

À guisa de conclusão

O governo Jango foi, assim, um governo sitiado. Não só por inimigos políticos internos — a coalizão conservadora que não aceitava as reformas sociais que poderiam mudar a face do nosso capitalismo excludente e desigual. Não só por uma conjuntura política externa de exacerbação da Guerra Fria e estreitamento de possibilidades de cooperação para a superação das fortes restrições ao financiamento externo. Mas também porque teve que se debater contra uma herança pesada em termos de desequilíbrios das variáveis macroeconômicas, cuja correção demandava mais do que uma simples administração eficiente de política econômica, e sim, um amplo pacto das forças sociais, políticas e econômicas.

A desvalorização cambial que lhe foi tão onerosa em termos da herança inflacionária recebida era uma medida supostamente inelutável diante da deterioração da balança comercial.[48] Não havia também como evitar a política do realismo tarifário, para poder reconstituir a capacidade de financiamento do investimento público em infraestrutura. Ao mesmo tempo, cabia ao Estado implementar muitas reformas, o que implicava a elevação de gastos num momento em que a capacidade de financiamento do governo estava limitada pela própria inflação. Por fim, o compromisso assumido com a classe trabalhadora de melhorar suas condições de vida impedia uma política de arrocho salarial, como a praticada posteriormente pelos governos militares como forma de combate à inflação.

O presidente Jango não possuía uma variável de ajuste e muito menos a possibilidade de um acordo social que viabilizasse a compatibilização das demandas sociais exacerbadas e conflitivas naquele momento. Logo, suas aparentes contradições foram, na verdade, as contradições daquela conjuntura sociopolítica. A arbitragem dessas tensões se fez de forma violenta, pela derrubada do governo constitucional, o que, apesar de reorganizar o capitalismo brasileiro para uma nova fase expansiva, manteve, e até em certo momento acentuou, seu caráter desigual e excludente.

---

[48] Leff (1977) aponta como uma das deficiências da implementação do modelo de substituição de importações no Brasil a forma equivocada do tratamento das exportações, que nunca tiveram apoio para se dinamizarem, prevalecendo a ideia de exportação como venda de uma parcela do excedente da demanda interna em relação à produção.

Bibliografia

BANDEIRA, Luiz Alberto Moniz. *O governo João Goulart — as lutas sociais no Brasil, 1961-1964*. 7. ed. Rio de Janeiro: Revan; Brasília: UnB, 2001.

BASBAUM, Leôncio. *História sincera da República*. São Paulo: Alfa-Ômega, 1968. 4v.

BASTOS, Carlos Pinkusfeld. Inflação e estabilização. In: FIORI, J. L.; MEDEIROS, C. (Orgs.). *Polarização e crescimento*. Petrópolis: Vozes, 2001.

BRASIL. Conselho de Ministros. *Programa de governo — bases: análise da situação econômica e social do Brasil*. Brasília, 1961.

ERICKSON, Kenneth Paul. *Sindicalismo no processo político no Brasil*. São Paulo: Brasiliense, 1979.

FERREIRA, Marieta de Moraes. João Goulart. In: *Dicionário histórico biográfico brasileiro*. Disponível em: <www.cpdoc.fgv.br/comum/htm>. Acesso em 8 set. 2004.

FONSECA, Pedro C. Dutra. Legitimidade e credibilidade: impasses da política econômica do governo Goulart. In: ENCONTRO NACIONAL DE ECONOMIA, 31., 2003, Porto Seguro. *Anais...* Porto Seguro, BA: Anpec, 2003.

———; MONTEIRO, Sérgio M. Modesto. Credibilidade e populismo: a política econômica dos governos Vargas e Goulart. In: ENCONTRO NACIONAL DE ECONOMIA, 30., 2002, Nova Friburgo. *Anais...* Nova Friburgo, RJ: Anpec, 2002.

FRANCO, Afonso Arinos de Melo. *O planalto: memórias*. Rio de Janeiro: José Olympio, 1968.

FURTADO, Celso. *Subdesenvolvimento e estagnação na América Latina*. Rio de Janeiro: Civilização Brasileira, 1966.

———. *Brasil, tempos modernos*. Rio de Janeiro: Paz e Terra, 1968a.

———. *Um projeto para o Brasil*. Rio de Janeiro: Saga, 1968b.

IBGE (Fundação Instituto de Geografia e Estatística). *Anuário estatístico do Brasil*. Rio de Janeiro: IBGE, 1961, 1962, 1963.

———. *Estatísticas históricas do Brasil*. Disponível em: <www.ibge.gov.br>. Acesso em 20 ago. 2004.

LAGO, Pedro Aranha Corrêa do. A Sumoc como embrião do Banco Central: sua influência na condução da política econômica 1945-1965. 1983. Dissertação (Mestrado em Economia) — PUC-Rio, Rio de Janeiro, 1983. ms.

LEFF, Nathaniel H. *Política econômica e desenvolvimento no Brasil, 1947-1967*. São Paulo: Perspectiva, 1977.

LESSA, Carlos. *Quinze anos de política econômica.* São Paulo: Brasiliense, 1982.

MONTEIRO, Sérgio M. M. *Política econômica e credibilidade: uma análise dos governos Jânio Quadros e João Goulart.* 1999. Tese (Doutorado em Ciências Econômicas) — Universidade Federal do Rio Grande do Sul, Porto Alegre, 1999.

PREBISCH, Raúl. *Estudio económico de América Latina 1949.* Nueva York: s.ed., 1951. (E/CN.12/164/Rev.1).

————. O desenvolvimento econômico da América Latina e alguns de seus problemas principais. In: BIELSCHOWSKY, Ricardo (Org.). *Cinquenta anos de pensamento na Cepal.* Rio de Janeiro: Record, Cofecon, Cepal, 2000. [Escrito em 1949 como introdução ao *Estudio económico de la América Latina,* 1948 (E/CN.12/89)].

RESENDE, André Lara. Estabilização e reforma: 1964-1967. In: ABREU, M. P. (Org.). *A ordem do progresso — cem anos de política econômica republicana 1889-1989.* Rio de Janeiro: Campus, 1990.

SERRANO, Franklin. Acumulação e gasto improdutivo na economia do desenvolvimento. In: FIORI, J. L.; MEDEIROS, C. (Orgs.). *Polarização e crescimento.* Petrópolis: Vozes, 2001.

TAVARES, Maria da Conceição. Auge e declínio do processo de substituição de importações no Brasil. *Boletin Económico de América Latina,* Santiago, v. 9, n. 1, mar. 1964.

————. *Da substituição de importações ao capitalismo financeiro — ensaios sobre economia brasileira.* Rio de Janeiro: Zahar, 1972.

————. Império, território e dinheiro. In: FIORI, J. L. *Estado e moedas no desenvolvimento das nações.* Petrópolis: Vozes, 2000.

5

1964: a imprensa ajudou a derrubar o governo Goulart

*Alzira Alves de Abreu**

São raros os estudos que analisam o papel da imprensa e da incipiente televisão na queda do governo Goulart, embora os meios de comunicação tenham sido utilizados pelas lideranças civis, políticas, partidárias ou sindicais como instrumentos para levar até o público as suas propostas, ideias e programas. A apresentação de determinado evento pela imprensa, a forma pela qual um evento ou acontecimento é transmitido ao público, a seleção das informações que irão constituir o todo e a importância atribuída a um aspecto da realidade em detrimento de outros determinam um tipo de apreensão da realidade pelo leitor.[1] É por uma perspectiva elaborada pelos veículos de comunicação que muitas vezes o leitor é levado a perceber a realidade e a se posicionar diante dos acontecimentos.

Por outro lado, há o papel autônomo da imprensa, sua capacidade de encaminhar o debate sobre determinados temas, formular e impor uma agenda e, com isso, interferir no rumo dos acontecimentos, obrigando os outros atores ou instituições a se posicionarem. Nesse caso, sem a participação da imprensa, o desfecho de determinado processo ou acontecimento seria totalmente diferente.

A atuação da imprensa em todo o processo que levou à queda do regime constitucional, em 31 de março de 1964, deve ser incorporada aos esquemas explicativos desse

---

* Doutora em sociologia e pesquisadora do Cpdoc/FGV.
[1] Hackett, 1999.

acontecimento. O objetivo deste capítulo é mostrar que a imprensa foi um dos vetores da divulgação do fantasma do comunismo, e que esse fantasma foi utilizado como uma das principais justificativas para a derrubada do governo. Ao mesmo tempo, a imprensa exacerbou a divulgação de notícias sobre a existência de um caos administrativo e participou, em seguida, da divulgação da ideia de que era imperiosa a necessidade do restabelecimento da ordem mediante uma "intervenção militar".

Ao se analisar o comportamento da imprensa nesse período, observa-se que ela atravessou, num curto espaço de tempo, várias fases, nas quais predominou o discurso anticomunista. Em uma primeira fase, logo após a renúncia do presidente Jânio Quadros (25-8-1961), a maioria dos jornais abriu espaço para os discursos favoráveis à preservação do regime, ou seja, à posse de João Goulart, assim como os próprios jornais formularam argumentos em favor da obediência aos preceitos constitucionais. Em seguida, a imprensa apoiou a solução parlamentarista (2-9-1961) e o plebiscito (6-1-1963). Em um terceiro momento, quando ocorreu a Revolta dos Sargentos (12-9-1963), a imprensa começou a se distanciar do governo Goulart e a apresentar como solução para a crise política o *impeachment* do presidente e sua substituição dentro da legalidade. Finalmente, o epílogo desse drama se deu com o Comício das Reformas (13-3-1964), com o Levante dos Marinheiros (26-3-1964), com a reunião dos sargentos no Automóvel Clube do Rio de Janeiro (30-3-1964) e com a intensificação da mobilização ideológica. O governo se aproximou dos grupos radicais de esquerda e foi perdendo o apoio dos grupos de centro, ao mesmo tempo que se aprofundava a crise político-econômica. A maioria dos jornais retirou o apoio a Goulart e foi mudando de discurso, formulando ou acompanhando as orientações dos grupos favoráveis à queda do governo. Alguns jornais pediram a sua substituição dentro dos preceitos constitucionais, outros pediram a intervenção militar para restabelecer a ordem e a continuidade democrática, que estaria ameaçada pelas ações de Goulart. Poucos foram os jornais que defenderam o governo até a sua deposição.

Essa atitude da imprensa pode estar relacionada ao fato de que os anos 1960 conheceram o apogeu do jornalismo político, que acompanhava reivindicações e contestações político-ideológicas. A conjuntura nacional, nesses anos, foi marcada pelo engajamento político, que se expressava por ações em prol de uma sociedade mais justa e mais igual, a ser alcançada, de acordo com a orientação dos diversos movimentos políticos, através de um regime democrático ou de um regime socialista. A década de 1960 viu o surgimento de movimentos de renovação cultural impregnados de grande politização e radicalização, tanto de direita e extrema direita, quanto de esquerda e extrema esquerda.

Outra característica da imprensa é que, até os anos 1960, quando a indústria de comunicação de massa era incipiente, ela podia ser considerada partidária. Embora os jornais não fossem sustentados por qualquer facção política, refletiam os interesses ideológicos dos partidos, faziam parte de uma imprensa que tinha uma concepção missionária de sua atividade. Basta lembrar que *O Estado de S. Paulo* e *O Globo* eram os jornais que defendiam as ideias e posições liberais da União Democrática Nacional (UDN), enquanto a *Última Hora* era partidária e defensora das posições do Partido Trabalhista Brasileiro (PTB).

Nos anos 1950-60 foram introduzidas importantes modificações na imprensa brasileira: a linguagem foi se tornando mais objetiva e a notícia passou a ocupar maior espaço que a opinião. Foram incorporadas inovações gráficas, nova diagramação e modificações na paginação dos jornais. Durante o governo Jânio Quadros teve início a crise na imprensa escrita, ligada à Instrução nº 204 da Sumoc,[2] medida que implicou importante modificação no regime cambial. A importação de papel era feita com subsídio do governo, pois havia uma taxa especial que reduzia em 70% o preço de compra dessa matéria-prima. A medida extinguiu esse privilégio dos jornais. Com o fim do câmbio favorecido para a imprensa, os jornais tiveram que arcar com um aumento brutal de custos. A crise motivada pelo aumento dos custos do papel teve reflexos na orientação política de alguns jornais, que se aproximaram do governo como forma de preservar sua sobrevivência. O *Diário de Notícias* atravessava uma situação financeira grave, não só como resultado do aumento dos custos do papel, mas também devido aos gastos com a construção de uma nova sede. Sua linha política foi alterada. Contrariando sua tradição antigetulista, o jornal deu apoio a várias medidas propostas por Goulart, entre elas as chamadas reformas de base. O *Diário Carioca* apoiou João Goulart durante todo o seu período na presidência, embora tenha feito grande oposição a ele durante o governo Vargas. No governo Goulart, recebeu apoio financeiro para a solução dos graves problemas que atravessava, agravados pelo aumento dos custos do papel.

Essas mudanças na imprensa se davam em um contexto político de grande exaltação contra o comunismo e contra a Revolução Cubana. A relação entre Estados Unidos e Cuba se agravara a partir de 1961 com a invasão da baía dos Porcos por cubanos anticastristas, que receberam apoio logístico da Marinha norte-americana. O fracasso da invasão levou Cuba a buscar o apoio militar da União Soviética, o que se deu em agosto/setembro de 1961, com a assinatura de acordos de colaboração militar. Em janeiro de 1962, os Estados Unidos convocaram uma reunião especial da Organização dos Estados Americanos (OEA) para pedir a expulsão de Cuba como membro desse organismo. Decretou também

---

[2] Medida tomada pela Superintendência da Moeda e do Crédito (Sumoc) em 13 de março de 1961. Ver Abreu et al., 2002.

o embargo total do comércio entre Estados Unidos e Cuba. A instalação de mísseis com armamento nuclear em Cuba, pelos soviéticos, provocou grande tensão entre Estados Unidos e União Soviética, colocando o mundo à beira de uma guerra nuclear durante o mês de outubro de 1962. Essas eram as questões dominantes na conjuntura internacional, com uma grande polarização e confronto entre os países ocidentais capitalistas e os países comunistas, situação que permeou todo o governo Goulart e que exacerbou internamente as posições ideológicas em conflito.

Ao mesmo tempo, houve uma reestruturação das organizações de esquerda, novas orientações e a criação de novos grupos no país, com tendências políticas mais radicais. O Partido Comunista Brasileiro (PCB), ainda na ilegalidade, alcançara importante influência não só no meio sindical como no jogo político-partidário. Seu modelo de revolução nacional-democrático acentuava que a passagem do regime capitalista ao socialista deveria se dar de forma pacífica, por meio da participação dos comunistas nas instituições existentes e de alianças com os setores mais progressistas, o que o levou a ser um aliado do governo Goulart. Nessa conjuntura, foi criado em 1962 o Partido Comunista do Brasil (PCdoB), por ex-dirigentes do PCB, em decorrência da crise provocada pelas resoluções do XX Congresso do Partido Comunista da União Soviética (Pcus), realizado em 1956. Surgiu também a Ação Popular (AP), a Política Operária (Polop), as ligas camponesas, entre outros. Os grupos de direita e extrema-direita também se organizaram em torno do Instituto de Pesquisas e Estudos Sociais (Ipês), do Movimento Anticomunista (MAC), da Tradição, Família e Propriedade (TFP), do Instituto Brasileiro de Ação Democrática (Ibad), do Grupo de Ação Patriótica (GAP).[3] O anticomunismo foi usado para difundir o medo na classe média e para identificar as "reformas de base", com a passagem do regime capitalista para o comunista. Os jornais, com maior ou menor ênfase, participavam da pregação anticomunista.

O alinhamento da maioria dos jornais às posições político-ideológicas dominantes, ou seja, contra o comunismo, contra as mudanças na estrutura da sociedade, está referenciado a uma visão conservadora dos proprietários de jornais e de alguns jornalistas. Para eles, a tradição e a legitimidade da autoridade eram valores a serem preservados. Acusar de "comunistas" todos os que defendiam o governo, fossem eles socialistas, trabalhistas, nacionalistas ou mesmo liberais, foi a tática usada pelos conservadores contrários a qualquer mudança na estrutura social.

Essas são algumas das questões que considero na análise do posicionamento da imprensa durante o período que se estende da renúncia do presidente Jânio Quadros à

---

[3] Sobre a origem e atuação desses movimentos, ver Abreu et al., 2002.

queda do governo João Goulart. Para elaborar este trabalho analisei detidamente alguns jornais diários, matutinos e vespertinos, do Rio de Janeiro e de São Paulo, cobrindo o período de 25 de agosto de 1961 a 1º de abril de 1964.[4] A observação dos jornais *Correio da Manhã, Diário Carioca, Diário de Notícias, O Estado de S. Paulo, O Globo, O Jornal, Jornal do Brasil, A Noite* me permitiu acompanhar a orientação da imprensa durante o período e verificar os momentos em que ocorriam mudanças no noticiário e nos editoriais, o que sinalizava transformações na posição dos demais atores sociais.

Alguns jornais, como o *Correio do Povo, Novos Rumos* e *O Semanário*, foram consultados somente em datas significativas do período, entre elas o Comício das Reformas, no dia 13 de março de 1964, a Revolta dos Sargentos e a Revolta dos Marinheiros. Não me detive nos jornais *Tribuna da Imprensa* e *Última Hora* por suas posições previamente conhecidas.

Primeiro ato: a imprensa defende a posse de Goulart

O impasse político criado pelo veto dos ministros militares de Jânio Quadros ao vice-presidente João Goulart como substituto legal do presidente demissionário trouxe para o debate a preservação da Constituição. Na imprensa, no Congresso, nos sindicatos, nas associações civis, entre os intelectuais e outros, a garantia dos princípios democráticos foi um tema que dominou as discussões durante o período entre a renúncia de Quadros (25-8-1961) e a posse de Goulart (7-9-1961).

Os jornais de maior circulação no eixo Rio-São Paulo, e que tinham prestígio e influência sobre os tomadores de decisão e os formadores de opinião, apoiaram a posse do vice-presidente. Pode-se destacar a posição de jornais como *Correio da Manhã, Diário de Notícias, Diário Carioca, Jornal do Brasil, A Noite, O Jornal, Última Hora, Correio Braziliense* e *Zero Hora*. No então estado da Guanabara, o governador Carlos Lacerda determinou a censura e a apreensão dos jornais favoráveis à posse do vice-presidente.

Os jornais *O Globo*, do Rio de Janeiro, e *O Estado de S. Paulo* se posicionaram abertamente contra a posse de Goulart. O jornal paulista defendeu a convocação das Forças Armadas como garantia para que a vontade popular se manifestasse, "preservando" o Brasil dos golpes que "as forças subversivas se esforçarão por desfechar contra a democracia e a dignidade nacional".[5]

---

[4] O levantamento dos dados e informações dos jornais aqui analisados foi efetuado por Maira Primo de Medeiros Lacerda, bolsista do Pibic/CNPq.
[5] *O Estado de S. Paulo,* 26 ago. 1961.

A *Tribuna da Imprensa*, jornal dirigido por Carlos Lacerda, também se colocou claramente contra a posse de João Goulart e favorável a uma intervenção militar. A circulação da *Tribuna da Imprensa*, no entanto, era limitada ao Rio de Janeiro e tinha um leitorado definido politicamente a favor das posições de Lacerda.

O *Diário de Notícias*, jornal carioca com grande penetração nos meios militares, pode ser tomado como um indicador da posição da maioria dos jornais nesse acontecimento. No dia seguinte à renúncia de Jânio Quadros, dizia em seu editorial que, se não era possível a volta de Jânio, que tomasse posse Jango. Embora defendendo os princípios constitucionais, demonstrava desconfiança quanto à capacidade de Goulart de governar o país. O jornalista Joel Silveira escreveu em 27-28 de agosto:

a Constituição tem que ser obedecida de qualquer maneira. Não importa saber quem é o Sr. João Goulart, o que ele representa e o que significarão para o país os seus próximos quatro anos de governo. Interessa saber apenas que ele era o vice-presidente da República, e que agora é o presidente.

No mesmo dia, o editorial do *Diário de Notícias* advertia que:

em nome da preservação da ordem pretende-se perpetrar um atentado frontal à Constituição, ferindo de morte o regime. Os perigos que pretensamente poderiam resultar às instituições com a presença do Sr. João Goulart na Presidência da República seriam, em qualquer hipótese, incomparavelmente menos graves do que aqueles decorrentes da ruptura do sistema representativo.

Alguns dias depois, o jornal insistia em que era preciso respeitar a lei:

nossa posição, desde o primeiro instante em que se definiram as correntes de forças (...) tem sido e será sempre a de preservar a ordem legal, muito embora avisados dos inconvenientes de toda a natureza que cercam a figura do atual vice-presidente da República.[6]

Por que essa desconfiança em relação a Goulart? Vale lembrar que ele era o principal herdeiro político de Getúlio Vargas e presidente do PTB. Foi ministro do Trabalho de Vargas (1953/54) e sua atuação nesse período o marcou como um político de tendências

---

[6] *Diário de Notícias*, 29 ago. 1961, p. 4.

ideológicas de esquerda, como um agitador que promoveu greves e a infiltração de líderes esquerdistas e comunistas nos sindicatos. Era identificado por uma parcela da elite política brasileira como um demagogo sem capacidade para governar o país. Na verdade, para ele foi transferida toda a rejeição e o rancor que a oposição devotava à figura de Vargas.

Para a facção militar representada pelos ministros militares de Jânio Quadros, Goulart era um perigo para a estabilidade das instituições do país. Em manifesto, os ministros militares previam que a posse de Goulart traria agitações, tumultos e mesmo choques sangrentos nas cidades e nos campos, ou seja, a subversão armada.

Segundo ato: apoio da imprensa ao parlamentarismo e ao plebiscito

A crise que se instalou no país com a recusa dos ministros militares a aceitar a posse de João Goulart levou à formação da Rede da Legalidade em 27 de agosto, após a ordem do ministro da Guerra, Odilo Denis, de lacrar as rádios Gaúcha e Farroupilha, que vinham dando cobertura à posição de defesa da posse de Goulart. O governador do Rio Grande do Sul, Leonel Brizola, requisitou a Rádio Guaíba, que permaneceu no ar e tornou-se a emissora oficial do estado, sob a jurisdição da Secretaria de Segurança Pública do Rio Grande do Sul. A Rede da Legalidade contava com mais de 200 emissoras de rádio em todo o país e transmitia, diretamente do palácio do governador, marchas militares, conclamações, apelos e informações sobre as negociações que se desenvolviam entre o Congresso e os militares.[7] A Rede da Legalidade teve influência decisiva na tomada de posição da população em favor da continuidade democrática.

No Congresso formou-se uma coalizão entre o PSD, parte da UDN, PTB, grupos de esquerda e nacionalistas, com o apoio de uma parte legalista das Forças Armadas, visando uma solução que garantisse a continuidade democrática. Nas Forças Armadas, o marechal Henrique Lott se pronunciou pelo respeito à Constituição e, no Rio Grande do Sul, o comandante do III Exército, general José Machado Lopes, se aliou à Rede da Legalidade e passou a desobedecer às ordens do ministro da Guerra, defendendo a posse de Goulart.

A aprovação do Ato Adicional, em 2 de setembro de 1961, por grande maioria — 233 votos a favor e 55 contra —, estabeleceu o regime parlamentarista, solução de conciliação aceita pelas diversas correntes políticas. A imprensa, de modo geral, apoiou a solução parlamentarista, vista como uma demonstração de maturidade e vitalidade da democracia brasileira. O jornal *O Globo* apoiou a solução parlamentarista, mas a *Tribuna*

---

[7] Barbosa, 2002.

da Imprensa viu o parlamentarismo como a pior saída para a crise, porque "o drama fundamental do Brasil" era a opção entre democracia ou comunismo. O parlamentarismo, de acordo com o jornal, foi uma solução do Partido Comunista. Nesse sentido, o "parlamentarismo é um regime que apenas reintroduz a ordem na sua superficialidade, deixando para mais tarde a solução final da crise, numa disputa definitiva entre comunistas e democratas".[8]

Logo após a posse de Goulart na presidência da República, Luís Carlos Prestes, em ato público em São Paulo, pediu a legalização do PCB, provocando notícias e editoriais em vários jornais sobre o perigo que isso representava. O *Jornal do Brasil*, de 2 de outubro de 1961, advertia:

> A recente crise, que manteve o país por mais de uma semana à beira da guerra civil, mostrou aos comunistas que, finalmente, estão sendo criadas as condições que hão de permitir que eles tenham participação maior e mais direta nas decisões políticas. Por outro lado, a extrema direita, com sua campanha anticomunista feita de modo contraproducente, contribuiu para aumentar o número de simpatizantes do comunismo (...). Além disso, a formação, relativamente rápida, de um movimento que polariza as forças de esquerda (a chamada Liga pela Legalidade ou Frente de Libertação Nacional) abre perspectivas mais amplas para a ação comunista. São eles os que têm um mínimo de organização e de método — isso para não falar em sua experiência insurrecional. (...) Os democratas devem permitir que os comunistas exprimam os seus pontos de vista livremente. Mas não podem permitir, em hipótese alguma, que os comunistas usem os recursos da democracia para acabar com a democracia.

As denúncias de ligação de Goulart com o comunismo se intensificariam. O reatamento de relações diplomáticas do Brasil com a então União Soviética, em novembro de 1961, deu-se às vésperas do aniversário da Revolta Comunista de 1935, quando os militares promoviam solenidades para lembrar esse acontecimento. O fato foi considerado uma provocação do governo, e os jornais exploraram a inabilidade de Jango de marcar a data de aproximação do Brasil com um país comunista naquele momento. Os jornais *Correio da Manhã* e *Jornal do Brasil*, favoráveis à aproximação diplomática com os países comunistas, fizeram observações críticas sobre as proximidades das datas. Os jornais *O Globo* e *O Estado de S. Paulo* publicaram grandes manchetes contra o reatamento com a URSS.

---

[8] *Tribuna da Imprensa*, 4 set. 1961.

Na imprensa, *O Jornal*, de Assis Chateaubriand, apesar de apoiar a posse de Goulart, indicava que havia infiltração comunista na ação do governador Brizola. E noticiava:

> É enorme o número de telegramas enviados de Cuba e de países da cortina de ferro dando apoio aos elementos que no Rio Grande do Sul se anteciparam às decisões do Congresso, assumindo atitudes que não compadecem com a disciplina militar, nem protegem os interesses da paz no Brasil.[9]

O Estado de S. Paulo, de 17 de setembro, combateu a emenda parlamentarista argumentando que o sistema parlamentar de governo era ineficiente na solução dos problemas do Estado moderno.

Goulart, ao tomar posse, defendeu a recuperação imediata de seus plenos poderes, a volta ao regime presidencialista. Ele tinha o apoio dos grupos nacionalistas e de esquerda, que viram na solução parlamentar um "golpe branco". Ao mesmo tempo, o regime parlamentar não contava com o apoio dos principais líderes políticos do país, que visavam a presidência da República em 1965, como Juscelino Kubitschek, Carlos Lacerda, Magalhães Pinto, Juracy Magalhães, Leonel Brizola.

Ao ser fixada a data para o plebiscito sobre a permanência ou não do regime parlamentar, o jornal *O Estado de S. Paulo*, de 16 de setembro de 1962, combateu duramente a decisão, afirmando tratar-se da consumação de um crime. Dizia:

> Numa manobra de última hora, chefiada pela fina flor dos homens formados no *entourage* direto do ditador Getúlio Vargas e com o sacrifício da Constituição, conseguiu o Sr. João Goulart o que queria. A Câmara Federal ratificou todos os seus caprichos, marcando para janeiro próximo a consulta plebiscitária que irá decidir se continuaremos nesta contrafação de parlamentarismo ou se serão concedidos poderes praticamente ditatoriais ao pupilo do Sr. Getúlio Vargas.

O jornal *O Globo*, que havia se posicionado contra a posse de Goulart, mostrou-se favorável ao presidente durante a campanha do plebiscito, chegando a afirmar, em editorial, que ele era "uma revelação de comedimento, moderação e prudência".[10] O jornal via na volta ao regime presidencialista a possibilidade de Goulart enfrentar a crise política e atacar a inflação. Havia também uma expectativa dos grupos conservadores de atrair Goulart para o centro político e afastá-lo da influência dos grupos de

---

[9] *O Jornal*, 2 set. 1961.
[10] *O Globo*, 12 abr. 1962.

esquerda. A posição de *O Globo* representava essa tentativa. O *Diário Carioca*, em 31 de dezembro de 1962, também defendeu o plebiscito e a volta ao regime presidencialista como a melhor opção para o país.

O resultado do plebiscito (6-1-1963) foi altamente favorável ao retorno ao regime presidencialista. Essa vitória deu a Goulart e ao grupo que o apoiava uma falsa ideia de que a maioria no país era favorável à política das chamadas reformas de base, entre as quais se destacavam a agrária, a tributária e a educacional. As reformas incluíam o controle sobre o capital estrangeiro, a nacionalização de alguns setores considerados básicos na economia, o direito de voto ao analfabeto e praças de pré, a extensão do direito de elegibilidade a todos os militares e a legalização do Partido Comunista.

O discurso contra o regime cubano começou a ter mais espaço nos jornais. O *Diário Carioca*, em seus editoriais assinados por Arnon de Mello, passou a fazer fortes críticas a Cuba e à política do ministro das Relações Exteriores San Tiago Dantas, por este defender Fidel Castro. O argumento do governo brasileiro de autodeterminação dos povos e direito à soberania, o que possibilitava uma posição favorável a Cuba, foi condenada pelo jornal. A posição brasileira na reunião de Punta del Este, quando o Brasil pediu um tratamento diferenciado para Cuba na OEA, foi considerada pelo *Diário Carioca* de 11 de março de 1962 equivocada, pois a defesa de Cuba pelo representante brasileiro, San Tiago Dantas, "não representa o pensamento da Nação". Em seguida, no editorial do dia 18 sob o título "Confissões de um tirano", combateu o governo de Fidel Castro e perguntava: "ousará alguém dizer ainda que (...) a atual orientação do Itamarati representa o real ponto de vista do povo brasileiro?". Também a aproximação entre o Brasil e a União Soviética foi combatida pelo *Diário Carioca*, pois, segundo o jornal, representava uma desvinculação do país do mundo ocidental.[11]

A difusão de denúncias sobre o perigo comunista foi feita também mediante a produção de textos que eram encartados nos jornais comerciais. Esse material era produzido por entidades voltadas para a propaganda anticomunista, como o Ibad, o Ipês e a TFP.[12] O jornal *O Globo* também distribuiu, em fascículos, o livro *O assalto ao Parlamento*, sobre a ascensão dos comunistas na Tchecoslováquia. O material produzido para denunciar o "perigo comunista" baseava-se em imagens fortes e negativas relacionadas com a demonologia, a traição, a doença. Os comunistas eram denominados "adeptos do credo vermelho", "soldados vermelhos", "inimigos da pátria" etc. Mas alguns jornais denunciavam os chamados "industriais do anticomunismo", como o *Jornal do Brasil*,

---

[11] *Diário Carioca*, 13 maio 1962.
[12] *O Globo,* 25 e 26 mar. 1962.

durante as eleições de 1962, que atacou em seu editorial de 14 de outubro os "fantasmas rendosos", os que de forma exagerada divulgavam o perigo eleitoral dos comunistas.

Durante a campanha eleitoral de outubro de 1962 para a renovação do Congresso, ocorreu intensa mobilização dos grupos conservadores e de direita para impedir a eleição de candidatos que supostamente seriam "comunistas". O Ibad utilizou grande soma de recursos financeiros nessa campanha. A imprensa, especialmente *O Globo* e *O Estado de S. Paulo*, participou intensamente da campanha, ajudando a polarização das eleições entre candidatos pró-comunismo e pró-democracia, e alertando para o perigo que representava a eleição de comunistas para o Congresso.

Terceiro ato: a Revolta dos Sargentos dá início ao afastamento da imprensa do governo Goulart

A Revolta dos Sargentos (12-9-1963) pode ser tomada como o momento de inflexão da posição da imprensa em relação ao governo Goulart. A partir dela começou o afastamento e se aceleram as críticas à política do governo e ao presidente. A rebelião foi promovida por cabos, sargentos e suboficiais da Aeronáutica e da Marinha, e motivada pela decisão do Supremo Tribunal Federal de reafirmar a inelegibilidade dos sargentos para os órgãos do Poder Legislativo, conforme previa a Constituição de 1946. Muitos sargentos haviam sido eleitos em 1962 para a Câmara dos Deputados e assembleias legislativas estaduais. Os rebeldes ocuparam importantes prédios públicos da capital federal e fizeram prisioneiros o presidente da Câmara dos Deputados e um ministro do STF. A rebelião foi debelada no mesmo dia por contingentes do Exército.

A rebelião dos suboficiais e a atitude de Goulart em relação à punição dos rebeldes, declarando seu apoio às reivindicações dos sargentos, sob o argumento de que elas faziam parte do programa de reformas do governo,[13] levantaram a questão da disciplina militar e a desconfiança, entre os oficiais mais graduados das Forças Armadas, de que Goulart preparava um golpe para permanecer no poder. Mas o *Correio da Manhã* mostrava confiança na democracia, afirmando que "o fracasso da rebelião dos sargentos proporcionou ao país uma lição confortadora: a democracia é forte no Brasil e ninguém pode contra ela".[14]

O discurso sobre o perigo do comunismo e da cubanização do Brasil começou a se intensificar nos principais jornais do país. Esse discurso era dirigido em especial à classe média. Vale lembrar que a partir de 1956, com o aprofundamento da industrialização brasileira, deu-se a ampliação da classe média urbana detentora de conhecimentos técnicos,

---

[13] *Correio da Manhã*, 15 set. 1963.
[14] *Correio da Manhã*, 15 set. 1963, p. 20.

118 João Goulart: entre a memória e a história

como engenheiros industriais, economistas, gerentes executivos, entre outros. Ao mesmo tempo, ocorreu um progressivo assalariamento dos profissionais liberais (advogados, médicos, engenheiros), que passaram a se integrar à empresa capitalista (industrial, financeira ou de serviços). Essa nova classe média era sensível a todo discurso sobre o perigo da perda da situação social recém-adquirida.[15] Formou-se, então, uma cultura política anticomunista que se manifestou intensamente no governo Goulart.

As propostas de reformas, que se tornaram bandeiras do governo, incentivaram o surgimento de várias organizações de classe média, que tinham como objetivo lutar contra a ascensão dos movimentos populares rurais e urbanos, movimentos que reivindicavam reformas na estrutura da sociedade. As associações de mulheres, como a Campanha da Mulher pela Democracia (Camde), integrada por mulheres de classe média, se exprimiram em defesa da família, da religião e da propriedade. Organizaram as chamadas "marchas da Família com Deus pela Liberdade". A imprensa deu grande espaço à divulgação das manifestações públicas realizadas em todas as capitais do país pelo movimento feminino. Os profissionais liberais se pronunciaram contra a ascensão do movimento popular, atribuindo ao governo federal o incentivo à subversão. O Centro Democrático dos Advogados de São Paulo, o Instituto dos Advogados do Rio de Janeiro, entre outros, lançaram manifestos, que tiveram destaque nos principais veículos de divulgação do país.

O *Diário Carioca*, jornal que vinha apoiando a política do governo, em editorial assinado por seu diretor-presidente, Danton Jobim,[16] em 21 de julho de 1963, afirmava:

> Se ora apoiamos Jango, é porque julgamos que não era o momento de abandoná-lo à própria sorte. Sobretudo quando ele é rondado por correntes extremistas e pode ser empurrado, pela incompreensão dos seus adversários, para uma posição radical que seria a ruína das instituições.

Após a Revolta dos Sargentos, o *Diário Carioca*, em seu editorial de 15 de setembro de 1963, chama a atenção para duas questões: a primeira "é de natureza disciplinar, que requer uma repressão à baderna, serena, mas exemplar, aplicando-se a lei de modo inflexível". A segunda, de natureza política, "com o Congresso encontrando uma solução para a inelegibilidade dos sargentos". E faz ainda uma previsão:

> E agora um lembrete para os que querem fazer uma rápida carreira política através da baderna, à custa da desgraça de jovens transviados do dever militar: se a legalidade ruir,

---

[15] Saes, 1981.
[16] Danton Jobim assumiu a direção do jornal em 2 de setembro de 1962, em substituição a Arnon de Mello. *Diário Carioca*, 2 de setembro de 1962.

não haverá condições, neste país, para uma república sindicalista ou de sargentos, mas para uma ditadura militar, que as circunstâncias impelirão para a direita.

O *Jornal do Brasil*, diante da Revolta dos Sargentos e da atitude do governo, em seu editorial "Basta", de 13 de setembro,[17] pede a intervenção das Forças Armadas:

> Antes que cheguemos à Revolução, digamos um BASTA. Digamos enquanto existem organizadas, coesas e disciplinadas, Forças Armadas brasileiras e democráticas, para sustentar pela presença de suas armas o próprio BASTA. Amanhã será tarde. E o que foi obtido ontem sem consequências mais trágicas para o regime, será duvidosamente conseguido com derramamento de sangue.

A escalada de greves, as fortes críticas à política econômica do governo, a mobilização dos grupos de esquerda e de direita e a revolta dos sargentos, tudo isso permitiu o surgimento de um clima de grande instabilidade política e econômica no país. Ao mesmo tempo, Carlos Lacerda, governador da Guanabara, movia forte campanha contra o governo Goulart, usando como estratégia a bandeira do anticomunismo. Em entrevista ao jornal *Los Angeles Times* pediu a intervenção dos Estados Unidos no Brasil para evitar um golpe comunista.

Goulart, em 4 de outubro de 1963, enviou uma mensagem ao Congresso solicitando o estado de sítio por 30 dias. Com isso, plantou a semente da desconfiança entre os grupos de direita e de esquerda. Para a direita, ele preparava um golpe para permanecer no poder. As organizações de esquerda, como a UNE e a CGT, se posicionaram contra a medida, por entenderem que os poderes de exceção poderiam ser utilizados contra os trabalhadores e os movimentos populares. No Congresso o governo não contou com o apoio nem do PTB, o que levou Goulart a retirar a proposta de estado de sítio.

Brizola, através da Rádio Mayrink Veiga e do jornal *Panfleto*, intensificou sua campanha em favor de medidas radicais, como moratória da dívida externa, substituição do Congresso por uma Assembleia Constituinte e organização de células políticas armadas, o chamado "Grupo dos Onze".

O Semanário, jornal de defesa das reivindicações dos grupos nacionalistas e porta-voz da Frente Parlamentar Nacionalista, durante a presidência de Goulart manteve uma orientação moderada de apoio à política do governo e defendeu uma atitude mais responsável dos grupos de esquerda. Criticou duramente os radicais, principalmente os

---

[17] O título desse editorial foi também usado pelo *Correio da Manhã* em 31 de março de 1964.

Epílogo: a imprensa pede a saída de Goulart

Como explicar a mudança da imprensa em um curto espaço de tempo, entre agosto de 1961 e final de 1963? Uma revisão da literatura sobre as causas que levaram ao desfecho da crise foge ao âmbito deste capítulo. Considero que a queda do governo Goulart deve ser analisada relacionando-se a crise econômica com a crise política, as orientações ideológicas, os fatores institucionais e a interação dos vários atores políticos.

É possível resumir as explicações para a ruptura institucional de 1964, segundo Argelina Figueiredo (1993), em análises que enfatizam fatores estruturais políticos e/ou econômicos e em análises que priorizam fatores intencionais ou "orientadas-para-o-ator". Para vários autores, como Fernando Henrique Cardoso, os fatores econômicos foram determinantes na queda do regime democrático. Cardoso (1973:147) sugeriu que o processo de acumulação exigia "que fossem desmantelados os instrumentos de pressão e defesa à disposição das classes populares". O autoritarismo era inevitável porque "se tornava necessário reestruturar os mecanismos de acumulação em um nível mais elevado, um nível que se ajustasse melhor aos avanços já obtidos no desenvolvimento das forças produtivas".

As críticas a essa explicação introduziram análises com ênfase em variáveis políticas, como os trabalhos de Wanderley G. dos Santos (1986:22), que concluiu que o desfecho da crise política deveu-se à incapacidade do presidente Goulart de formar uma maioria parlamentar. Santos construiu um modelo em que identifica como inevitável a ruptura constitucional "como consequência imperiosa de um conflito político caracterizado pela dispersão de recursos entre atores radicalizados, impedindo que o sistema tivesse um desempenho adequado e impelindo-o para o tipo de crise que classificarei de *paralisia decisória*".

As explicações intencionais ou "orientadas-para-o-ator" também podem ser de dois tipos: um centrado na conspiração internacional e/ou direitista contra o governo Goulart, e que tem no estudo de René Dreifuss seu modelo mais bem acabado. Sua análise está centrada na formação do Ipês e no papel que o grupo tecnoempresarial exerceu na coordenação da conspiração contra o governo. A burguesia teria liderado a conspiração,

---

[18] *O Semanário*, 30 jan. e 5 fev. 1964.

financiando e organizando outros segmentos da sociedade, através da manipulação dos meios de comunicação de massa. Já em sua análise sobre a queda do regime democrático no país, Philippe C. Schmitter nega o papel central atribuído à burguesia e analisa o golpe de 1964 como uma questão militar. O outro tipo de explicação "orientada" é o de Alfred Stepan (1978:111). Segundo ele:

> o que conduziu o regime ao ponto de ruptura foi a qualidade da liderança política do presidente Goulart, cujos atos, nos últimos meses do regime, minaram crucialmente todos os apoios existentes.

Gláucio Soares (2001:332), por sua vez, mostra como os militares foram subestimados pelos cientistas sociais nas análises anteriores à Revolução de 64. Isso, segundo o autor:

> devido a tradição, de origem marxista e profundamente arraigada na sociologia política latino-americana, penetrando inclusive a ciência social mais conservadora, de privilegiar as explicações econômicas subestimando as demais. Como as elites conservadoras e os oficiais militares estavam nos 20% superiores na distribuição de renda, a teoria dizia que o ímpeto revolucionário somente poderia vir de baixo e não deles. Subjacente a essa explicação está a noção de que, numa sociedade muito desigual, somente os prejudicados podem querer mudá-la: a revolução teria que vir de baixo.

Outra contribuição para esse debate é a de Adam Przeworski (1986), que indica que as instituições democráticas precisam oferecer soluções claras aos conflitos e ser capazes de implementar essas soluções. Portanto, existe um conflito entre a necessidade de limitar qualquer poder particular e a necessidade de fazer o sistema de poderes operar efetivamente, quando o nível de conflito político é alto. Algum grau de flexibilidade é ótimo, mas não se sabe quanto e que forma pode assumir.

Quando se observam os meses finais do regime democrático, vê-se que o ano de 1964 começou num clima político de grandes incertezas, com suspeitas de que Goulart pretendia dar um golpe e assumir poderes ditatoriais, dissolvendo o Congresso. Por outro lado, havia dissensões entre os vários grupos políticos, tanto de esquerda quanto de centro e de direita e, ao mesmo tempo, a situação econômica se deteriorava. A inflação, que em 1960 fora de 30,47%, passou em dezembro de 1961 para 47,78%, em 1962 para 51,6%, em dezembro de 1963 para 79,92% e em dezembro de 1964 já chegara a 92,12%.[19] A par do descontrole inflacionário, o déficit no balanço de pagamentos au-

---

[19] Dados retirados das séries da Fundação Getulio Vargas.

mentava rapidamente. Diante dessa situação, Goulart decidiu apoiar a esquerda radical e promover comícios nas principais cidades do país a fim de mobilizar a população em favor das "reformas de base". Decidiu também que iria promover as reformas por decreto, passando por cima do Congresso.

O primeiro comício foi no dia 13 de março, sexta-feira, no Rio de Janeiro, na Central do Brasil. Durante o comício Goulart assinou dois decretos: um nacionalizando refinarias de petróleo particulares, empresas pertencentes a proprietários brasileiros, mas que para os nacionalistas mais radicais deveriam pertencer à Petrobras, como era o caso da refinaria petrolífera de Capuava; o segundo declarando sujeitos a desapropriação as propriedades que ultrapassassem 100 hectares, localizadas numa faixa de 10 km à margem de rodovias e ferrovias federais, e as terras de mais de 30 hectares situadas nas zonas que constituíam bacias de irrigação dos açudes públicos federais.[20]

O comício do dia 13 de março foi a senha para a união de todos os conspiradores civis e militares, que iniciaram os preparativos para a derrubada de Goulart. Esse evento estimulou também o medo da classe média pela possível implantação do regime comunista. Alguns setores sociais que até então se mantinham favoráveis às reformas, mudaram de posição, alinhando-se sob a bandeira do anticomunismo. O governador de Minas Gerais, Magalhães Pinto, no início do mês de março, em mensagem à nação, mostrou preocupação com a direção radical que tomava seu partido, a UDN. Denunciou que "áreas enormes, sobretudo da classe média brasileira, estão sendo submetidas a um processo de hipnose que arrasta as camadas da população a um anticomunismo irracional e fanatizado".[21]

A relação entre o comício e o comunismo foi estabelecida pelos jornais, pelos políticos, pela Igreja e pelos empresários. O *Diário de Notícias* de 15 de março alerta o Congresso para que este "não se submeta a um regime de pressão em que as reformas constituem mero suporte para as maquinações políticas com que se pretende levar o país a situações perigosas". Em sua coluna no *Diário de Notícias* desse mesmo dia, Pedro Dantas informava que "o comício comunista" fora convocado e dirigido pelos comunistas sob o patrocínio e a proteção do presidente da República. Alguns políticos, como Adauto Lúcio Cardoso, Bilac Pinto, Pedro Aleixo, Ademar de Barros, Arnaldo Cerdeira, começaram a examinar a possibilidade do *impeachment* do presidente da República, sob a acusação de que ele estava pondo em risco as instituições democráticas e ameaçava a ordem e a tranquilidade do país. Observa-se que alguns jornais iniciaram uma campanha em prol

---

[20] Skidmore, 1969:349.
[21] *Jornal do Brasil,* 2 mar. 1964, p. 1.

do *impeachment*, como o *Correio da Manhã*, como forma de preservar a Constituição e dar ao país um substituto dentro da lei.

Os jornais intensificaram as notícias, as declarações de políticos, de personalidades públicas, de militares sobre o tema da "comunização" do país. O *Jornal do Brasil* de 3 de março publicou declarações do presidente da Ação Democrática Parlamentar (ADP),[22] deputado João Mendes, criticando o governo e lamentando "que religiosos venham fazendo o processo de comunização do País", através da divulgação de cartilhas no Nordeste que, segundo o presidente da ADP, eram "destinadas a intoxicar a infância de ideias subversivas; redigidas de forma a induzir à luta de classes e ao desrespeito às leis do País".

A resposta da classe média e dos conservadores paulistas ao comício do dia 13 foi a "Marcha da Família com Deus pela Liberdade", que reuniu milhares de pessoas. Todos os jornais publicaram grandes manchetes com fotografias e a reprodução dos discursos do presidente do Congresso Nacional, Auro Moura Andrade, e dos deputados Cunha Bueno e Herbert Levi, entre outros. O *Jornal do Brasil* (20 mar. 1964, p. 1) informou:

> Uma multidão calculada em 500 mil pessoas participou ontem, em São Paulo, da *Marcha da Família com Deus pela Liberdade*, em defesa da Constituição e das instituições democráticas brasileiras e de repúdio ao comunismo, constituindo-se na maior manifestação popular já realizada na capital paulista.

O general Humberto Castello Branco, um dos líderes do movimento militar que derrubou João Goulart, procurou os donos de jornais, em fevereiro de 1964, para que estes ajudassem "a criar um ambiente favorável a uma possível reação legalista dos militares".[23] Ao presidente de *O Globo*, Roberto Marinho, Castello Branco explicou que as Forças Armadas só agiriam se fossem estimuladas pela opinião pública.

Mas foi a Revolta dos Marinheiros, liderados pelo cabo Ancelmo, em 26 de março, que precipitou os acontecimentos. Essa rebelião foi interpretada como a senha para o início da revolução comunista. O jornal *Novos Rumos*, veículo de divulgação da orientação política do PCB, fez circular uma edição extra de apoio ao movimento dos marinheiros. Com isso, deu argumentos aos grupos de direita de que os comunistas incentivavam a quebra da disciplina e da hierarquia nas Forças Armadas como meio de acelerar o golpe e tomar o poder. Os jornais que até então defendiam a manutenção do

---

[22] A ADP foi criada em 1961 com o objetivo de combater a infiltração comunista na sociedade brasileira. Era integrada basicamente por parlamentares da UDN e do PSD. Ver Abreu et al., 2002.

[23] Entrevista de Roberto Marinho, em 11 de agosto de 1977, apud Dulles, 1979.

regime constitucional claramente começaram a pedir a intervenção das Forças Armadas para o restabelecimento da hierarquia militar, sendo exceções a *Última Hora* e o *Diário Carioca*. Este último mostrava a real exigência das reformas de base para o Brasil, e João Goulart como "um chefe capaz de levar a cabo, segura e pacificamente, a grande transformação". O jornal criticava os jornalistas e os políticos, porque "fazem eco das inquietudes das classes empresariais que acham que esse governo pode tratar das greves, da inflação e da simples preservação da ordem pública com os mesmos instrumentos de ação e através de métodos ultrapassados há três décadas".[24] Ainda atribuía "as agitações, a comunização do Brasil", a uma invenção dos jornais, estações de rádio e emissoras de televisão. Segundo o editorialista do jornal, os meios de comunicação eram "máquinas monstruosas de propaganda a serviço das forças retrógradas e antinacionais".

O *Jornal do Brasil*, o *Diário de Notícias* e o *Correio da Manhã* se posicionaram firmemente contra o governo. O editorial de primeira página do *Jornal do Brasil* dizia que as Forças Armadas tinham sido "feridas no que de mais essencial existe nelas: os fundamentos da autoridade e da hierarquia, da disciplina e do respeito às leis militares". Conclamava o Exército a restabelecer a legalidade e o estado de direito e colocava o presidente da República na ilegalidade. Esse editorial teve grande repercussão entre os oficiais das Forças Armadas e, de acordo com o jornalista Araújo Neto (1964), "facilitou o trabalho de catequese e conquista da jovem oficialidade, que sempre viu isenção, autoridade e equilíbrio nas opiniões do velho jornal".

O jornalista Alberto Dines, chefe de redação do *Jornal do Brasil*, mostrou que o jornal identificava Jango como o "antilegalista" e lembrou que:

a cada pronunciamento antilegalista de Goulart ou das esquerdas, choviam no jornal pronunciamentos em defesa do regime, vindos de gente tão diferente como Arraes, Lacerda e Kubitschek. Para a suprema irritação de Jango — leitor ávido de jornais — publicávamos estes pronunciamentos reunidos num só título, com grande efeito. Outra técnica adotada no jornal era a promoção de todos os fatos eleitorais e de tudo que significasse votação. Estimular a eleição, incrementar tudo relacionado com o conceito de sufrágio, ainda que fosse para escolher uma "miss", era a palavra de ordem pitoresca, mas sumamente oportuna, para enfrentar a ofensiva antidemocrática de Goulart.[25]

O *Jornal do Brasil* publicou, por exemplo, as declarações do governador Carlos Lacerda, sob o título "Goulart está fora da lei, diz Lacerda":

---

[24] *Diário Carioca*, 10 nov. 1963.
[25] Dines et al., 1964:322.

1964: A IMPRENSA AJUDOU A DERRUBAR O GOVERNO GOULART   125

O povo está convencido, com razão, de que a liberdade e a paz estão em perigo. Aperta-se mais, cada dia, o cerco dos comunistas, usando a total falta de escrúpulos do Sr. João Goulart. (...) A Rússia resolveu, há muito tempo, apoiar os caudilhos e subcaudilhos latino-americanos, para chegar ao poder, graças à desmoralização e à corrupção internas dos países que eles dominam.[26]

Já o *Diário de Notícias*, até o momento final, quando os militares tomaram o poder em 1º de abril, no editorial "Ainda é tempo", acreditava que "há tempo para as soluções de bom senso e de patriotismo".

O *Correio da Manhã*, um dos jornais do Rio de Janeiro de maior prestígio no país e formador de opinião, identificava-se com a classe média e com o pensamento liberal, era favorável à manutenção do regime democrático até às vésperas da derrubada do governo constitucional, mas logo após o Comício das Reformas exigiu o afastamento do presidente constitucional e a transferência do poder ao "sucessor legal" em três editoriais: "Basta", "Fora" e "Não pode continuar". Esses editoriais, considerados sinais para o golpe, diziam que "o *impeachment*, além de ser instrumento de direito constitucional, também é instrumento de ação política, (...) a oposição tentará reunir em torno da ideia a cobertura militar para afastar do poder o Sr. João Goulart". Em 31 de março, o editorial "Basta" teve enorme repercussão no país. O *Correio da Manhã* afirmava:

Não é possível continuar neste caos em todos os sentidos e em todos os setores, tanto no lado administrativo como no lado econômico e financeiro.

Basta de farsa. Basta de guerra psicológica que o próprio governo desencadeou com o objetivo de convulsionar o país e levar avante a sua política continuista. Basta de demagogia para que, realmente, se possam fazer as reformas de base (...).

A nação não admite nem golpe nem contragolpe. Quer consolidar o processo democrático para a concretização das reformas essenciais de sua estrutura econômica (...).

Os poderes Legislativo e Judiciário, as classes armadas, as forças democráticas devem estar alertas e vigilantes e prontos para combater todos aqueles que atentarem contra o regime.

O Brasil já sofreu demasiado com o governo atual. Agora, basta!

O mesmo jornal, em 1º de abril, quando os militares já se movimentavam para a tomada do poder, apresentou o editorial "Fora", onde se lia:

---

[26] *Jornal do Brasil*, 19 mar. 1964, p. 2.

A Nação não mais suporta a permanência do Sr. João Goulart à frente do governo. Não resta outra saída ao Sr. João Goulart senão a de entregar o governo ao seu legítimo sucessor. Só há uma saída a dizer ao Sr. João Goulart: Saia.

E continuava:

Nós do *Correio da Manhã* defendemos intransigentemente em agosto e setembro de 1961 a posse do Sr. João Goulart, a fim de manter a legalidade constitucional. Hoje, como ontem, queremos preservar a Constituição (...). A Nação, a democracia e a liberdade estão em perigo. O povo saberá defendê-las. Nós continuaremos a defendê-las.

O editorial "Basta" foi redigido coletivamente. Teve uma primeira versão manuscrita pelo jornalista Otto Maria Carpeaux e depois submetida a Edmundo Moniz e, em seguida, teve a colaboração de Carlos Heitor Cony.[27] Esses jornalistas eram conhecidos por suas posições políticas à esquerda do espectro político e defensores de ideias favoráveis a uma maior justiça social.

O jornal *O Estado de S. Paulo*, que fora contrário à posse de Goulart e manteve uma permanente oposição ao presidente, participou ativamente da articulação para a derrubada do governo. A justificativa foi de que Goulart manobrava para se manter no poder, e de que estaria interessado em destruir a liberdade no país e interromper o regime democrático. Com essa inversão do quadro político, com o argumento de que, para defender a democracia, era necessário romper as regras democráticas, Ruy Mesquita, um dos proprietários do jornal, integrou um grupo de civis e militares que, em São Paulo, articulou a queda de Goulart. Outro representante da família, Júlio de Mesquita Filho, foi o autor de um documento conhecido como "Roteiro da revolução", que teria inspirado e orientado algumas das primeiras medidas do regime militar. O documento, redigido em colaboração com o advogado Vicente Rao, professor de direito civil da Universidade de São Paulo, sugeria a dissolução do Senado, da Câmara e das assembleias legislativas, anulava o mandato dos governadores e prefeitos, suspendia o *habeas corpus*.[28]

O discurso sobre o perigo comunista foi o eixo central que uniu imprensa, militares, Igreja, classe média, empresários rurais e urbanos e diferentes setores da sociedade em apoio à queda do governo constitucional de Goulart. Para muitos, particularmente para a imprensa, o objetivo, ao apoiar o golpe, não era a implantação de um regime au-

---

[27] Gaspari, 2002:65, nota.
[28] Ibid., p. 122.

toritário, mas sim o restabelecimento da ordem, da hierarquia, e a eliminação do perigo comunista. O perigo comunista foi, na verdade, uma imagem construída ao longo de décadas no Brasil e que, na conjuntura da Guerra Fria, teve condições de se expandir e de obter fortes adesões em todas as camadas da sociedade. É verdade que os comunistas exerciam influência no seio da intelectualidade, dos sindicatos e universidades, mas seu poder de promover uma revolução no país estava distante da realidade. A fragilidade do PCB ficou evidente após o golpe de 1964.

O colapso da democracia no Brasil teve consequências na história da imprensa no país. Ao longo dos anos de regime militar ocorreu uma grande concentração dos veículos de comunicação, com sua modernização. A imprensa que havia apoiado a intervenção militar, com as primeiras medidas tomadas, como a censura aos meios de comunicação e o início da perseguição a lideranças políticas, sindicais e intelectuais, e com a promulgação do Ato Institucional nº 1 (9-4-1964), que previa a cassação de mandatos e a suspensão de garantias constitucionais, começou a se distanciar do governo militar e a denunciar as arbitrariedades cometidas pelo novo regime. Muitos jornais se submeteram às regras impostas pela censura como meio de sobrevivência, outros inventaram fórmulas de denunciar as arbitrariedades e a falta de liberdade.

Bibliografia

ABREU, Alzira Alves de et al. (Orgs.). *Dicionário histórico-biográfico brasileiro pós-30*. 2. ed. Rio de Janeiro: FGV, 2002. 5v.

BARBOSA, Vivaldo. *A Rebelião da Legalidade: documentos, pronunciamentos, noticiário, comentários*. Rio de Janeiro: FGV, 2002.

CARDOSO, Fernando Henrique. Associated-dependent development: theoretical and practical implications. In: STEPAN, Alfred (Ed.). *Authoritarian Brazil*. New Haven: Yale University Press, 1973.

DINES, Alberto et al. *Os idos de março e a queda em abril*. 3. ed. Rio de Janeiro: José Álvaro, 1964.

DREIFUSS, René Armand. *1964: a conquista do Estado: ação política, poder e golpe de classe*. Petrópolis: Vozes, 1981.

DULLES, John W. F. *Castello Branco: o caminho para a presidência*. Rio de Janeiro: José Olympio, 1979.

FIGUEIREDO, Argelina Cheibub. *Democracia ou reformas? Alternativas democráticas à crise política: 1961-1964*. São Paulo: Paz e Terra, 1993.

GASPARI, Elio. *A ditadura envergonhada*. São Paulo: Cia. das Letras, 2002.

HACKETT, Robert A. Declínio de um paradigma? A parcialidade e a objetividade nos estudos de mídia noticiosos. In: TRAQUINA, Nelson (Org.). *Jornalismo: questões, teorias e "estórias"*. 2. ed. Lisboa: Veja, 1999.

MARIANI, Bethânia. *O PCB e a imprensa: os comunistas no imaginário dos jornais (1922-1989)*. Rio de Janeiro: Revan; Campinas: Unicamp, 1998.

MOTTA, Rodrigo Patto Sá. *Em guarda contra o "perigo vermelho": o anticomunismo no Brasil (1917-1964)*. São Paulo: Perspectiva, Fapesp, 2002.

PANDOLFI, Dulce. *Camaradas e companheiros: história e memória do PCB*. Rio de Janeiro: Relume-Dumará, 1995.

PRZEWORSKI, Adam. Some problems in the study of the transition to democracy. In: O'DONNELL, Guillermo; SCHMITTER, Phillippe; WHITEHEAD, Laurence (Eds.). *Transitions from authoritarian rule — comparative perspectives*. Baltimore: Johns Hopkins University Press, 1986.

SAES, Décio A. M. Classe média e política no Brasil 1930-1964. In: FAUSTO, Boris (Dir.). *História geral da civilização*. São Paulo: Difel, 1981. (t. 3: Brasil republicano).

SANTOS, Wanderley Guilherme. *Sessenta e quatro: anatomia da crise*. Rio de Janeiro: Vértice, 1986.

SKIDMORE, Thomas E. *Brasil: de Getúlio a Castelo*. Rio de Janeiro: Saga, 1969.

SOARES, Gláucio A. Dillon. *A democracia interrompida*. Rio de Janeiro: FGV, 2001.

SOUZA, Amaury. Março ou abril? Uma bibliografia comentada sobre o movimento político de 1964 no Brasil. *Dados*, n. 1, p. 160-166, 1966.

STEPAN, Alfred. Political leadership and regime breakdown. In: LINZ, Juan; STEPAN, Alfred (Eds.). *Breakdown of democratic regimes — Latin America*. Baltimore: Johns Hopkins University Press, 1978.

TOLEDO, Caio Navarro de (Org.). *1964: visões críticas do golpe: democracia e reformas no populismo*. Campinas: Unicamp, 1977.

6
João Goulart e a mobilização anticomunista de 1961-64*

*Rodrigo Patto Sá Motta***

Este capítulo se propõe a analisar o quadro político imediatamente anterior à eclosão do golpe militar que derrubou o governo Goulart, enfatizando o impacto da mobilização anticomunista. A intenção é demonstrar que o temor anticomunista teve papel preponderante no processo de arregimentação dos grupos adversários ao governo, fornecendo o principal argumento que unificou os setores de oposição. Pretende sobretudo analisar como João Goulart foi retratado pelas forças conservadoras e como suas ações foram interpretadas a partir de uma leitura anticomunista da crise de 1964.

A década de 1960 foi um momento delicado para os grupos liberais e conservadores no Brasil e alhures, pois a revolução parecia estar na ordem do dia por toda parte. Quando se deu a crise provocada pela renúncia de Jânio Quadros, em agosto de 1961, havia terreno fértil para mobilizar a opinião conservadora. O episódio levou os anticomunistas ao desespero, pois o vice-presidente era um político conhecido por cultivar ligações com a esquerda. Sua eleição para o cargo, em 1955, e a reeleição, em 1960, haviam sido apoiadas pelos comunistas. Os ministros militares de Jânio declararam-se contrários à posse de Goulart, criando um ambiente de pré-guerra civil. Num manifesto dirigido à nação expuseram seus motivos:

---

* Este texto é uma versão condensada e modificada de um dos capítulos do livro *Em guarda contra o perigo vermelho: o anticomunismo no Brasil (1917-1964).* São Paulo: Perspectiva, Fapesp, 2002.
** Professor na Universidade Federal de Minas Gerais.

130 João Goulart: entre a memória e a história

o Sr. João Goulart constituir-se-á, sem dúvida alguma, no mais evidente incentivo a todos aqueles que desejam ver o País mergulhado no caos, na anarquia, na luta civil. As próprias Forças Armadas, infiltradas e domesticadas, transformar-se-iam, como tem acontecido noutros países, em simples milícias comunistas.[1]

Jango era o líder da ala esquerda do PTB e um dos principais responsáveis pela transformação do partido *getulista*, concebido originariamente como dique contra o comunismo, em aliado do PCB. Sua presença no comando do país levou os conservadores a imaginar o recrudescimento da "infiltração" comunista, perigo que já haviam identificado e denunciado no governo Kubitschek.[2] Para evitar um conflito maior, articulou-se a solução da emenda parlamentarista, arranjo que demoveu os opositores à posse. A manobra parlamentarista teve o efeito de apaziguar a crise e evitar o confronto aberto, mas não desmobilizou os radicais da direita, que não demoraram a encontrar oportunidades para entrar em choque com Goulart.

A conjuntura foi marcada pela proliferação de organizações anticomunistas, em decorrência do medo que assolava as direitas. Nos anos anteriores ao golpe de 1964 surgiram dezenas de entidades dessa natureza, em muitos casos experiências efêmeras. Algumas das organizações participantes da campanha anticomunista de 1961-64 tinham sido fundadas anteriormente, como a Cruzada Brasileira Anticomunista, a Sociedade Brasileira de Defesa da Tradição, Família e Propriedade (TFP), a Liga de Defesa Nacional (LDN) e o Movimento por um Mundo Cristão (MMC), entre outras.

Quanto às entidades surgidas na década de 1960, vejamos em primeiro lugar algumas das experiências efêmeras. Logo no início da gestão Goulart, foram organizados grupos para protestar contra a política externa independente (que levou ao reatamento de laços com a URSS e à aproximação com Cuba), como a Liga Feminina Anticomunista, a União Feminina Anticomunista e o Centro Cívico do Brasil.

Algumas entidades tinham vínculos profundos com os valores cristãos, como os Voluntários da Pátria para a Defesa do Brasil Cristão, grupo ligado à Diocese de Niterói,[3] e a Liga Cristã contra o Comunismo, fundada na capital paulista num encontro "que teve a presença de políticos, jornalistas, representantes do clero regular e secular, pasto-

---

[1] Apud Pinto, 1964:221.
[2] Dizia o manifesto dos rebeldes no episódio de Aragarças, em 1959: "(...) os adeptos do comunismo, infiltrados nos mais variados setores, dentro e fora da administração pública, procuram tirar o máximo benefício da situação de miséria e de fome das populações, para implantar o seu regime de escravização do ser humano" (apud Carneiro, 1965:526).
[3] *Correio da Manhã*, 20 jul. 1962, p. 4.

JOÃO GOULART E A MOBILIZAÇÃO ANTICOMUNISTA DE 1961-64 131

res religiosos, homens de negócios, representantes da agropecuária, trabalhadores rurais e operários (...)".[4] Em certos casos, as organizações criadas visavam especificamente a conquista de trabalhadores para a causa anticomunista, como a Resistência Democrática dos Trabalhadores Livres (Redetral),[5] lançada num evento no Maracanãzinho que contou com a presença do governador Carlos Lacerda e do cardeal Câmara.

Certos grupos, tudo indica, tinham como única atividade divulgar propaganda contrária ao comunismo. Esse era o caso da Cruzada Cristã Anticomunista[6] e do Centro Brasileiro da Europa Livre.[7] Outros, ao contrário, preferiam uma atuação mais "aguerrida", como a Patrulha da Democracia, organização secreta de combate ao comunismo formada à base de núcleos reunindo 15 "democratas".[8] Também nessa categoria pode-se colocar o Grupo de Ação Patriótica (GAP), composto de estudantes universitários de orientação direitista. Além de se dedicarem à propaganda anticomunista, os militantes do GAP envolveram-se também com contrabando de armas e participaram de conflitos de rua.[9]

Foram criadas também organizações claramente terroristas, como o Movimento Anticomunista (MAC) e o Comando de Caça aos Comunistas (CCC); o primeiro foi fundado entre o final de 1961 e o início de 1962, e o segundo, nos primeiros meses de 1964. O MAC e o CCC caracterizaram-se por realizar sequestros de personalidades de esquerda e colocar bombas em alvos supostamente comunistas, e continuaram ativos durante o regime militar.

A mobilização anticomunista envolveu também os meios parlamentares. Em maio de 1961, ainda na gestão Jânio Quadros, foi estruturada a Ação Democrática Parlamentar (ADP), com o objetivo de agregar os políticos em torno da luta contra o comunismo, como deixa claro o manifesto de fundação:

Assinam este documento parlamentares que no campo ideológico se orientam pelo princípio: "Anticomunista sempre, reacionário nunca".
Não admitem a cortina de fumaça da adjetivação com que se procura deturpar a democracia. (...) Na luta travada entre a democracia e o comunismo não há lugar para

---

[4] Foram eleitos presidentes de honra o cardeal de São Paulo, d. Carlos Mota, o papa Paulo VI e Plínio Salgado. *O Globo*, 19 fev. 1964, p. 1.
[5] *O Globo*, 15 maio 1961, p. 4; e *Jornal do Brasil*, 15 maio 1961, p. 1.
[6] Responsável pela distribuição de obras norte-americanas traduzidas, como Schwarz, 1963.
[7] *O Globo*, 25 mar. 1962 (encarte).
[8] *Jornal do Brasil*, 26 fev. 1964, p. 4. O grupo provavelmente era uma resposta aos "grupos de onze" organizados por Brizola.
[9] Starling, 1986:209.

os indecisos, os acomodatícios, os "pacifistas", os "neutralistas" — inocentes úteis ou criptocomunistas. A hora é de atitudes corajosas, claras e decisivas.[10]

Em poucos dias, mais de 100 parlamentares federais aderiram à ADP, numa demonstração de que a disposição anticomunista já era forte antes da ascensão de Goulart à presidência. No decorrer do governo Jango, a liderança da ADP se radicalizou ainda mais, configurando-se num dos bastiões da mobilização conservadora que levou ao golpe militar.

Um exemplo interessante da influência de entidades anticomunistas internacionais na conjuntura é fornecido pelo Rearmamento Moral (RM). A organização, sediada nos EUA, se propunha a fazer uma campanha global contra o comunismo, fortalecendo certos valores morais e éticos, como honestidade, pureza, altruísmo, amor. Apareceu no Brasil no início de 1961, quando tornou público um manifesto apresentando suas propostas. As principais adesões ao Rearmamento Moral no país foram conquistadas em meio à alta oficialidade militar, com destaque para o marechal Juarez Távora. Num texto distribuído gratuitamente como encarte de *O Estado de S. Paulo*, Távora resumiu o ponto de vista do movimento.

> A escolha hoje é entre a tirania brutal do comunismo, o suicídio coletivo por meio da guerra atômica, ou o renascimento global através do Rearmamento Moral. O comunismo jamais vencerá. Nosso destino é unir nossa nação e dar ao mundo o Rearmamento Moral. Essa é a solução final.[11]

Além da propaganda através da imprensa, o RM se empenhou em organizar grandes encontros em algumas das principais cidades brasileiras. No segundo semestre de 1961, foram organizados conclaves no Nordeste — Recife, Fortaleza e Natal — e no Rio de Janeiro, no Estádio do Maracanã. Segundo os setores da imprensa que simpatizavam com a causa, os eventos reuniram milhares de pessoas. A programação incluía não só os tradicionais discursos dos líderes, mas formas de comunicação de massa mais modernas, como filmes e peças teatrais.[12]

A participação feminina é fundamental para se compreender o surto anticomunista dos anos 1960. Várias entidades anticomunistas femininas foram criadas naquela

---

[10] "Parlamentares unem-se contra o comunismo!", *O Globo*, 17 maio 1961, p. 1.

[11] *O Estado de S. Paulo*, 12 ago. 1962. Esse jornal e *O Globo* foram os veículos da imprensa a oferecer a melhor acolhida ao movimento, cujas atividades divulgaram com generosidade e simpatia.

[12] *O Globo*, 25 maio 1961, p. 1, e 4 jul. 1961, p. 2.

conjuntura, tendo importância central nas mobilizações que levaram ao golpe militar. Tratou-se de um fato inovador na política brasileira, que até então tinha pouca tradição de participação feminina. Mas, se a presença feminina na política representava novidade, o mesmo não se pode dizer do conteúdo das propostas defendidas. As mulheres foram mobilizadas em nome da defesa da ordem e dos valores tradicionais — família, religião e propriedade —, que acreditavam estar sob a "ameaça vermelha".[13] As organizações femininas conferiram um apelo especial à mobilização das direitas, devido à força simbólica de sua presença no cenário político, representando a figura materna, o lar e a dona de casa, em resumo, a família.

Entre 1962 e 1964, várias entidades femininas surgiram nos principais estados brasileiros, todas tendo no anticomunismo a motivação maior: Campanha da Mulher pela Democracia (Camde), na Guanabara; União Cívica Feminina (UCF) e Movimento de Arregimentação Feminina (MAF), em São Paulo; Liga da Mulher Democrática (Limde), em Minas Gerais; Ação Democrática Feminina Gaúcha (ADFG), no Rio Grande do Sul, e Cruzada Democrática Feminina (CDF), em Pernambuco. Algumas dessas organizações tiveram caráter efêmero, funcionando durante a crise e desaparecendo na sequência da derrubada de Goulart. Outras, porém, continuaram existindo no decorrer dos primeiros anos do regime militar, tentando influenciar o governo e ainda empenhadas na luta contra o mesmo inimigo.

Ficaram para o final as entidades mais importantes e influentes do período, que desempenharam o papel de induzir a estruturação de novos grupos anticomunistas. Refiro-me ao Instituto Brasileiro de Ação Democrática (Ibad) e ao Instituto de Pesquisas e Estudos Sociais (Ipês). O Ibad surgiu primeiro, em 1959, tornando-se conhecido graças à revista *Ação Democrática*. Através desse periódico mensal a organização começou seu trabalho de proselitismo anticomunista, objetivo principal já evidenciado nos primeiros números:

> A sorte está lançada. Ou o comunismo, aqui como alhures, encontra oponentes à altura (...) ou o comunismo irá cada vez mais conquistando terreno. Então, um dia, que poderá estar próximo, ou talvez distante, acordaremos com a grande surpresa: teremos deixado de ser uma nação livre para ser uma segunda Hungria.[14]

Praticamente todo o conteúdo da revista se dedicava a atacar o comunismo, seja no plano externo, seja no interno. Ela trazia, principalmente, matérias apontando a "in-

---

[13] Cf. Simões, 1985.
[14] Trecho do editorial de *Ação Democrática*, n. 2, p. 1, jul. 1959.

filtração" no Brasil (sindicatos, UNE) e denúncias sobre as ações soviéticas no mundo. A intenção do grupo era chamar a atenção das classes dominantes brasileiras para o "perigo", convencê-las da necessidade de se organizar para enfrentar um inimigo que estaria se tornando cada vez mais ameaçador.

> É preciso que as elites despertem. É preciso que os homens de valor, os homens de responsabilidade se unam em defesa do que temos de mais caro aos nossos corações, em defesa da pátria ameaçada. Porque, em última análise, é o Brasil enfermo, é o Brasil atacado de comunosite perniciosa que reclama, neste instante, a atenção dos seus verdadeiros filhos (...).[15]

O apelo do Ibad, feito em 1959, não foi atendido de imediato. Mas, a partir de 1961, os homens do Ibad tiveram motivos para comemorar. A crise que emergiu com a ascensão de Goulart criou condições para a reação anticomunista tão almejada pelo grupo. De qualquer modo, se é que houve euforia, ela não durou muito. Logo, o Ibad se viu diante de uma polêmica que levaria à sua proscrição.

A atuação da entidade despertou a atenção dos contemporâneos, pois havia indícios de envolvimento com organizações estrangeiras, principalmente por causa da sua visível riqueza. A revista, editada em material caro, tinha tiragens muito altas e distribuição gratuita. No auge, chegou-se a tirar mais de 200 mil exemplares de *Ação Democrática*. A participação da organização na campanha eleitoral de 1962 levantou ainda maior suspeita, pois foram gastos alguns milhões de dólares no financiamento de candidatos anticomunistas. Preocupados, os grupos progressistas conseguiram criar uma Comissão Parlamentar de Inquérito para investigar o Ibad. Como os dirigentes responsáveis não conseguiram explicar a origem do dinheiro, consolidaram-se as suspeitas de que o instituto era sustentado por grupos estrangeiros. Os resultados da CPI não foram conclusivos, já que muitos parlamentares conservadores tentaram bloquear os trabalhos. Mas a entidade foi fechada mesmo assim, mediante decreto baixado pelo presidente Goulart.

O Ipês surgiu cerca de dois anos após o Ibad, em meados de 1961. Foi constituído por um grupo de empresários do Rio de Janeiro e de São Paulo, temerosos com o crescimento da esquerda, em geral, e especificamente com a ascensão de Goulart. Os objetivos iniciais do grupo se resumiam a propagandear os ideais liberais e democráticos, notadamente as vantagens da livre-iniciativa sobre o comunismo e o estatismo. Para tanto, financiou publicações e filmes, distribuiu encartes através da grande imprensa[16] e

---

[15] *Ação Democrática*, n. 5, p. 1, out. 1959.
[16] No início de 1962, por exemplo, o Ipês distribuiu, através dos grandes jornais, um encarte intitulado "Cartilha para o progresso: como se faz uma revolução sem sangue". *O Globo*, 26 mar. 1962.

organizou palestras. Mas, desde o início, alguns elementos filiados ao Ipês se dedicaram a conspirar pela derrubada de Jango, estocando armas e fazendo contatos na área militar. Além disso, por iniciativa da organização, foi estruturado um serviço de informações para acompanhar os passos dos inimigos esquerdistas.

A atuação conjunta das duas entidades, Ipês e Ibad, que mantinham algum nível de cooperação, estimulou a proliferação de organizações anticomunistas na conjuntura 1961-64. Além do suporte ideológico e político, o apoio passava pela ajuda financeira aos grupos menores. Sua atuação fomentou o surgimento de grupos anticomunistas em diversos setores sociais, notadamente entre as mulheres, estudantes e trabalhadores.[17] Essa característica permitiu a alguns autores chamá-los de "Estado-Maior" da campanha contra Goulart, ou *holding*, de acordo com uma versão mais irônica. Apesar de existirem polêmicas sobre o real papel desempenhado pelo "complexo Ipês/Ibad" na deflagração do golpe, não há como negar sua importância no desencadeamento do processo que culminou na derrubada de Jango.

A fim de evitar uma compreensão equivocada do contexto é preciso tecer duas considerações acerca das atividades dessas organizações e de seu impacto social. Primeiro, até o final de 1963, esse tipo de iniciativa mobilizou apenas a extrema direita e os setores sociais ultraconservadores. Foi somente a partir daí que o argumento anticomunista se alastrou, chegando a provocar temores sérios em amplos setores sociais. Segundo, as lideranças do centro e da direita sabiam perfeitamente que Goulart não era comunista e costumavam preservá-lo de ataques sérios durante os primeiros meses do governo, inclusive por almejarem afastá-lo das esquerdas. É importante lembrar o comportamento da direita moderada no episódio do plebiscito. Embora temesse as "más companhias" de que Jango se acercava, a maioria conservadora resolveu dar-lhe um voto de confiança e aceitar a volta do presidencialismo. Poucas vozes se levantaram para defender o parlamentarismo, mesmo porque os candidatos em potencial à presidência gostariam de ver o Executivo restaurado em seu poder tradicional. Goulart não era considerado ainda um aliado incondicional e irrecuperável da esquerda revolucionária. Significativamente, a mobilização eleitoral anticomunista de outubro de 1962 poupou o presidente, que, por seu turno, procurava quebrar as resistências conservadoras e distribuía "afagos" e "acenos" à direita. A observação é interessante por colocar em questão a crença de que a derrubada de Jango era um processo inexorável.

Durante os primeiros meses de seu governo, Jango foi visto por muitos observadores como político hábil, bom negociador, em contraste agudo com a imagem que ficou após

---

[17] Dreifuss, 1981:294-318.

o golpe, de líder desastrado e incapaz de liderar o país em momento crítico. No decorrer do período parlamentarista, ele conseguiu atrair, ou pelo menos desmobilizar, parte de seus oponentes iniciais. Para atingir tal objetivo mostrou-se moderado e conciliador, ao passo que não se esforçava pelo sucesso do parlamentarismo, para dizer o mínimo. Nessa fase, seus adversários enfatizaram a crítica à sua malícia política, apontando nele um homem malicioso e oportunista. Fortaleceu-se o argumento de que Goulart, no fundo, manipularia as esquerdas e o "povo", visando menos a realização de reformas sociais e mais o alargamento de sua base de poder.

Dessa interpretação dos objetivos e das intenções de Jango decorreu a estratégia, adotada por alguns atores do campo conservador, de tentar atrair o presidente para o seu lado, afastando-o das esquerdas. Isso explicaria a atitude do jornal *O Globo*, por exemplo, que a princípio recebeu muito mal a ascensão de Goulart à presidência. Num segundo momento, porém, o diário se reconciliou com o líder gaúcho, elogiando-o e considerando-o "uma revelação de comedimento, moderação e prudência".[18] A aproximação em relação ao presidente não implicava transigência com os comunistas; ao contrário, esses continuavam sob fogo cerrado. Os sinais revelavam uma mensagem clara: Goulart gozaria de apoio tranquilo, desde que a esquerda radical fosse afastada do círculo do poder.

Os primeiros meses de 1963 foram marcados pela expectativa de que, com autoridade e poder plenamente restaurados, Jango pudesse governar de modo a desanuviar as tensões. Conservadores e moderados esperavam que o governo enfrentasse os problemas considerados mais sérios: a crise política, derivada principalmente da radicalização à direita e à esquerda; e a crise econômica, identificada em especial com a crescente alta da inflação. Teve curta duração essa "lua de mel", pois, em pouco tempo, os setores que confiaram numa saída moderada para a crise se decepcionaram. A trégua começou a ser rompida e os moderados passaram a engrossar o coro dos direitistas radicais, que não haviam reduzido o tom da campanha anticomunista.

A tentativa de Goulart de equilibrar-se entre esquerda e direita começou a se complicar ainda antes do término do primeiro semestre de 1963. Por um lado, na esfera econômica, as esperanças de estabilização se esvaíram quando se tornou claro o fracasso do Plano Trienal. Mas foi no campo político que os maiores problemas se apresentaram para Jango, erodindo a confiança dos setores conservadores. O fracasso da tentativa de

---

[18] Editorial "Olhando o futuro". *O Globo*, 12 abr. 1962, p. 1. Nessa mesma edição, uma das manchetes principais era "Apelo da Associação Comercial: união nacional em torno de Goulart para as verdadeiras reformas de base".

pacificação política foi provocado em parte pelas crises decorrentes de ações empreendidas por grupos de esquerda próximos ao presidente, e que não estavam dispostos a aceitar suas oscilações e desejavam definições mais claras. Nesse contexto, ganhou grande destaque a figura de Leonel Brizola, cujas posturas radicais contribuíram para a elevação da "temperatura" política. A pregação radical do político gaúcho, um dos principais expoentes do lema "reformas na lei ou na marra", deu origem a inúmeras crises. As ações de Brizola renderam críticas cerradas a ele próprio e ao presidente. O jornalista David Nasser, fiel a seu estilo polêmico, publicou um ataque violento:

> Todos temos um doido na família. Jango tem dois na sua. Brizola — e ele próprio. Porque Jango ainda não compreendeu que o cunhado Leonel pode ser o Benjamim de seu governo. (...) Todos nós temos um louco na família. Jango está dando ao seu uma caixa de fósforos e um barril de pólvora (...).[19]

Outro foco de crises foi a eclosão de uma onda grevista, a partir de meados de 1963, que duraria até as vésperas do golpe, naturalmente com picos em alguns meses. A opinião conservadora enxergou esses acontecimentos de acordo com suas convicções: o surto grevista seria parte da conspiração revolucionária dos comunistas, e o fato de militantes do PCB possuírem cargos importantes no movimento sindical era considerado prova suficiente. Já assustados pela intensificação das greves, os conservadores se defrontaram com novo acontecimento amedrontador em meados de setembro: o Levante dos Sargentos.

A crescente deterioração do quadro político e econômico ao longo de 1963 colocou Goulart em posição muito difícil. O presidente não conseguia contornar os problemas econômicos, cada vez mais graves, e via a situação política fugir-lhe inteiramente ao controle. A polarização inviabilizou as negociações para aprovação das "reformas de base" no Congresso, especialmente a agrária. Em meio a esse contexto conturbado, Goulart tomou uma medida infeliz, que contribuiu para enfraquecer ainda mais sua posição: solicitou ao Congresso (4-10-1963) autorização para decretar estado de sítio. À esquerda e à direita, ninguém entendeu o objetivo do governo, cada lado achando que o estado de exceção representaria um golpe perpetrado pelo grupo oposto. Vendo-se isolado, o governo não teve alternativa senão recuar e retirar o pedido.

---

[19] *O Cruzeiro*, 6 abr. 1963, p. 4. Do lado conservador, ressalte-se, Carlos Lacerda fazia papel semelhante ao de Brizola, só que com sinal trocado, ou seja, ocupando a outra ponta do espectro político. Pela mesma época, o governador carioca fazia ações provocativas contra a esquerda, que o considerava o representante maior da direita.

O acúmulo de medo e ansiedade nos campos centrista e conservador resultou numa aproximação com as posições da direita anticomunista. Começaram a surgir apelos favoráveis à formação de uma frente reunindo todas as forças e grupos contrários à "comunização" do país. Logo após o malogrado episódio do estado de sítio, o deputado João Calmon, um dos diretores dos Diários Associados, conclamou os "democratas" a se unirem: "Calmon prega frente única anticomunista".[20] No final de outubro, Calmon articulou, juntamente com outros grandes grupos jornalísticos, a constituição da Rede da Democracia, que deslanchou poderosa ofensiva de propaganda anticomunista. No entanto, ainda não era o momento de romper definitivamente com Goulart. Desejava-se manter as portas abertas para uma possível recomposição do presidente com os conservadores.

> Mas os democratas — da imprensa, do Congresso, dos partidos políticos, de todos os ramos da vida pública — não querem destruir o Presidente. Desejam justamente salvá-lo da destruição planejada pelos vermelhos (...). Mas é preciso que o Presidente João Goulart ajude e fortaleça os setores democráticos, para que estes, de seu lado, o possam auxiliar e salvar.[21]

No final de 1963, os setores conservadores e liberais estavam unidos e mobilizados contra a esquerda e intensificaram a campanha para insuflar o temor anticomunista. Mas as condições necessárias à consolidação da "frente" ainda não haviam se apresentado, pois o posicionamento de Goulart não estava claro. A postura do governo tinha importância decisiva, uma vez que a esquerda não era considerada capaz de tomar sozinha o poder. Embora a propaganda anticomunista pintasse um quadro bastante exagerado sobre a "infiltração", os grupos conservadores tinham a exata noção de que o PC era força política minoritária, sem condições de conduzir sozinho uma ação revolucionária vitoriosa. O que realmente temiam era a possibilidade de Jango se envolver em algum golpe com o apoio dos comunistas, abrindo-lhes o caminho ao poder.

No início de 1964, com a agudização da crise, surgiu um quadro propício à solidificação da frente liberal-conservadora. O sinal para que se estreitasse a convergência dos movimentos anticomunista e antiGoulart foi dado na virada do ano, quando o presidente começou a dar mostras de que abandonara a política pendular e fizera uma escolha. Do final de janeiro ao fim de março, em escala crescente, a cronologia da crise

---

[20] *O Estado de S. Paulo*, 10 out. 1963, p. 3.
[21] Trecho do editorial de *O Globo*, 21 out. 1963, p. 1.

JOÃO GOULART E A MOBILIZAÇÃO ANTICOMUNISTA DE 1961-64

mostra uma sucessão de eventos conflituosos e manifestações de radicalismo à esquerda e à direita: em fins de janeiro, os protestos contra o congresso da Central Única dos Trabalhadores da América Latina (Cutal), em Belo Horizonte, e os célebres discursos de Bilac Pinto na Câmara dos Deputados, denunciando a "Guerra Revolucionária"; no começo de fevereiro, intensa mobilização anticomunista no campo, com o surgimento de grupos armados pelos proprietários; no final de fevereiro, mais precisamente no dia 25, o episódio da pancadaria no prédio da Secretaria de Saúde, em Belo Horizonte, em que grupos de direita impediram a realização de evento das esquerdas, com Leonel Brizola à frente. No início de março, o centro da crise se deslocou para o Rio de Janeiro, com a realização do célebre comício da Central do Brasil. O evento de 13 de março provocou impacto muito forte nos dois lados do espectro político. Para a esquerda foi uma apoteose: o comício serviu para selar o comprometimento público de Jango com as reformas. Por outro lado, fortaleceu a convicção de que o povo apoiava as transformações sociais, dado o comparecimento maciço.

No campo conservador, o comício da "Sexta-feira 13"[22] foi recebido com alarme. O desdobramento mais importante da reação ao comício e ao que ele significava na ótica conservadora se deu a 19 de março, em São Paulo. A Marcha da Família com Deus pela Liberdade foi o comício da Central do lado conservador, ou seja, constituiu um evento altamente impactante no que tange à mobilização antiesquerdista. Sua preparação, por sinal muito cuidadosa, reuniu toda a elite paulista em verdadeira frente anticomunista e anti-Goulart, que conseguiu levar para a região da praça da Sé enorme massa humana. A importância do ato político pode ser medida por um detalhe curioso. O tradicional *O Estado de S. Paulo*, pela primeira vez em muitos anos, noticiou um acontecimento nacional em primeira página:

> Meio milhão de paulistanos e de paulistas manifestaram ontem em São Paulo, no nome de Deus e em prol da Liberdade, seu repúdio ao comunismo e à ditadura e seu apego à Lei e à Democracia. Neste momento particular da vida do mundo, o histórico ato dos paulistas adquire importância internacional.[23]

Os diários da grande imprensa carioca conferiram igual destaque à marcha, interpretando de modo semelhante o significado e a motivação da manifestação "paulista":

---

[22] Título de editorial, no qual se acusa o comício "comuno-sindical" de ser parte do plano de agitações do governo visando o caos revolucionário. *Jornal do Brasil*, 1 mar. 1964, p. 6.
[23] *O Estadão* reservava a primeira página exclusivamente para o noticiário internacional. *O Estado de S. Paulo*, 20 mar. 1964, p. 1.

Uma multidão calculada em 500 mil pessoas participou ontem, em São Paulo, da *Marcha da Família com Deus pela Liberdade* em defesa da Constituição e das instituições democráticas brasileiras e de repúdio ao comunismo, constituindo-se na maior manifestação popular já realizada na capital paulista.[24]

O caráter anticomunista do evento, já implícito no nome escolhido para designar a marcha, foi explicitado numa proclamação divulgada pelos organizadores, acusando os "vermelhos" de atentarem contra os valores mais caros à tradição brasileira:

Povo do Brasil,
A Pátria, imensa e maravilhosa, que Deus nos deu, está em extremo perigo. (...)
Deixaram infiltrar-se no corpo da Nação, na administração, nas Forças Armadas e até nas nossas igrejas os servidores do poder totalitário, estrangeiro e devorador.
Não defendemos a nossa casa enquanto era tempo, quando era fácil, e, agora, as forças do mal, da mentira e da demagogia ameaçam a própria vida da família brasileira.
Mas hoje, na praça pública, no dia da família, essa multidão imensa veio, espontaneamente, responder ao chamado das mulheres brasileiras (...).
Reformas, sim, nós as faremos, a começar pela reforma da nossa atitude. De hoje em diante os comunistas e seus aliados encontrarão o povo de pé. (...)
Fiéis às nossas religiões, fiéis à nossa Constituição, fiéis à nossa pátria — construiremos o Brasil autêntico, livre, forte e feliz.
Com Deus, pela Liberdade, marchemos para a salvação da Pátria![25]

Os discursos proferidos durante o ato enfatizaram, da mesma forma, a denúncia do "perigo vermelho". O padre Calazans, por exemplo, senador da República, fez referência direta a Goulart:

Hoje é o dia de São José, padroeiro da família, o nosso padroeiro. Fidel Castro é o padroeiro de Brizola. É o padroeiro dos comunistas. Nós somos o povo. Não somos do comício da Guanabara. Aqui estão mais de 500 mil pessoas para dizer ao Presidente da República que o Brasil quer a Democracia e não o tiranismo vermelho. Aqui está a resposta ao plebiscito da Guanabara: não! Não! Não![26]

---

[24] *Jornal do Brasil*, 20 mar. 1964, p. 1.

[25] *O Globo*, 20 mar. 1964, p. 10.

[26] *O Cruzeiro*, 11 abr. 1964, p. 124. A ênfase religiosa da marcha deveu-se, para além dos vínculos com a tradição anticomunista, à intenção de responder a críticas feitas por Goulart no comício da Central contra "os que exploram os sentimentos cristãos do povo". A motivação original da marcha seria fazer um desagravo ao rosário, supostamente desrespeitado por Jango (Simões, 1985:132).

Não era outra a fonte de inspiração dos dizeres dos cartazes exibidos na manifestação: "Verde e amarelo, sem foice e sem martelo"; "Democracia tudo, comunismo nada"; "Abaixo os entreguistas vermelhos"; "Abaixo os pelegos e os comunistas"; "O Brasil não será uma nova Cuba"; "Reformas pelo povo, não pelo Kremlin".[27]

A marcha de São Paulo inspirou a organização de atos semelhantes em outras grandes cidades. A estratégia era aumentar a pressão contra os "comunistas" e Goulart, e fazer frente às mobilizações esquerdistas programadas para os meses seguintes. Programou-se um grande evento para o Rio de Janeiro, no dia 2 de abril, que, em virtude da derrubada do governo, acabou se transformando numa comemoração pelo sucesso da campanha anti-Goulart e anticomunista. A Marcha do Rio teve os mesmos ingredientes observados na manifestação da praça da Sé: ataques ao comunismo, acusado de almejar o poder ditatorial para destruir pátria, família e religiões (no plural, para ressaltar o ecumenismo anticomunista).[28]

A essa altura dos acontecimentos já havia forte disposição favorável à derrubada do presidente. As conspirações golpistas, que existiam desde a posse de Goulart, deixaram de ser confabulações de grupos radicais à margem do processo político e passaram a envolver gente graúda dos meios civis e militares. As condições estavam postas e os atores principais do golpe estavam preparados. Faltava apenas a fagulha, o elemento para detonar o mecanismo golpista e empurrar à ação os que ainda hesitavam ante a hipótese do rompimento institucional. A ocasião se apresentou apenas uma semana após a marcha, em plena Semana Santa, nos dias 26 e 27 de março, no episódio que ficou conhecido como Revolta dos Marinheiros. No clima de tensão reinante, a "rebelião" dos marinheiros foi interpretada como prenúncio da revolução bolchevique, o equivalente brasileiro da revolta do encouraçado *Potemkin*. O presidente ainda colocou mais lenha na fogueira do golpe na noite do dia 30 de março, quando participou de festividade organizada por uma associação de sargentos, na sede do Automóvel Clube, no Rio de Janeiro. Prestigiando com sua presença um ato político de militares inferiores, Goulart ofereceu um argumento adicional em prol da tese subversiva e terminou de selar seu destino.

Os militares foram festejados como salvadores da pátria, e o golpe interpretado como uma notável vitória do "mundo livre" sobre o comunismo. Para os mais exagerados e

---

[27] *O Estado de S. Paulo*, 20 mar. 1964.

[28] Pastores e rabinos participaram, ao lado dos padres, na preparação das marchas em São Paulo e no Rio de Janeiro. A disposição de não restringir a mobilização a um só grupo se evidenciou na referência a "Deus" e não a "Cristo". A mobilização anticomunista de 1964, nesse aspecto, revela um contraste marcante com períodos anteriores, como os anos que antecederam o golpe de 1937, por exemplo, quando as elites dominantes não toleravam a participação pública de grupos religiosos não católicos.

ufanistas, a deposição de Goulart representou a maior derrota soviética em muitos anos ("a revolução brasileira derrotou fragorosamente uma das mais bem preparadas e arquitetadas ofensivas da *Guerra Fria*").[29] É verdade que o argumento anticomunista não foi o único elemento presente nas representações anti-Goulart. Alguns setores concentraram suas críticas no "caudilhismo" do presidente, em sua suposta pretensão de governar de forma autoritária. Porém, esse perigo era considerado particularmente grave devido à aliança de Jango com os comunistas, que poderiam se aproveitar da situação em benefício dos planos revolucionários.

Outro argumento importante da mobilização conservadora: as denúncias relativas à corrupção, uma prática corriqueira na gestão Goulart, de acordo com seus opositores. Parte da indisposição contra o governo devia-se às acusações de que o presidente era tolerante com a corrupção, característica que seria uma herança do *varguismo*. Contudo, as denúncias contra a corrupção frequentemente vinculavam essa prática à trama comunista. Os "vermelhos" seriam responsáveis por estimular a corrupção, pois, através desse recurso, aliciariam para o seu lado os políticos "menos sensíveis aos fatores moral ou cívico".[30] A temática da corrupção tendeu a adquirir centralidade no discurso dos fautores do novo regime somente após o sucesso do movimento militar, quando ficou evidente que a ameaça comunista havia sido superestimada. Num discurso de 1965, o deputado João Calmon, personagem-chave da mobilização anticomunista, declarou:

> Hoje, ninguém mais duvida de que existia, antes da vitória, muito mais corrupção do que comunismo. Nestes doze meses de depuração, a ameaça vermelha se tornou ainda mais insignificante.[31]

A fala de Calmon nos leva à avaliação da "periculosidade" dos comunistas na conjuntura de 1964. O eixo do discurso que legitimou a derrubada de Jango, como se viu, se concentrou nas representações anticomunistas. Mas até que ponto a liderança da coalizão conservadora acreditava realmente no alegado perigo comunista? Em que medida houve manipulação de um fantasma, ou seja, se criou um ente inexistente para amedrontar os ingênuos? Alguns autores, ao tratarem do assunto, tendem a considerar o anticomunismo emergente na conjuntura essencialmente uma manobra para acobertar os planos golpistas. De acordo com tal visão, o objetivo primeiro dos conservadores seria perpetrar um golpe autoritário para obstar o processo de reformas sociais conduzido pelo

---

[29] Pinto, 1964:166.
[30] Porto Sobrinho, 1965:122. Segundo o autor, graças à ação dos comunistas, "chegou-se entre nós a essa magnífica simbiose do comunismo com a corrupção, sob a égide do oficialismo".
[31] Calmon, 1966:260.

governo Goulart. O anticomunismo seria uma simples fachada, utilizada para tornar legítimo o processo autoritário.

Uma análise mais nuançada do fator manipulatório produziria uma avaliação mais próxima da verdade. Há algum exagero na suposição de que o temor ao comunismo fosse meramente uma manobra utilizada por conspiradores ocultos, visando conduzir uma massa de tolos em direção ao golpe. Na verdade, a hipótese de que os grupos conservadores tinham no golpe sua opção primordial possui alguns pontos fracos. Se assim fosse, qual o sentido da grande mobilização em torno das eleições de 1962? Para que gastar tempo e dinheiro no jogo eleitoral se o objetivo final era subverter as instituições? Por outro lado, o comportamento de alguns segmentos conservadores em relação a Goulart não foi, todo o tempo, de oposição sistemática. Numa primeira fase do governo e, inclusive, no início do período presidencialista, João Goulart contou com a simpatia de parcelas importantes do campo conservador, que não colocaram obstáculo à derrota do arranjo parlamentarista. Antes da opção definitiva pelo golpe houve tentativas de afastar o presidente dos aliados à esquerda, numa demonstração de que a solução golpista não era o principal horizonte.

Foi somente no início de 1964 que a coalizão conservadora majoritariamente se inclinou pela ruptura institucional. Até então, a direita radical estava isolada em relação à opinião conservadora. Deve ser lembrado que, para figuras expressivas da elite, o cenário ideal era manter a normalidade institucional, não o contrário. Apoiar um golpe gerava o risco de interromper o processo eleitoral, mecanismo considerado por muitos líderes como canal privilegiado de ascensão ao poder. Isso para não falar das convicções ideológicas liberais de muitos personagens, um elemento secundário, porém não desprezível.

Há outro aspecto relevante a considerar no que se refere à heterogeneidade da coalizão anticomunista. O posicionamento das elites em relação às reformas sociais propaladas pelo governo Goulart não era consensual. Segmentos sociais expressivos efetivamente reagiam de forma irada contra qualquer proposta de transformação, notadamente os grupos ligados à propriedade rural. Mas havia setores anticomunistas favoráveis às reformas, inclusive à reforma agrária.[32] Alguns chegavam a considerá-las estratégicas, uma arma para isolar os comunistas e esvaziar seu discurso revolucionário. ("Só eliminando as causas impediremos os efeitos. O comunismo, para medrar, precisa da miséria.")[33] Aliás, a reforma social e o combate às desigualdades constituíam o eixo

---

[32] Tanto o Ibad quanto o Ipês eram a favor da reforma agrária. Cf. *Ação Democrática*, n. 19, p. 1, dez. 1960; e Figueiredo, 1993:194.

[33] Editorial "Nordeste", do *Jornal do Brasil*, 21 jun. 1961, p. 6.

da política norte-americana de combate ao comunismo na América Latina, ao lado do investimento na preparação das forças repressivas. Deve ser ressaltado que, para fazerem jus aos financiamentos da Aliança para o Progresso, os países latino-americanos deviam realizar, previamente, a reforma agrária.

O que provocou a unificação das elites contra Jango não foi uma oposição intransigente a reformas. Em essência, a mobilização anti-Goulart surgiu do temor às estratégias que o presidente supostamente estaria disposto a usar para conseguir seus objetivos. Temia-se a aliança de Goulart com os comunistas e a possibilidade de que estes abrissem seu caminho ao poder pela via do apoio à política de reformas do presidente. A insegurança ficou ainda maior à medida que surgiram boatos e indícios de uma estratégia continuísta ou golpista desenvolvida por Jango. Se Goulart criasse uma ditadura nacionalista e esquerdista com participação dos comunistas, especulava-se, o risco de uma progressão em direção ao comunismo era grande. ("Esse caos, se acabar de se formar, vai ser plasmado por outras mãos, as mãos dos comunistas.")[34]

Não se descartava a hipótese de Jango estar usando o apoio comunista de maneira conjuntural, pois ninguém acreditava que o presidente esposasse as ideias marxistas. A intenção de Goulart podia ser aproveitar-se dos comunistas para a consecução de alguma espécie de projeto continuísta,[35] descartando-se deles quando não fossem mais necessários. Mas, mesmo nessa hipótese, as manobras do presidente continuavam perigosas, pois poderia acontecer o contrário, ou seja, Jango ser eliminado pelos comunistas após um golpe conjunto. Comentando uma entrevista em que Goulart previa o agravamento da crise e o risco de instabilidade institucional, o editorialista de *O Estado de S. Paulo* afirmou:

> Ao vaticinar-nos para breve uma mudança de regime e apontar como única solução a ditadura, o sr. Presidente da República não fez mais do que confirmar as declarações feitas (...) pelo diretor dessa folha, dr. Julio de Mesquita Filho, ao atribuir-lhe o propósito de derrubar as instituições democráticas utilizando "a técnica da revolução comunista com a ilusão de desfazer-se posteriormente dos comunistas e manter-se no poder".[36]

---

[34] Editorial "Desgoverno e ilegalidade", do *Jornal do Brasil*, 31 mar. 1964, p. 6.

[35] Um simples golpe ditatorial ou uma campanha popular para pressionar o Congresso a aceitar reformas na Constituição que alterassem os dispositivos sobre a inelegibilidade. Havia também a hipótese de que Goulart fomentava o comunismo no intuito de justificar um golpe: "tem sido complacente com os comunistas para criar o medo do comunismo, cabendo-lhe eventualmente o dever de reprimi-lo autoritariamente..." (*Jornal do Brasil*, 13 mar. 1964, p. 6).

[36] "A subversão em marcha". *O Estado de S. Paulo,* 21 nov. 1963, p. 3.

JOÃO GOULART E A MOBILIZAÇÃO ANTICOMUNISTA DE 1961-64   145

As especulações e suposições dos anticomunistas começaram a ganhar verossimi-lhança nos primeiros meses de 1964, à medida que Goulart se acercava da esquerda e parecia dar sinais de pretender entrar em choque com o Congresso e mesmo almejar um golpe.[37] ("O presidente da República fez ontem a sua opção: vai tentar a permanência no poder...")[38] O apoio aos sindicatos, o comício da Central, a Revolta dos Marinheiros e outros episódios críticos, combinados à insistente onda de boatos sobre planos continuístas, produziram nos meios anticomunistas a sensação de risco iminente. Num memorando escrito pelo embaixador Lincoln Gordon e enviado a Washington poucos dias antes do golpe, encontra-se uma boa síntese das preocupações que tomaram conta desses setores:

> Minha conclusão é que Goulart se acha agora definitivamente envolvido numa cam-panha para conseguir poderes ditatoriais, aceitando para isso a colaboração ativa do Partido Comunista Brasileiro e de outros revolucionários da esquerda radical. Se tiver êxito, é mais que provável que o Brasil ficará sob controle comunista, embora Goulart talvez se volte contra seus defensores comunistas, adotando o modelo peronista, que, a meu ver, é do seu gosto pessoal.[39]

Nesse quadro de radicalização e incerteza, voltaram-se contra o presidente até mesmo segmentos sociais que apoiaram sua ascensão, inicialmente simpáticos às propostas reformistas. Foi o caso, por exemplo, do *Jornal do Brasil*, que no início da gestão Goulart criticava em termos ácidos os "industriais do anticomunismo" e defendia a necessidade das reformas de base. Posteriormente, o jornal aderiu à mobilização anticomunista, acusou o presidente de fazer uma "farsa reformista" e o chamou de "caudilho aliado do comunismo".[40] Mudança semelhante aconteceu com os setores moderados da hierarquia católica. A Igreja, que inicialmente deu sustentação ao programa reformista de Goulart, acabou por apoiar sua deposição. Para tais grupos, as reformas eram plenamente aceitá-

---

[37] Analistas políticos influentes começaram a acreditar que a intenção do governo era manter-se no poder. No início de fevereiro, Carlos Castelo Branco escreveu em sua coluna — sob o título "Clima continuísta nos bastidores do governo" — que o grupo palaciano estaria se comportando como quem pretende permanecer no poder. *Jornal do Brasil*, 5 fev. 1964, p. 4. Alguns dias depois do comício da Central, o mesmo jornalista comentou que fontes da esquerda (Arraes) davam notícia de um golpe em preparação nos meios governa-mentais. *Jornal do Brasil*, 18 mar. 1964, p. 4.

[38] Trecho do editorial "Os inelegíveis", analisando as repercussões do comício de 13 de março. *Jornal do Brasil*, 14 mar. 1964, p. 6.

[39] Ressalte-se que o documento era ultra-secreto, portanto, não tinha intenção de impressionar o público. Apud Corrêa, 1977:20.

[40] *Jornal do Brasil*, editoriais, respectivamente, de 14 out. 1962, 5 fev. e 1 abr. 1964 (todos na p. 6).

veis, mas não justificavam a ruptura institucional e menos ainda o estabelecimento de alianças com os comunistas.

Dessa forma, o temor ao comunismo foi o cimento da mobilização anti-Goulart, o elemento que propiciou a unificação de setores heterogêneos numa frente favorável à derrubada do presidente. O objetivo principal não era dar um golpe, mas combater os comunistas e a ameaça revolucionária. O recurso à solução autoritária era um meio para eliminar tais perigos, não um fim. Parcelas mais conservadoras e radicais da frente anticomunista, certamente, desejavam o autoritarismo em si, enquanto alguns agentes recusavam qualquer alteração na ordem social e econômica. Outros tinham como principal preocupação pôr fim às políticas nacionalistas e estatistas ensaiadas por Goulart. Porém, suas opiniões não tinham como obter o consenso entre as elites sociais e os setores moderados e conservadores. *A única posição unânime era a recusa à "comunização".*

Portanto, os líderes do golpe de 1964 não estavam apenas usando o anticomunismo como fachada para justificar suas ações. O temor expressado por eles durante a crise era efetivo. Tal interpretação não implica desconsiderar a existência de manipulações. As representações anticomunistas mantiveram a tradição de divulgar uma imagem deformada dos revolucionários, apresentados como seres violentos e imorais, em uma palavra, malignos. A estratégia era a mesma há décadas: passar para a sociedade uma impressão aterrorizante dos comunistas, no intuito de levantar contra eles a indignação popular.

Manipulações também ocorreram no que tange às representações sobre a ação comunista na conjuntura. Foi construída uma imagem deturpada da situação política, colocando os comunistas numa posição de força muito maior que a real. De fato, o PCB tinha presença expressiva em alguns setores sociais, na intelectualidade e nos meios sindicais, por exemplo. Por outro lado, o partido exercia mesmo alguma influência sobre Goulart, embora não detivesse cargos de grande importância. Mas a força real do PCB, na verdade modesta, apareceu multiplicada no discurso anticomunista, que para tanto lançou mão do artifício de intitular de comunista toda a esquerda radical.

A manipulação maior, sem dúvida, foi passar para a população a versão de que havia o risco de uma revolução comunista iminente, quando na verdade os grupos conservadores bem informados consideravam a hipótese de um possível golpe presidencial com apoio comunista, cujos desdobramentos ninguém tinha condições de prever. A derrubada de Goulart foi uma ação preventiva para evitar um processo de radicalização esquerdista, o qual, eventualmente, poderia beneficiar os comunistas. Entretanto, foi apresentado um quadro bem mais dramático à sociedade, para facilitar a mobilização. Os líderes do golpe tinham uma avaliação imprecisa da extensão da ameaça comunista, apesar de acreditarem nela. Ainda assim, se esforçaram para convencer o público de que os bárbaros estavam à porta.

É interessante observar que, após o desfecho da crise e com a consequente ofensiva repressiva, muitos atores da campanha anti-Goulart se surpreenderam com a fragilidade demonstrada pelos comunistas. Ninguém esperava uma resistência tão fraca ao golpe. A suposição de que os subversivos estivessem fortemente infiltrados nas instituições nacionais, notadamente nas Forças Armadas, difundiu a convicção de que haveria confrontos graves. O trabalho de repressão policial desencadeado após o golpe não revelou evidências espetaculares de subversão comunista, ao contrário do esperado. Para decepção de muitos, não foram encontrados indícios cabais da suposta trama revolucionária.

Mas era tarde para arrependimentos, se é que alguém cogitou disso. Pela segunda vez na história republicana, a ordem institucional fora quebrada sob o argumento da necessidade de combater o comunismo. E uma nova e, desta feita, mais longa experiência autoritária surgiu dos escombros das instituições liberal-democráticas.

Bibliografia

CALMON, João. *Duas invasões*. Rio de Janeiro: O Cruzeiro, 1966. (v. 1: Invasão Vermelha).

CARNEIRO, Glauco. *História das revoluções brasileiras*. Rio de Janeiro: O Cruzeiro, 1965. 2v.

CORRÊA, Marcos Sá. *1964: visto e comentado pela Casa Branca*. Porto Alegre: L&PM, 1977.

DREIFUSS, René Armand. *1964: a conquista do Estado*. 2. ed. Petrópolis: Vozes, 1981.

FIGUEIREDO, Argelina C. *Democracia ou reformas? Alternativas democráticas à crise política: 1961-1964*. São Paulo: Paz e Terra, 1993.

PINTO, Bilac. *Guerra revolucionária*. São Paulo: Forense, 1964.

PORTO SOBRINHO, Antônio. *A guerra psicológica no Brasil*. Rio de Janeiro: Fundo de Cultura, 1965.

SCHWARZ, Fred. *Você pode confiar nos comunistas (...eles são comunistas mesmo!)*. São Paulo: Dominus, 1963.

SIMÕES, Solange. *Deus, pátria e família: as mulheres no golpe de 1964*. Petrópolis: Vozes, 1985.

STARLING, Heloísa. *Os senhores das Gerais: os novos inconfidentes e o golpe militar de 1964*. Petrópolis: Vozes, 1986.

7
Duas paixões meteóricas: UnB e Jango, primeiras notas*

Helena Bomeny**

Em 21 de abril de 1962, a Universidade de Brasília foi inaugurada com algumas instalações provisórias e outras poucas definitivas. Naquele dia, conforme o registro histórico da universidade, celebrou-se a memória dos dois operários que morreram soterrados na construção do auditório, que, em homenagem aos trabalhadores, recebeu o nome Dois Candangos. Muita água correu até esse 21 de abril. Articulações políticas, negociações e convencimentos transcorreram para que se quebrassem a desconfiança de uns, a resistência de outros, o temor de mais alguns, como Israel Pinheiro, por exemplo, que alertava o presidente JK sobre os riscos de se criar uma universidade próxima ao governo central, com os desdobramentos imprevisíveis que poderiam advir da mobilização estudantil, fonte de apreensão do governo no esforço de garantir a estabilidade política. Darcy Ribeiro chegou a mencionar a dificuldade de convencer as autoridades da conveniência e da obrigatoriedade de incluir no plano da nova capital — ousada e inovadora — uma instituição que correspondesse ao ideal de caminhar na direção do futuro.

> A UnB não é uma Universidade qualquer. Muito lutamos para criá-la. Havia demasiadamente gente contra. Israel Pinheiro, engenheiro admirável, dizia que duas coisas

---

* Este texto integra o módulo Políticas Culturais da pesquisa do Pronex coordenada no Cpdoc por Angela de Castro Gomes. A pesquisa nasceu de uma longa conversa com Alex Peirano Chacon. Agradeço especialmente, pela gentileza, generosidade e seriedade, os depoimentos de Elon Lages Lima, Geraldo Nogueira, Luiz Humberto Martins Pereira, Sérgio Abranches, Márcia Nogueira, Maria Nazaré Lins Soares e Theotônio dos Santos.
** Socióloga, pesquisadora do Cpdoc/FGV e professora titular de sociologia da Uerj.

150 JOÃO GOULART: ENTRE A MEMÓRIA E A HISTÓRIA

não deviam existir em Brasília: operários e estudantes. É evidente que Juscelino não se guiava por este critério, mas ele também duvidou da conveniência de se criar aqui uma livre universidade pública ou uma universidade privada.[1]

Mas nem só temor político entrava em cena.

A instalação de uma universidade em Brasília não constituía apenas um problema de ordem prática; suscitava a dúvida entre alguns intelectuais e políticos, incrédulos com a ideia de que uma cidade sem tradição pudesse abrigar com eficiência uma instituição daquele porte; ou, simplesmente, viria alterar a ordem da nova cidade.[2]

Mas o presidente Juscelino Kubitschek fora convencido, dizem uns que com dificuldade, outros que nem tanto, pelo argumento de que seria inconcebível a criação de uma nova capital para um país da dimensão do Brasil sem uma universidade.

Juscelino Kubitschek ouviu falar pela primeira vez em Darcy Ribeiro na exposição pública do debate que envolveu a construção do plano de integração do Brasil central. Com seu estilo polêmico, Darcy Ribeiro (1978:16) fez objeção ao projeto de Brasília em um programa de TV: "uma cidade moderna, plantada nos descampados de Goiás, só interiorizaria a si mesma". Sugeriu, na mesma ocasião, um plano alternativo de integração do Brasil central. Em lugar da cidade-modelo, defendia a ampliação do sistema de represas e canais que ligasse o sistema fluvial, vinculando o Norte ao Sul, criando o equivalente a uma segunda costa brasileira. Não foi, portanto, dos mais aprazíveis o primeiro contato de JK com Darcy Ribeiro. Com o tempo, Darcy se envolveria tanto com a nova capital quanto com o presidente que a havia concebido.

Assim que JK foi eleito em 1955, Darcy Ribeiro deu partida à colaboração, que foi ficando mais e mais efetiva. Aceitou o convite para elaborar as diretrizes para o setor educacional do novo governo. No livro *Por que construí Brasília*, Juscelino Kubitschek reservou um capítulo à universidade da nova capital. Mas como bem observou Roberto Salmeron, causou estranheza o fato de o presidente JK, em um capítulo de 18 páginas, ter tratado da universidade em apenas quatro parágrafos. Neles, o presidente justifica a ausência da iniciativa no momento da construção de Brasília: era tão ambiciosa a ideia da construção de uma cidade universitária, capaz de converter Brasília em um centro irradiador de cultura dos mais lúcidos e sensíveis do país, que "a Universidade de Brasília

---

[1] Darcy Ribeiro, *Carta*, n. 12, p. 190, 1994.
[2] O histórico da UnB está disponível em: <www.unb.br/historia.htm>.

DUAS PAIXÕES METEÓRICAS

151

não poderia ser concebida antes que a cidade atingisse certo estágio de construção — o do seu acabamento".[3] Justificado dessa forma o atraso, o presidente passa a relatar seus entendimentos com o então ministro da Educação, Clóvis Salgado, a respeito da decisão de dar aos técnicos completa liberdade para a formulação de um projeto de tamanha envergadura e brilho. Pareceu natural que, entre os técnicos capazes de enfrentar esse desafio, a lembrança de Anísio Teixeira fosse obrigatória. "Trata-se de um idealista, profundo conhecedor das melhores técnicas educacionais, e de um intelectual dotado da visão universalista do papel que competia à juventude desempenhar em face dos desafios do mundo moderno". Só essas qualidades assegurariam de antemão a realização dos dois objetivos prioritários da universidade a ser criada: "renovação de métodos e concepção de um ensino voltado para o futuro", completava o presidente JK.

Em 21 de abril de 1960, dia da inauguração da nova capital, JK encaminhou mensagem ao Congresso solicitando autorização para que fosse instituída a Universidade em Brasília. Na Exposição de Motivos nº 492, o ministro da Educação e Cultura, Clóvis Salgado, apresentou ao presidente da República os motivos da criação da "Fundação Universidade de Brasília". Depois de uma apreciação da tradição universitária brasileira, àquela altura ainda considerada pouco universitária, porque mais concebida como reunião de escolas do que como um plano integrado e coerente como o que deveria caracterizar uma universidade, o ministro anunciava, no art. 11, a equipe convocada a colaborar na criação do projeto. A comissão fora assim constituída:

❑ Pedro Calmon — reitor da Universidade do Brasil;
❑ João Cristóvão Cardoso — presidente do Conselho Nacional de Pesquisas;
❑ Anísio Teixeira — diretor do Instituto Nacional de Estudos Pedagógicos;
❑ Ernesto Luís de Oliveira Júnior — presidente da Comissão Supervisora do Plano dos Institutos;
❑ Darcy Ribeiro — coordenador da Divisão de Estudos e Pesquisas Sociais do Centro Brasileiro de Pesquisas Educacionais (CBPE);
❑ Almir de Castro — diretor de Programas da Comissão de Aperfeiçoamento de Pessoal de Nível Superior.

Três meses mais tarde, em 25 de julho, pelo Decreto nº 48.599, o presidente Kubitschek designou uma comissão de três membros para promover estudos complementares sobre a universidade. Integraram a comissão Cyro dos Anjos, Oscar Niemeyer e Darcy Ribeiro.

---

[3] Salmeron, 1998:42.

Darcy Ribeiro acreditou profundamente na ideia daquela universidade. Interrompeu suas atividades no CBPE e concentrou toda a energia na montagem e na definição do que viria a ser a UnB. Organizou grupos de assessores especializados, cercando-se de pessoas com experiência nos sistemas universitários brasileiro, europeu e norte-americano e em instituições de pesquisa. A conclusão de Salmeron (1998:61) reforça o papel de Anísio Teixeira em mais essa frente de atuação de Darcy:

> Se a pessoa escolhida por Juscelino Kubitschek e Clóvis Salgado para elaborar um anteprojeto não fosse Anísio Teixeira, talvez Darcy Ribeiro não tivesse participado da fundação de uma universidade em Brasília.

Incontáveis reuniões, debates, contatos formais e informais tomaram conta da agenda nos dois anos que se seguiram até a formalização, já no governo João Goulart (1961-64), do que veio a se conhecer como Universidade de Brasília (UnB). Na liderança desse movimento, Darcy Ribeiro. Na execução, muitos intelectuais e cientistas de áreas distintas e de todo o Brasil. Até a Sociedade Brasileira para o Progresso da Ciência (SBPC) participou como entidade, promovendo, no 2º semestre de 1960, um simpósio, no qual se produziu um conjunto de pareceres sobre as respectivas áreas de atuação dos cientistas a respeito do que seria aquele experimento na nova capital do país.

Em 15 de dezembro de 1961, o presidente João Goulart sancionou a lei que autorizava o Poder Executivo a instituir a Fundação Universidade de Brasília (FUB), que seria a mantenedora da futura universidade. Em 15 de janeiro de 1962, através do Decreto nº 500, foi instituída a FUB, sendo na ocasião aprovados seu estatuto e a estrutura da universidade.

> A partir desse momento havia uma determinação legal e a tarefa seria estabelecer as condições práticas de funcionamento. A semente seria plantada imediatamente com a decisão de abertura de três cursos transitórios, um núcleo de atividades culturais a serviço da população e a fixação em Brasília de uma equipe de professores e pesquisadores que, além de suas atividades docentes, colaborasse na programação das diversas unidades acadêmicas a serem estruturadas. Cada área de conhecimento foi atribuída a um pesquisador ou docente experiente com a tarefa de coordenar os trabalhos da unidade que lhe correspondiam.[4]

---

[4] Cf. <www.unb.br/historia.htm>.

DUAS PAIXÕES METEÓRICAS

Em seu livro *UnB, invenção e descaminho*, Darcy Ribeiro comenta o processo de recrutamento de intelectuais para o projeto:

Procurei, então, interessar meus amigos Vítor Nunes Leal, chefe da Casa Civil, e Cyro dos Anjos, subchefe, na ideia da criação na nova capital de uma universidade tão inovadora no plano cultural quanto o era a nova Brasília no plano urbanístico e arquitetural.[5]

Três cursos provisórios e extensos em sua atuação conformariam o embrião da universidade: a) direito, economia e administração, coordenados por Vítor Nunes Leal; b) arquitetura e urbanismo, sob a orientação de Oscar Niemeyer e Lucio Costa; e, finalmente, c) letras (licenciatura em línguas e literatura vernácula e redator em jornal, rádio e televisão), conjunto entregue a Cyro dos Anjos. Esperava-se desses conjuntos um poder irradiador que justificasse a definição de "cursos-tronco".

Um pequeno grupo de professores e "instrutores" deu partida ao projeto. Havia uma previsão de que, em 1966, a estrutura acadêmica mais definida organicamente estivesse consolidada. Darcy Ribeiro movimentou-se naquele momento no sentido não só de envolver intelectuais reconhecidos em todo o país nas diversas áreas de competência, mas também de atrair a cooperação de instituições nacionais e internacionais de excelência, sobretudo nos campos da ciência e da tecnologia. Pelo Brasil, desde o início, em 1962, o projeto contou com a colaboração do Centro Brasileiro de Pesquisas Físicas (CBPF), além da sinalização positiva de um fundo especial da ONU para financiamento de projetos de preparação de professores, aquisição de equipamentos e montagem de biblioteca. O Departamento de Química da Universidade de Indiana, Estados Unidos, firmou uma associação pelo período de 10 anos para colaboração entre as instituições. Havia a previsão de montagem de um centro de computação na área da matemática para prestar serviços a toda a universidade e aos órgãos públicos que deles demandariam informações e dados. Desde o momento fundador, prevaleceu a ideia de que a universidade estaria conectada com o projeto maior de desenvolvimento nacional, em suas dimensões políticas, técnicas, intelectuais, científicas e artísticas. No entanto,

apesar de todos os planos, entre 1962 e 1964, por imperativos de ordem política, a UnB funcionou com sua estrutura provisória. Em consequência, alterou em parte a primeira etapa de implementação, retardando em um ano a instalação de

---

[5] Ribeiro, 1978:19.

154   JOÃO GOULART: ENTRE A MEMÓRIA E A HISTÓRIA

algumas unidades. Somente no início de 1964 começaram a chegar os cientistas que deveriam abrir os institutos de ciências. Nesse ano foram matriculados 872 alunos regulares, e a universidade contava com 87 professores, além de vários instrutores. Começaram também a afluir os recursos externos que seriam fontes de financiamentos complementares.[6]

Quando se cruzam instituição e memória

A criação da UnB é desses acontecimentos da história política e cultural do Brasil que justificam uma visita qualificada, já ponderada pelas distâncias temporal, geográfica e política. Não seria apropriado incluir a Universidade de Brasília no rol das muitas instituições públicas criadas ao longo das décadas de 1950 e 60. E sequer pode, a meu juízo, ser parte da lista usual das universidades federais ou estaduais que, desde 1920, vêm compondo o acervo das instituições brasileiras de ensino superior. Recuperando os caminhos e descaminhos da criação da UnB, entra-se em contato com o que teceu uma certa mística a respeito do Brasil dos anos 1960. Que mística é essa? O que permaneceu dela na memória dos intelectuais que protagonizaram aquele momento? Uma primeira abordagem do material de uma pesquisa em andamento tem essa direção: dar crédito a uma paixão política de indiscutível extração intelectual. Outros depoimentos serão ainda colhidos e fontes distintas entrarão na composição, possivelmente, de um outro escrito. Mas já tenho matéria sobre o que discursar nessa etapa em que me encontro.

Pinceladas rápidas na cronologia do ensino superior me ajudam também a dimensionar o extraordinário na criação da Universidade de Brasília. Em 1920, criou-se no Brasil a primeira universidade. O Rio de Janeiro, então capital do país, abrigou a Universidade do Rio de Janeiro. Foi o primeiro movimento no sentido de alterar a tradição do ensino superior de faculdades isoladas, que respondiam pela formação de profissões definidas e autônomas. A iniciativa pioneira de 1920 no Rio de Janeiro ganhou reforço com a Reforma de 1931, de autoria de Francisco Campos, primeiro-ministro da Educação de Vargas. A Reforma de 1931 deu um caráter integrado, a partir da Faculdade de Educação, Ciências e Letras, corrigindo a tendência histórica de escolas isoladas. Na sede do governo federal, a Universidade do Rio de Janeiro, em 1920, fortalecia o lugar da capital do país no imaginário de cidade aberta à política e irradiadora da cultura nacional. Em aspectos ainda hoje relevantes, a cidade do Rio de Janeiro mantinha a aura de cidade capital do país. No entanto, embora pioneira, a iniciativa de 1920 não

---

[6] Cf. <www.unb.br/historia.htm>.

cumpria a ambição de se criar uma universidade como conjunto articulado de saberes, sob a orientação ou coordenação de um núcleo comum, fosse ele vindo da Faculdade de Educação ou da Faculdade de Filosofia.

A inauguração de Brasília pelo presidente Juscelino Kubitschek em 21 de abril de 1960, com a concomitante mudança da capital, provocou no país a incerteza sobre o que seria o deslocamento do centro irradiador da política e da cultura para o Planalto Central. Chega a ser saborosa a crônica do final dos anos 1950 sobre a decisão do governo de oficializar a mudança administrativa e política para Brasília. Como levar para "aquele fim de mundo" todo o funcionalismo? Como sobreviver à distância abissal dos dias e noites cariocas? Como suportar o isolamento de uma roça os que se acostumaram aos ruídos da metrópole, ao cheiro do asfalto e às licenciosidades da cidade aberta e cosmopolita que o Rio de Janeiro representava como fato e como imaginação? Havia, assim, múltiplos desafios — político, econômico, geográfico, arquitetônico e, sobretudo, simbólico, de reconhecer a cidade planejada como centro do país. Que cidade era aquela? Que Brasil traduziria? Distante, sem as marcas da alma brasileira, em ritmo inteiramente distinto daquele que mais distinguia o jeito de ser dos brasileiros, Brasília denunciava, em muitos sentidos, a dificuldade que teríamos com uma mudança tamanha em tempo tão curto. Ligar o Brasil, criar vias de comunicação entre regiões incomunicáveis, tudo isso que no discurso tem sua razão de ser defensável, na prática traz muito mais incômodo do que ganho visível. O que faz, afinal, de uma cidade capital de um país? O país se representa na capital ou a capital cria, identifica, forja e consolida uma certa imagem que se quer imprimir a um país? Por se tratar de uma cidade construída para esse fim, Brasília definitivamente era um projeto para criar uma situação inexistente. Por isso a expressão "sonho da razão" — nenhuma espontaneidade, qualquer efervescência, nenhuma correspondência imediata e concreta, pura construção projetada. E, coroando tudo, todos os riscos pelo meio do trajeto: reação negativa, preconceitos, boicotes e resistências de toda ordem.

A importância da Universidade de Brasília que este capítulo vai realçar está na convicção de que ela veio no escopo de uma reinvenção do país. O Brasil de JK, moderno, planejado, aberto ao mundo, industrializado, democrático, teria como contrapartida uma cidade capital modernista, ousada em suas linhas arquitetônicas, arrojada, cidade do futuro, de um tempo ainda por vir. A UnB, da mesma forma que a Universidade do Rio de Janeiro, teria a missão de expressar essa nova sociedade, de corresponder à capital, de promover o Brasil ligado em suas pontas, interiorizado pelo artifício da razão, materializado em uma cidade construída pela obra de arte e pelo engenho humano.

Mas a UnB é um projeto forte também por outra conexão. Pode ser tomada como um projeto que encerra uma era na definição de política cultural do país. Desde sua primeira apresentação em 1960, a UnB carrega a força simbólica dos movimentos democráticos, ensaiados e abortados no país desde a ditadura do Estado Novo. Foi defendida como realização, ainda que posterior, dos ideais que presidiram a Universidade do Distrito Federal (UDF), projeto de Anísio Teixeira, em 1935, interrompido na gestão Gustavo Capanema, em 1939. A década de 1950 alimentou o ideário dos liberais da educação e da cultura, ideário renovado depois do Manifesto de 1932 e reforçado no Manifesto Uma Vez Mais Convocados, de 1959. O início da década de 1960 marcou a encarnação desse ideário nas disputas políticas, como as que deram vida às discussões que presidiram a redação da Lei de Diretrizes e Bases da Educação Nacional de 1961, e também o desenho de projetos culturais, como pode ser compreendido o projeto da UnB. Até os protagonistas dessa trama estiveram nos três momentos aqui listados: Anísio Teixeira, desde a década de 1920, e Darcy Ribeiro, na década de 1950, estão associados a esses movimentos de renovação educacional.[7] Ambos estiveram na liderança do projeto da Universidade de Brasília.

A década de 1970 — particularmente o governo Ernesto Geisel (1974-79) — impulsionou a política cultural em direção distinta, mas destacável no ponto de vista da recuperação de políticas públicas para a área da cultura.[8] O incentivo e o fomento às instituições da cultura e da ciência foram responsáveis pela institucionalização do campo acadêmico e de pesquisa, com a criação de órgãos públicos de gestão cultural. Um processo que alterou os termos que ungiram as instituições ou os projetos da década de 1950 e do início dos anos 1960. A mística que presidiu as fundações anteriores cedeu lugar à profissionalização de instituições de cultura. Nesse sentido, o projeto da UnB foi, nas suas origens, o contraponto necessário à compreensão do que se inaugurou na década de 1970, e que se mantém no cenário das políticas culturais do país ainda hoje. E foi também o ensaio geral dramatizado do que viria a se formalizar com a Reforma Universitária de 1968.[9]

Nascida para ser modelo

O projeto da Universidade de Brasília foi orientado para responder ao diagnóstico crítico que Anísio Teixeira e Darcy Ribeiro faziam do sistema universitário brasileiro. O projeto era ambicioso e foi pensado na conjuntura de redefinição do projeto educacional

---

[7] Bomeny, 2001.
[8] Castro e D'Araujo, 2002.
[9] Bomeny, 1994.

para o Brasil. Anísio Teixeira trabalhava no Plano Educacional de Brasília, na montagem dos ensinos primário, secundário e profissional. Contava para tanto com a colaboração de Lucio Costa, que já havia previsto uma rede de escolas primárias e médias, além de ter reservado uma área para a universidade. Foi nessa ocasião que Anísio lançou as ideias de vanguarda para a época: permanência das crianças nas escolas públicas em tempo integral, com refeições, assistência social e atividades variadas de estímulo cultural e educacional. Anísio defendia para o Brasil a experiência rotineira dos países adiantados e, em seu projeto de modernização do país através da educação, esse requisito de socialização integral na escola pública era condição prévia. O projeto era extenso: a preocupação com a universidade não se divorciava da política de democratização e da melhor qualidade do ensino fundamental. A universidade desempenharia duas funções básicas: preparação do magistério para a função educativa e inovação do cenário cultural pela liberdade de criação e inovação. O ambiente de liberdade que sempre defendeu como ideal e projeto político teria na universidade seu campo privilegiado de florescimento.

A criação da UnB veio no bojo de uma discussão acalorada, altamente mobilizada, sobre os rumos do ensino público no Brasil. Defensores do ensino privado e defensores do ensino público confrontavam-se publicamente. As disputas eram canalizadas em função da nova Lei de Diretrizes e Bases da Educação Nacional, que acabou sendo votada em 1961. Discussão acalorada, que resultou no lançamento do Manifesto de 1959.[10] O projeto universitário que Anísio Teixeira defendia estava completamente vinculado ao desempenho em favor da melhoria do sistema básico de educação, cabendo ao ensino superior parcela fundamental de responsabilidade nesse processo. Darcy Ribeiro deixou o CBPE e se encaminhou ao governo federal, alojando-se no Ministério da Educação com a atribuição dupla de redigir o capítulo referente à educação na mensagem presidencial e assumir a função de vice-presidente do Inep junto de Anísio Teixeira. Nesse contexto, envolveu-se de corpo e alma nos debates da Lei de Diretrizes e Bases, na campanha pelo ensino público.[11] Junto com Anísio, Darcy estava incumbido de planejar a rede de ensino primário e médio que se ia instalar em Brasília. Mas, em Brasília, acabou sendo capturado para o ensino superior:

> Sendo um incidente, no dizer de Mestre Anísio, eu tinha coragem de ousar porque não me via tolhido, como ele, por uma erudição frondosa, tão informada de toda experiência

---

[10] "Uma Vez Mais Convocados" foi o nome do manifesto de 1959, assinado pelos intelectuais comprometidos com os ideais do Movimento da Escola Nova no Brasil. O título é uma alusão ao primeiro manifesto, o Manifesto dos Pioneiros da Educação Nova, lançado em 1932.
[11] "Lutávamos para que a LDB tivesse uma orientação democrática, e não a feição elitista que lhe queria dar a direita, orientada pela Igreja Católica, liderada então por Carlos Lacerda" (Ribeiro, 1978:18).

universitária mundial que tudo precisava sopesar detidamente antes de tomar qualquer decisão. Afinal, sendo um descontente com a universidade, com a sociedade e com a nação, tal qual eles eram e são, o que me movia e incitava era sempre o impulso de mudar, nunca o de conservar.[12]

A Universidade de Brasília teria, assim, a marca de um projeto de ensino superior pensado no contexto de reformulação da educação básica, da democratização do ensino, com a campanha em defesa da universalização da educação pública gratuita, leiga e de tempo integral à população em idade escolar, independentemente de *status* social e situação econômica. A UnB nascia no contexto de extensão do movimento da Escola Nova, da mesma maneira que a Universidade do Distrito Federal (UDF), na década de 1930, havia sido concebida na atmosfera da inovação, da descentralização, da democratização do ensino superior.

JK entregou seu planejamento não aos custódios da velha universidade, orgulhosos dela, mas exatamente aos descontentes. E porque a UnB, surgindo a partir do zero, sem enfrentar a resistência de antigos donos, pôde retomar as linhas de criatividade interrompidas em São Paulo e no Rio de Janeiro, para, a partir da experiência de seus logros e fracassos, desenhar a nova universidade brasileira.[13]

Uma universidade que não deveria ser construída a partir do aprisionamento formal, uma universidade experimental, livre para tentar novos caminhos na pesquisa e no ensino. "Formamos e doutoramos, por exemplo, em quatro anos, um rapaz de alto talento matemático que não tinha nem diploma primário."[14] O aluno chegou à universidade, começou a frequentar aulas de matemática, como aluno livre, logo saltou para o mestrado. "Outro exemplo nos dá Zanini, que também não tinha curso superior e foi feito professor da Universidade de Brasília, por sua competência específica e admirável, excelente professor."[15] O primeiro exemplo é Fausto Alvim, que foi se doutorar na Inglaterra, depois da experiência de Brasília.

Na reconstituição da experiência de Brasília, Darcy Ribeiro se deteve minuciosamente no diagnóstico crítico da universidade tradicional brasileira e sugeriu que a nova

---

[12] Ribeiro, 1978:20.
[13] Ibid., p. 56.
[14] *Carta*, n. 12, p. 191, 1994.
[15] Idem.

universidade poderia, inclusive por um histórico independente dessa tradição e a despeito da manutenção do sistema de cátedra na Lei de Diretrizes e Bases de 1961, manter-se com razoável independência para criar formas menos tirânicas de funcionamento acadêmico.

> A LDB [de 1961] ratificou o poderoso catedrático da velha universidade, entretanto, a UnB era uma exceção que dava liberdade de experimentar e inovar.[16]

A universidade criada com esse ânimo poderia romper com a hegemonia cultural do Rio, transformada em um ambiente de livre criação e simbolizada em um projeto arquitetônico moderno, especialmente desenhado para a cidade que nascia da razão e do engenho humano. Mas nascera para funcionar em ambiente democrático. Aliás, só sobreviveria em sua grande ambição se cumprido o requisito básico da democracia, como de resto toda proposta que envolveu o movimento renovador dos pioneiros da Escola Nova. "A verdade é que a UnB não era domesticável por nenhum sistema regressivo e repressivo" e o golpe de 1964, pela força do poder militar, criaria a diáspora em 1965, com a invasão do *campus* e a expulsão dos professores, em sua maioria para fora do país.

A Universidade de Brasília, pensada em ambiente democrático, teve sua regulamentação implementada sob a ditadura do pós-1964. O que ali se imaginava como próprio a uma experiência estendeu-se como obrigatoriedade a todas as universidades brasileiras, em obediência, uma vez mais, à tradição centralizadora e autoritária de uma regulamentação uniforme para todo o território nacional.

> um escárnio (...) a departamentalização foi uma "farsa" (...) A reversão foi completa. Foi um "espantalho" o que se construiu sobre os escombros de um projeto inovador. [Darcy se consola dizendo que gosta de pensar que], apesar de tudo, a UnB é uma forma degradada de utopia (...).[17]

Nessa mesma linha, chegou a dizer em público que não poderia falar da UnB: "quando se tem uma filha e ela cai na vida, não se fala dela". Mas o final do discurso que fez durante a cerimônia de posse do reitor Cristóvam Buarque, em 16 de agosto de 1985, um momento em que Darcy declarou que estava diante do renascimento da universidade, foi de reconciliação e de aproximação dessa filha não mais tão perdida:

---

[16] Ribeiro, 1978:61.
[17] Ibid., p. 131.

Termino essa longuíssima fala à minha filha querida, desviada, que volta a ser minha namorada. Dizem que falei mal dela, não é verdade. Apenas lamentei a dor que me doía de vê-la avassalada. Hoje, meu sentimento é de euforia. Eu me sinto um freudiano enamorado da minha filha querida que é a UnB.[18]

A sedução das maquetes

Conversar sobre o momento fundador da Universidade de Brasília com profissionais de diferentes extrações intelectuais — ciências sociais, matemática, arquitetura, fotografia e literatura — foi uma experiência singular pela convergência em pontos que valem este relato. "Quem passou pela UnB na sua fase inicial estava passando por uma universidade que tinha uma grande efervescência, mas que era um projeto ainda quase que na maquete", abre Sérgio Abranches seu depoimento. Chegando adolescente à cidade em construção, com o pai juscelinista, completamente rendido ao desenvolvimentismo de JK, Abranches viveu parte substancial de sua vida estudantil naquele ambiente. A mística da capital envolveu toda a família. Por toda a aura desenvolvimentista que a nova cidade encarnaria como "meta síntese" do Plano de Metas do governo JK, Brasília "tinha uma proposta de ensino público de excelente qualidade", acredita nosso depoente ainda hoje. Escolas de tempo integral, com propostas acadêmicas de alta qualidade, professores muito competentes.

Para você ter uma ideia, todo o francês e todo o inglês que eu sei, aprendi nessas escolas públicas [Caseb e o Centro Integrado de Ensino Médio Elefante Branco]. Nunca fiz cursinho particular de línguas.

A menção à escola pública de qualidade é importante na recuperação da montagem da UnB. Havia no projeto de universidade a previsão de criação do Centro Integrado de Ensino Médio (Ciem), associado à universidade e com um projeto diferenciado de educação. O centro fica dentro do *campus*, na entrada do *campus*. O Elefante Branco, não. Um pouco mais distante da universidade, tinha apenas a ligação de ser um projeto de Oscar Niemeyer — daí o nome Elefante Branco, "de cima parecia um elefante", conta Abranches. Mas o Ciem parecia a ele mais interessante, uma proposta mais avançada, mais exigente, com previsão de monografia de final de curso, por exemplo. Passaram pelo Ciem Marlui Miranda (musicista), Ana Maria Machado (romancista), Fernando Collor

---

[18] *Carta*, n. 12, p. 199, 1994.

de Mello (político), Marcos Coimbra, Cildo Meireles (artista plástico), Denise Bandeira (atriz), o próprio Sérgio Abranches (cientista político). A maioria fez vestibular para a UnB, cursou a universidade e já convivia naquele ambiente universitário desde o segundo grau. A integração se dava de forma simbiótica: "tinha um cineclube muito ativo — o curso de cinema, pelo qual eu entrei na universidade, já fazia parte da atividade extracurricular do ensino médio do Ciem, mas era no *campus* da universidade...". Um curso de cinema que facultava aos interessados "aprender a fazer cinema" — lembra-se Abranches, com entusiasmo ainda visível, acendido com as lembranças. Mas Sérgio já está em 1966, quando muita água já havia passado naquela ponte... Abrir essa seção com seu depoimento pareceu-me interessante por esse cruzamento de adolescência e maturidade, iniciação ao mundo acadêmico ainda no ginásio, a mescla de formação e informação que marcou aquela dinâmica de vida cultural. Mas por que era ainda possível vivenciar essa atmosfera em 1966, quando muito do que originariamente fora pensado já havia sido golpeado?

Marca de nascença

Conheci a UnB quando ela ainda era quase que um sonho. Foi em 1962 para 63, quando eu estava em Fortaleza e recebi um telefonema do Darcy Ribeiro — não sei como ele conseguiu me localizar lá — em que ele me pedia e dizia que estava mandando uma passagem aérea para eu ir a Brasília. Me pedia para organizar o Instituto de Matemática lá (...).

Com essa fala, Elon Lages Lima abre seu depoimento sobre o invento de Darcy Ribeiro. Mas naquele momento, o professor de matemática havia sido distinguido com uma bolsa Guggenheim, pela qual poderia entrar em contato com o que havia de mais avançado no momento em sua área de investimento intelectual. Embora não houvesse impedimento de que recebesse a bolsa e a usufruísse no Brasil, não lhe parecia interessante e não responderia pelo que mais ansiava no contato com centros de excelência no exterior. O matemático compreendeu, desde logo, que aquele projeto era um traço de união com outro anterior, abortado na ditadura Vargas. "Era uma espécie de renascimento da Universidade do Distrito Federal..." Anísio Teixeira estava envolvido em ambos, Almir de Castro, igualmente. Elon Lima viajou a Brasília e foi recebido por Darcy Ribeiro, então ministro da Educação do governo João Goulart, em

uma cena tipicamente darciniana... (...) o gabinete dele [Darcy Ribeiro] estava cheio de gente e ele conversava comigo e conversava com outra pessoa e chegava outro. Era uma loucura, um caos total, bem tipicamente Darcy Ribeiro, fazer várias coisas ao mesmo tempo. (...) ele não estava só, ele contava com o apoio de gente muito capaz em várias áreas do conhecimento como Oscar Niemeyer, como Leite Lopes, da física, muita gente; Cláudio Santoro na música, que queria realmente fazer da Universidade de Brasília um modelo para todo o Brasil, um modelo novo de universidade realmente que merecesse esse nome (...).

Comprimido voluntariamente pelo compromisso com a bolsa Guggenheim, Elon Lages Lima indicou o professor paulista Geraldo Ávila, que à época estava no Rio, no Instituto de Física Teórica, um matemático com doutorado em Nova York. Do Rio de Janeiro, sua indicação foi para Djairo Figueiredo, hoje professor da Unicamp. Não foi difícil convencê-los, diz Elon Lages. Eles foram e levaram alunos. Por que não havia sido difícil convencer pessoas academicamente qualificadas a deixarem tudo para trabalhar em Brasília e, principalmente, a morar em Brasília, em um experimento acadêmico e urbano ainda em gestação?

A UnB "representava uma saída para a estagnação da universidade brasileira. O Brasil tinha um ímpeto muito grande de crescer, a juventude queria realmente fazer isso aqui ir pra frente e encontrava obstáculos terríveis nas universidades", recupera Elon em seus pontos de memória. Acabou vindo somente em 1964, porque, além da prorrogação da bolsa por mais um ano, a Universidade de Colúmbia o havia convidado a permanecer como professor um ano mais, depois dos dois que já cumprira. Mas recebeu outro telefonema, agora de Zeferino Vaz, o reitor designado pelo regime militar no primeiro semestre de 1964. Mas Zeferino já sinaliza um tempo para o qual ainda não estou pronta para considerar.

A aceitação imediata do convite de Darcy Ribeiro foi também lembrada por Luiz Humberto Miranda Martins Pereira, conhecido como Luiz Humberto apenas. Arquiteto, graduado na Universidade Federal do Rio de Janeiro, em 1959, diplomado em 1960, Luiz Humberto era casado com uma funcionária concursada da Câmara, na categoria de técnica administrativa, também arquiteta. Luiz Humberto e sua esposa fizeram duas viagens a Brasília, uma por conta da Câmara, uma iniciativa de "convencimento" aos funcionários resistentes à mudança para a nova capital, e outra depois. Ele era funcionário do Ministério da Educação, desenhista, e estava entre os que lutavam pela readaptação à conjuntura de mudança de cidade e de ambiente de trabalho. Decidiram por Brasília — "começar vida nova". Seu depoimento reproduz a avaliação também presente no de Elon Lages:

O Rio já estava meio saturado para arquiteto, eu ficava desenhando projetos de outros arquitetos, ficava trabalhando assim num mercado residual que não me agradava (...)

isso mata tua crença no teu trabalho (...) É como se você colhesse o que cai do prato dos outros.

Esse impulso tomou, além de jovens como Luiz Humberto, personalidades mais maduras, como Alcides da Rocha Miranda, arquiteto do Patrimônio Histórico Nacional que, na fala de Luiz Humberto, veio a Brasília pela mesma razão que os mais moços, "acreditar num sonho". A imagem da maquete volta à narrativa daquele momento fundador. "Cabia dar vida a essa maquete..." E há ainda como desdobramento da imagem da maquete o fato de que o futuro estava sinalizado de forma tangível, como analisa Sérgio Abranches, fazendo menção ao momento anterior às invasões e à interrupção do autoritarismo: "Ali vai ter o prédio onde vai ter depois o grande departamento tal. Agora estamos ainda provisórios (...) tinha uma promessa concreta de uma universidade ainda melhor no futuro (...)". Havia, portanto, uma evidência de investimento. Provavelmente a UnB se beneficiava de vantagem orçamentária. Estava sendo construída, autorizada a recrutar professores de todo o Brasil.

Luiz Humberto já estava em Brasília antes da construção da universidade. A aproximação com Alcides da Rocha Miranda se deu por vizinhança e, aos poucos, os laços foram se estreitando. Em seu depoimento menciona o empenho de Alcides da Rocha Miranda junto a Oscar Niemeyer sobre a conveniência do projeto da universidade. Havia uma indefinição sobre o local. O livro de Roberto Salmeron (1998) já tratou da dúvida que permeava o governo JK sobre a oportunidade ou o risco de se criar uma universidade em local próximo ao palácio do governo. Israel Pinheiro foi um dos críticos da proximidade dos estudantes do Planalto. Considerou-se Vargem Bonita, lugar distante, onde hoje está a fazenda da universidade. Alcides da Rocha Miranda teria sido um dos que argumentou a favor da construção no espaço que hoje está destinado à universidade, nas cercanias do Planalto. A aproximação de Rocha Miranda com Darcy Ribeiro facilitou o convencimento. E pelo depoimento de Luiz Humberto, Alcides teria sido responsável pelo projeto da UnB: "(...) trabalhamos mais ou menos de dezembro de 1961 a abril de 1962 para inaugurar a universidade, isso entre projeto, construção e tudo mais...". Cinco meses: ritmo de Brasília. "Alcides começou a desenhar e me chamou. Eu estava próximo, um arquiteto vadio, ele me chamou para trabalhar com ele." Luiz Humberto foi o arquiteto colaborador do projeto de construção da universidade. O projeto, insiste ele, é de Alcides da Rocha Miranda.

O ritmo de Brasília ia aos tropeços, atropelando outros ritmos, os das lealdades ou suscetibilidades. No epicentro das interações, Darcy Ribeiro. Conhecido por não pecar pela inércia, ponderação ou placidez, Darcy movimentava-se apressado, sofregamente, buscando apoios internacionais, deslocando pessoas sem consulta, definindo outras para o centro do palco, entre indiferente e inconsciente das feridas que pudessem estar sendo abertas. Nesse início, no conjunto da arquitetura, uma primeira ferida atingiria Alcides da Rocha Miranda, e o estilete veio da direção do grupo de Niemeyer. Em uma reunião de última hora, na ausência de Rocha Miranda,

> Darcy chega, entra, toma a palavra e diz: "A partir de hoje, nós estamos fazendo a Escola de Arquitetura" (...) Não sei se era isso, Faculdade de Arquitetura e Urbanismo, uma coisa assim, "a ser coordenada pelo professor Oscar Niemeyer". [Prossegue Luiz Humberto:] Oscar Niemeyer, na nossa cara, disse assim: "Eu não recebo nenhum professor vindo de outra unidade, a não ser o professor Graeff".[19] O professor Graeff era um grande teórico, mas era do Partidão, que era também a agremiação de Oscar.

Se Niemeyer não recebia outro se não o que havia estabelecido, e se Darcy não reconhecia professor de arquitetura, ou mesmo a "existência de arquitetos" fora da Escola de Arquitetura, por aquele expediente entregue a Oscar Niemeyer é possível suspeitar que, naquele empreendimento, em seu momento fundador, os conflitos da política acadêmica ganhavam vida própria, definindo campos ideológicos, profissionais, fortalecendo ou desfazendo lealdades pessoais.

A cisão contribuiu para uma divisão que se oficializou no organograma da universidade. Por iniciativa de alguns personagens, entre eles Elvin Mackay Dubugras, Alcides da Rocha Miranda foi convencido — segundo o depoimento de Luiz Humberto — a não abandonar o projeto da universidade, e foi responsável pela formação do Instituto Central de Artes, ainda naquele ano em que o formato inicial da arquitetura sofrera a interferência de Darcy Ribeiro. O desenho da universidade passou a contar, portanto, às vésperas do golpe de 1964, com um Instituto Central de Artes e com a Faculdade de Arquitetura e Urbanismo, duas unidades com distintas coordenações, bastante ativas, conforme veremos.

O episódio relatado por Luiz Humberto é, provavelmente, daqueles em que mais de uma versão pode ser considerada plausível. O menor contato que alguém possa ter tido com Darcy Ribeiro autoriza o depoimento de Luiz Humberto. Autoriza do ponto de vista de reconhecer como forte probabilidade tal ocorrência, provocada por quem a provocou. Conhecido pela inventividade, pela extravagância, pela paixão desmedida, indisciplina e personalismo, movido por uma convicção de que o mundo pode ser transformado pela

---

[19] Edgar de Albuquerque Graeff, arquiteto, coordenador do Curso de Arquitetura e professor de teoria da arquitetura na Universidade de Brasília, nascido em Carazinho, Rio Grande do Sul, em 1921.

DUAS PAIXÕES METEÓRICAS

ação de sujeitos dispostos e preparados para tanto — e ele era um deles, em sua convicção —, Darcy Ribeiro nunca pedia licença para suas interferências, ferisse a quem ferisse, doesse a quem doesse. No entanto, no caso da formatação do campo da arquitetura na UnB talvez seja preciso considerar outras variáveis para melhor compreender o que pode ter ocorrido. Brasília e Oscar Niemeyer são quase indissociáveis. O projeto da universidade esteve sempre completamente subordinado ao projeto maior, à criação mais ampla que daria conta de uma cidade planejada para ser capital do país. Definir que as áreas de arquitetura e urbanismo seriam delegadas a Oscar Niemeyer é quase um pleonasmo, dada a exposição pública, já consagrada desde Juscelino Kubitschek, da associação entre arquitetura de Brasília e Niemeyer. A dobradinha Niemeyer e Lucio Costa — igualmente indissociável — é sempre apresentada nessa ordem, Oscar e Lucio. Outros depoimentos contribuem para a consideração de mais de uma interpretação.

> no que eu consigo me lembrar, Dr. Alcides, mesmo antes de existir o ICA, sempre ficou responsável pelo setor de artes. E logo foi criado o Instituto em que ele era o coordenador. E o Oscar sempre foi ligado ao Ceplan. Ele [Oscar], se deu meia dúzia de aulas por ano, foi muito, basicamente trabalhou muito com o grupo, razoavelmente com o grupo de instrutores. E quando estava em Brasília, era no escritório de arquitetura, que se chamava Ceplan, fazendo os projetos. Todos os edifícios — os primeiros edifícios da universidade — foram projetos deles, daquele grupo dele naquela época. (...) edifícios pré-moldados que até hoje estão lá, estão muito bem, projeto da melhor qualidade. Então, entre Dr. Alcides e Oscar Niemeyer, acho que a relação era como se fossem dois grupos, dois departamentos diferentes, uma relação profissional muito pequena. E acho que, no que eu consigo me lembrar daquela época, a relação de cada um deles com a reitoria era uma relação de acordo, de comungar o mesmo ideal, de fazerem a coisa inovadora, cada um dando a maior contribuição. Eu não me lembro de conflitos nessa área, ou pelo menos que chegassem a nós (...).

Esta fala de Márcia Nogueira, arquiteta, não contradiz propriamente Luiz Humberto. Apenas amplia em seus matizes e possíveis cruzamentos a dinâmica sociológica implicada na montagem de instituições, com manifestações de interesses, disputa de posições, negociação e conflito nem sempre visíveis ou perceptíveis quando o próprio funcionamento das organizações ganha terreno, e as redes originais ali traçadas vão se empalidecendo por força de um movimento mais regular, menos pessoalizado. A conclusão de Márcia Nogueira talvez traduza com realismo o que se passava naquele ambiente em toda a sua extensão:

vejo mais os conflitos no nosso mundo, no nível de instrutores (...) tinha gente desde Belém até Rio Grande do Sul. (...) arquitetos de todos os lugares do Brasil, com formações diferentes, interesses profissionais diferentes. Entre nós é que havia (...) chegamos a ser mais de 30 instrutores. E nós é que de fato segurávamos a arquitetura. E entre nós, nenhum era *o* experiente, que tivesse voz mais alta que os outros, nós todos hierarquicamente estávamos no mesmo nível, recebendo as orientações que divergiam, e havia informações, interesses e posições bastante diversas (...).[20]

O formato de incorporação e de trabalho dos instrutores não fugiu à tradição de cada campo disciplinar. As áreas de letras e a de arquitetura, por exemplo, seguiram na montagem do sistema de trabalho dos professores a linha mais acadêmica, no caso da primeira, e a mais profissionalizante, digamos, no caso da arquitetura.

Na Faculdade de Letras, Elcio Martins, professor de teoria literária, foi responsável pelo convite a Maria Nazaré Lins Soares, em 1962, para que ingressasse na universidade como "instrutora". "Na prática", revelou Nazaré, "eram docentes".[21] Na Faculdade de Letras,

a categoria de instrutor correspondia mais ao que era propriamente o espírito da universidade. Ou seja, era um estudante de pós-graduação, no meu caso, de mestrado, fui para fazer mestrado em teoria literária e, ao mesmo tempo, auxiliava os docentes propriamente ditos, quer dizer, aqueles que eram professores da carreira docente da universidade.

Diferentemente da Faculdade de Arquitetura, diz ela, onde "os instrutores desempenhavam ou se ocupavam muito mais até da atividade docente do que da atividade discente de pós-graduação. Ficaram até muito sobrecarregados em alguns institutos". Considera até privilegiada, em certo sentido, a situação de Letras: "eventualmente dávamos aulas, mas podíamos nos dedicar muito à nossa atividade de pós-graduação, aos nossos cursos, às nossas teses etc.". Nazaré vinha de Recife, onde fizera letras na Faculdade de Filosofia e Letras da atual Universidade de Pernambuco, então Universidade do Recife. Por ocasião do convite, já havia feito especialização em língua e literatura francesa no Rio, com bolsa da Capes e do governo francês, e havia inclusive iniciado o doutorado

---

[20] Entrevista concedida a Helena Bomeny e a Lucia Lippi Oliveira em 22 de outubro de 2004, no Rio de Janeiro, no Cpdoc/FGV.
[21] Entrevista concedida a Helena Bomeny e a Lucia Lippi Oliveira em 22 de outubro de 2004, no Rio de Janeiro, no Cpdoc/FGV.

com bolsa para a França, onde permanecera por dois anos, não chegando a concluir lá o doutorado. Foi quando, na Faculdade de Letras do Rio Grande do Norte, encontrou Elcio Martins, que a convidou para fazer mestrado em teoria literária em Brasília, projeto que concluiu em 1965.

> Na Faculdade de Arquitetura [contrapõe Márcia Nogueira] a situação foi bastante diferente (...) porque a maioria do grupo de Letras, tanto professores como instrutores, era mais ligada ao mundo acadêmico. Na Arquitetura não, a maioria era ligada ao projeto, à prancheta. Professores da academia, acho, nós não tínhamos mais do que três. Professor Graeff, que foi uma figura muito forte, já era um professor importante no Rio Grande do Sul, foi para lá para organizar e dirigir o curso. Professor Alcides da Rocha Miranda foi para lá dirigir o Instituto de Artes, o ICA. A maioria dos professores da Arquitetura era de arquitetos do Ceplan. Ceplan era o Centro de Planejamento da Universidade, dirigido por Oscar Niemeyer e arquitetos, todos eles muito famosos, muito conhecidos hoje em dia, um deles, Lelé,[22] é superprestigiado, trabalho profissional muito reconhecido, Glauco Campelo... Sabino Barroso, Jaime Zettel, José Leal eram arquitetos que já tinham alguns anos de vida profissional e foram organizar, criar o Ceplan... e também eram professores. (...) Na época, a formação que nós dávamos para os alunos era muito mais na prática porque era isso também que nós tínhamos em Brasília, e os alunos tinham uma vontade enorme de aprender na prancheta e de ver as obras sendo executadas (...).

Era como morar em sala de aula

O que mais impressiona nos relatos colhidos, até a escrita deste texto, dos que estiveram em Brasília naquele momento fundador da universidade é o consenso a respeito da atmosfera que contagiava a todos, e que tinha sua origem em uma maneira muito particular de organização da vida universitária. "Eu jamais gostei de Brasília, eu adorava a universidade...", diz Nazaré. Os arquitetos, dificilmente, manteriam a primeira parte da frase. Brasília foi o mais importante laboratório de arquitetura que este país já teve, e talvez não seja muito fácil encontrar outros paralelos em outras partes do mundo. Era da arquitetura que se esperava a montagem de muitas ambições e expectativas: construir uma cidade, redefinir um centro político, criar uma universidade fora dos padrões tradicionais, ligar o país desde um ponto desconhecido e inexplorado. O ponto de partida estava na

---

[22] João da Gama Filgueiras Lima, conhecido como Lelé.

arquitetura, e a cidade, ainda hoje, reflete essa ambição em sua monumentalidade. Viver em maquetes talvez seja a expressão do hábitat natural de um arquiteto que tenha na arquitetura sua vocação. Compreensível, assim, que dos arquitetos venha o depoimento do desafio, do mundo novo que se abria, da chance de estar presente em um momento que se eternizaria para além das fronteiras brasileiras.

> Foi a maior oportunidade de minha vida ter ido para uma cidade nova, uma cidade que eu estudava muito, que eu tinha muita vontade de conhecer. Brasília significava muito para nós arquitetos. Era o máximo do modernismo. Então, ter a oportunidade não só de ir lá visitar — que eu já tinha tido vontade de fazer isso —, mas de morar naquela cidade, foi tudo fantástico.

Depoimento de Márcia Nogueira, que chegou a Brasília com Geraldo Nogueira, seu marido à época, ambos arquitetos. Mas os demais aventureiros nem sempre olhavam aquele cerrado com tal otimismo e generosidade. E aí, nesse sentido precisamente, o espaço que ocupou a universidade foi singular. Extraordinário, seria possível afirmar. Durante dois anos quase completos misturaram-se ali personalidades e profissionais do Brasil inteiro, das mais distintas e rotineiramente incomunicáveis áreas do conhecimento acadêmico, de idades e momentos de formação distintos, em uma experiência de flexibilidade e intercâmbio nunca mais reeditada. Alguns trechos de entrevistas deixam tais sentimentos à mostra:

> nós que morávamos no *campus*, como é meu caso, levávamos uma vida um pouco diferente. Era uma vida universitária intensa, dia e noite praticamente. E era divertida ao mesmo tempo. Era muito agradável. Trabalhávamos durante o dia no departamento, mas muitas vezes à noite também. (...) depois do jantar muitas vezes voltávamos a trabalhar no departamento porque era lá que estavam os livros, as obras de referência, sobretudo nós, da área de letras, necessitávamos muito disso. Era como morar em sala de aula (...).[23]

O projeto universitário foi pensado para criar um ambiente de interlocução que não se encontrava nas estruturas convencionais das universidades de então. Nisso, a Universidade de Brasília significou um laboratório de inquietações, é possível afirmar, de todo o país, uma vez que profissionais de outras universidades estavam ali munidos

---

[23] Entrevista concedida por Maria Nazaré Lins Soares a Helena Bomeny e Lucia Lippi Oliveira, em 22 de outubro de 2004, no Cpdoc/FGV.

de suas críticas aos vícios e impasses das estruturas organizacionais de onde vinham. A previsão de um ciclo básico de dois anos, em que alunos de cursos distintos teriam que se cruzar em disciplinas de integração, propiciava um tipo de convivência entre estudantes que, de outra maneira, raramente seria implementável.

> estudante de letras tinha que obrigatoriamente frequentar algumas disciplinas de integração em outro instituto. E inversamente, o de arquitetura ou de artes ou de direito ou de ciências humanas ou qualquer das áreas teria que fazer, de livre escolha, que obter créditos ou frequentar disciplinas em outros institutos. Era uma maneira de a universidade se tornar verdadeiramente universitária (...).[24]

De alguma forma, esse espírito de troca e interlocução manteve-se para além dos dois anos iniciais. No depoimento de Sérgio Abranches, o ponto mais positivo de sua avaliação da universidade era o fato de se comunicarem professores e estudantes de áreas distintas do conhecimento. Grupos se construíam para discutir filosofia ou filosofia da ciência, dos quais participavam, por exemplo, um matemático importante, um físico de reconhecida trajetória, cientistas sociais...

> o pessoal de ciência não entendia nada de filosofia e o pessoal que entendia de filosofia não entendia de ciência (...) fizemos um grupo muito interessante, porque os cientistas explicavam para nós os exemplos que os filósofos usavam da ciência e nós explicávamos para eles a filosofia (...) É raro ter um grupo de professores que estão dando aula e alunos de mestrado ou universitários que se reúnem para fazer um grupo de estudo interdisciplinar.

Para além do horário, a despeito das posições na hierarquia ou das distinções de áreas de conhecimento. Aquele ambiente denso geográfica e intelectualmente facilitava tal convívio, e fez prolongar por mais tempo, além do golpe de 1964, o espírito que presidiu a formulação daquele projeto universitário.

Paixões golpeadas

Embora associada ao governo JK pelo vínculo indiscutível entre a nova cidade capital e a criação da universidade, a Universidade de Brasília, instalada em 21 de abril

---

[24] Entrevista concedida por Maria Nazaré Lins Soares a Helena Bomeny e Lucia Lippi Oliveira, em 22 de outubro de 2004, no Cpdoc/FGV.

de 1962, teve no governo João Goulart (1961-64) sua base de implantação e seu funcionamento. Contribuiu decisivamente para isso o fato de Darcy Ribeiro ter estado em posição estratégica no governo Jango em dois momentos: como ministro da Educação (1962/63) e como chefe do Gabinete Civil da Presidência da República (1963/64). A universidade esteve sempre associada à liderança de Darcy e à parceria de vida inteira entre ele e o educador Anísio Teixeira, que chegou a ser reitor da UnB quando Darcy Ribeiro assumiu o Ministério da Educação no governo Jango (1962). De tal forma a associação entre Darcy e a UnB prevaleceu que a declaração pública de José Carlos de Almeida Azevedo, reitor da UnB durante a ditadura militar (1977-85), negando a liderança de Darcy na criação da universidade acabou sendo uma voz isolada no conjunto de tantas outras confirmações. A personalidade apaixonada de Darcy Ribeiro, o entusiasmo com a gestação de um projeto que nomeava como "filha", a impulsividade e imprevisibilidade no trato das questões institucionais e o personalismo que não controlou na condução daquela experiência, tudo isso combina com o tom apaixonado daqueles dois anos e se atualiza em depoimentos de época ou posteriores, como o que nos concedeu Sérgio Abranches. As notas impressas neste texto provisório de uma pesquisa ainda em andamento são suficientes, creio, para transmitir ao leitor o clima e a atmosfera que impregnaram a memória dos depoentes. Muitos mais depoimentos serão tomados. Tudo indica — a considerar o exposto até aqui — que as próximas falas confirmem a mística segundo a qual houve ali o cruzamento de paixão acadêmica com paixão política, ambas com alto teor de mobilização e engajamento coletivo.

Os documentos sobre a criação da Universidade de Brasília mencionam a desconfiança inicial de Juscelino Kubitschek a respeito da pertinência da criação de uma universidade diante dos riscos que a presença estudantil podia representar à estabilidade da vida política. A democracia de JK, mais moderada e controlada nos excessos de mobilização, conteve o impulso inicial de montagem do *campus* universitário, ficando para o governo seguinte a tarefa de implantação. Fosse a UnB implantada no governo JK, talvez não tivéssemos encontrado entre os protagonistas os que ali trabalharam nos seus primórdios, consenso tão forte a respeito da aura de engajamento político de um projeto de reinvenção do país tonalizando uma experiência intelectual. Não se pode igualmente atribuir a Jânio Quadros, em sua curta passagem pela presidência, a instituição da universidade concebida no governo anterior. Por essas indicações é que sustento que a presença de Darcy no governo Jango contribuiu para fortalecer a criação da UnB e alimentar o viés de engajamento presente em ambas as lideranças (Jango e Darcy Ribeiro), conforme demonstram os trajetos políticos de ambos na vida brasileira. A universidade funcionava como um laboratório de vivência intelectual, orientada por um sentido político caracte-

DUAS PAIXÕES METEÓRICAS

rístico dos três anos de governo Jango, como pode ser apreciado nos capítulos deste livro, pensado como recuperação daquele governo e daquela liderança.

A passagem atribulada do presidente Jango na política nacional foi marcada sempre por alta dose de mobilização, e até de radicalização, de setores da população que, de alguma maneira, influenciam a opinião pública. Estudantes, intelectuais e sindicatos de trabalhadores tiveram papel importante na configuração do governo como popular e de forte apelo político, desde a defesa da posse do vice-presidente Jango com a renúncia do presidente Jânio Quadros, até as manifestações anti-imperialistas como reação às divergências com os Estados Unidos, acentuadas sobretudo com a assinatura, em setembro de 1962, da Lei de Remessa de Lucros votada pela Câmara dos Deputados, considerada mais severa com o capital estrangeiro do que a legislação em vigor. No primeiro mês de governo, setembro de 1961, Jango deixou explícita sua plataforma de governo quando, por ocasião do 15º aniversário da Constituição de 1946, manifestou publicamente sua convicção de que

> o Congresso Nacional, refletindo as aspirações do povo, haveria de oferecer à nação os estatutos legais inadiáveis, equacionando de maneira prudente, porém segura, problemas como o da reforma agrária, o do abuso do poder econômico, o da reforma bancária, o das novas diretrizes educacionais, o da disciplina do capital estrangeiro, distinguindo e apoiando o que representava estímulo ao nosso desenvolvimento e combatendo o que espoliava as nossas riquezas.[25]

Durante o governo Goulart, forças políticas levantaram a bandeira das reformas estruturais consideradas estratégicas para a transformação da sociedade. Reformas agrária, urbana, bancária, e, entre elas, a reforma universitária ganharam as ruas com o movimento estudantil altamente mobilizado e organizado. Os estudantes clamavam pela democratização da universidade com a ampliação da representação estudantil para um terço nos órgãos colegiados, principalmente nos conselhos universitários, que decidiam sobre os regulamentos e sobre a política universitária. A modernização do sistema universitário era uma das bandeiras de modernização do país, de democratização do acesso ao ensino superior e de desenvolvimento nacional.

O cunho nacionalista do governo Jango; a recusa de se associar aos Estados Unidos na decisão de bloqueio a Cuba e a ameaça de invasão, com o objetivo de compelir a União Soviética a desmontar as bases de mísseis lá instaladas; a proposta de reformas de base, sobretudo a que dizia respeito à redefinição do estatuto de propriedade da terra; a

---

[25] Cf. Abreu et al., 2002:619.

política de negociação e de conciliação com setores mobilizados, como as organizações sindicais e estudantis, fortaleceram o argumento dos segmentos mais conservadores de que o governo Jango estava comprometido com a imposição de uma república sindical no molde das experiências comunistas, particularmente da então União Soviética. Em três anos, Jango procedeu à formação de seu gabinete de governo cinco vezes. Na ocasião da posse, o primeiro gabinete parlamentarista foi formado no início de setembro de 1961, denominado "união nacional", e contou com a condução de Tancredo Neves (PSD). Com a renúncia de Tancredo Neves e a indicação de San Thiago Dantas para o cargo de primeiro-ministro, nova crise foi deflagrada, só contornada em 13 de julho com a indicação de Brochado da Rocha, ex-secretário do Interior e de Justiça do governo Brizola no Rio Grande do Sul, para a função de primeiro-ministro do segundo ministério. Mas um mês depois, o Congresso negou, pela segunda vez, o pedido de delegação de poderes especiais, o que provocou uma crise entre o Executivo e o Legislativo, desaguando na renúncia de todo o gabinete. O terceiro ministério foi empossado em 18 de setembro de 1962, organizado por Hermes Lima como primeiro-ministro provisório, um ministério que vigoraria até 6 de janeiro de 1963, quando, por decisão das urnas, foi aprovado o sistema presidencialista como resultado do plebiscito nacional para escolher entre os sistemas presidencialista ou parlamentarista de governo. Em 24 de janeiro de 1963, Jango deu posse ao quarto ministério, uma tentativa a mais de conciliar no governo setores moderados, reformistas, de centro e mais à esquerda do espectro político nacional. E finalmente, um último ministério viria em 23 de junho de 1963. Darcy Ribeiro esteve em dois desses gabinetes formados no curto espaço de três anos, em 1962 e em 1963. A associação entre Darcy Ribeiro e Jango ficou selada em todo esse trajeto e o vínculo entre Darcy Ribeiro e a Universidade de Brasília data do embrião do projeto universitário. Assim, qualquer orientação mais aguda contra o governo Jango atingiria a UnB como alvo inevitável. O espectro do anticomunismo que atingiu certeiramente o governo Goulart impregnou as sucessivas ações de invasão de que foi vítima a comunidade universitária: 1964 e 1968 como datas mais agudas, e as ameaças constantes, seguidas de intervenções menos dramáticas, mas igualmente violentas, ao longo de toda a ditadura militar (1964-85). A ditadura militar contrariava o espírito que presidiu o que seria o sonho de uma universidade em novos rumos, de funcionamento flexível, autonomia, de estímulo à crítica e à inovação, ainda não contaminada pela rotina dos procedimentos burocráticos que acabou atingindo todo o sistema universitário do país. O ideário de uma experiência singular está bem expresso na fala de Darcy Ribeiro:

> Queríamos trabalhar para a Nação, ser capazes de pensar e elaborar o saber brasileiro e contribuir para a formulação do nosso projeto de Nação. Mas para isso seria preciso

haver a liberdade de assumirmos riscos, cometermos erros na busca de nosso caminho. A UnB tinha que ser uma universidade de homens livres, e, a partir do momento em que não houve mais liberdade no Brasil, aquele sonho foi abaixo, e a UnB foi transformada em seu oposto, uma velha universidade, que reproduz os privilégios e as classes dirigentes de um país colonizado e dependente, existindo para outros povos que não o seu próprio.[26]

Universidade "necessária" ou universidade "construída" são expressões apropriadas para traduzir tanto o que se encontra nos depoimentos dos que ali estiveram nos primórdios, quanto os argumentos de que Brasília inauguraria um modelo de universidade que só em 1968, mesmo assim sob constrangimentos da ditadura, retornaria à pauta em forma de lei. As discussões sobre a reforma universitária foram anteriores à própria reforma de 1968, mas certamente tiveram no experimento da Universidade de Brasília parâmetros que não mais poderiam ser desconsiderados. Nesse sentido é que a UnB antecipa o que viria mais tarde como projeto de reforma a unificar o modelo universitário em todo o país. O projeto da UnB seduziu prontamente os que foram convidados para aquela aventura pelo apelo que fazia como projeto de contraposição ao modelo tradicional criado nos anos 1930, modelo questionado por amplos setores das próprias instituições universitárias de ensino e pesquisa, e também por aqueles que defendiam a universidade como espaço de reflexão e proposição de transformações pelas quais ansiava a sociedade brasileira ou, ao menos, parcela significativa da elite pensante do país. Na concepção de seus criadores, a universidade deveria desenvolver livremente a criação cultural, integrar ciência e tecnologia, ampliar a capacidade de desenvolvimento humano e tecnológico. No ato de fundação, o humanismo ganharia prioridade e o estímulo ao seu desenvolvimento deveria permear todas as demais iniciativas de formação. Todos os esforços da ação intelectual, criativa e política, tinham no humanismo sua âncora. O êxito de tal projeto dependeria, assim, de uma sociedade democrática, na qual a liberdade pudesse ser exercida sem constrangimentos. A quebra dessa atmosfera se deu em seguidos golpes. A comunidade universitária viu alterar-se brutalmente seu funcionamento rotineiro conforme está sintetizado na crônica detalhada de Perseu Abramo, ao final de um longo documento, com o relato feito em outubro daquele 1964. Eis o resumo escrito no ritmo dos golpes que atingiram toda a comunidade da Universidade de Brasília:

---

[26] Darcy Ribeiro, conferência proferida em 1978, em Brasília. Fragmentos reproduzidos no *Boletim da Associação de Docente da UnB*, n. 3, nov. 1978.

174 JOÃO GOULART: ENTRE A MEMÓRIA E A HISTÓRIA

- 9-4-1964 — 900 homens armados (750 da Polícia Militar de Minas e 150 da Polícia Política do DF) cercam, invadem e ocupam o *campus* da UnB. Fuzis com baionetas, fuzis metralhadoras, metralhadoras portáteis e metralhadoras pesadas; 14 ônibus, quatro carros de transporte, quatro ambulâncias e aparelhamento de rádio de campanha; 13 professores presos, dois soltos no mesmo dia, 11 permanecendo presos na PE durante 17 dias.

- 9 a 22-4 — Biblioteca central, salas de trabalho, mecanografia e prédios ocupados e interditados por soldados; alguns cursos continuam.

- 13-4 — Decreto presidencial destitui reitor e vice-reitor e extingue mandato dos membros do Conselho Diretor da Fundação Universidade de Brasília; Portaria nº 224 (*DO*, 13 abr. 1964) do Ministério da Educação decreta a intervenção na universidade e nomeia interventor o sr. Zeferino Vaz.

- 26-4 — Liberados os professores presos, que voltam a dar algumas aulas.

- 28-4 — Parecer do Conselho Federal de Educação: "recomposição dos órgãos dirigentes da Universidade para apurar irregularidades porventura existentes".

- 20-4 a 8-5 — Interventor declara, primeiro, que não haverá expurgo ideológico, que plano de Darcy era ótimo e que a UnB tinha grandes nomes, mas depois, que há numerosos incompetentes na UnB e que Darcy era ruim.

- 9-5 — Interventor Zeferino Vaz demite nove professores "por conveniência da administração" e exige devolução das casas.

- 9 a 20-5 — Demissão de mais quatro professores, depois mais um, e de numerosos funcionários; demitidos ainda não presos são procurados pela polícia; alguns se demitem; alunos trancam matrícula; boato divulgado: quem se demitir vai preso e não se aceitam desculpas nem de doença nem de família; um professor protesta em aula e é convocado pelo interventor e preso por 15 dias na PE, depois de instalar-se IPM na UnB; o sr. Zeferino Vaz é designado reitor pelo novo Conselho Diretor, nomeado pelo marechal Castello Branco; o sr. Zeferino Vaz passa por cima dos departamentos e convida professores de São Paulo, Rio e Brasília; em Brasília, professores demitidos têm seus nomes barrados para novos empregos; Zeferino Vaz passa por cima de departamentos e comissões e promove administrativamente vários professores titulares (supercatedráticos vitalícios).

- Balanço geral. Não fazem mais parte da Universidade de Brasília, desde o dia 10 de abril, 30 professores (14 demitidos, seis que se demitiram, dois que tiveram direitos políticos cassados, seis que, por serem do Conselho da Fundação, tiveram mandatos cassados, dois que não encontram segurança para voltar à UnB). Dezenas de alunos abandonaram ou interromperam os cursos. Vários professores procuram sair do país. Um professor estrangeiro não virá mais. Os setores de sociologia e política foram dissolvidos e os de economia, letras, arquitetura e física, duramente atingidos. Pesquisas para teses de doutoramento foram interrompidas, atividades de pós-graduação foram suspensas ou prejudicadas. Disciplinas foram extintas. Vários professores convidados para substituírem os professores expulsos recusam-se a fazê-lo em virtude de falta de segurança quanto à ética, às normas e ao estilo vigentes atualmente em Brasília.

❏ Observação: desde o momento em que assumiu a Interventoria da Universidade de Brasília, o sr. Zeferino Vaz faz-se acompanhar, em todas as suas atividades, nas suas viagens, nas solenidades, nos atos universitários, nos encontros particulares com os professores e nas reuniões formais da universidade, por um agente ou ex-agente da Política Paulista, sr. Arnaldo Pires de Camargo (ou Camargo Pires).[27]

Bibliografia

ABRAMO, Perseu. Depoimento sobre as ocorrências na Universidade de Brasília. out. 1964. Disponível em: <www.fpa.org.br/especiais/golpe/documento01.htm>.

ABREU, Alzira et al. (Coords.). *Dicionário histórico-biográfico brasileiro pós-1930*. Rio de Janeiro: FGV, 2002. v. 3.

BOMENY, Helena. A reforma universitária de 1968, 25 anos depois. *Revista Brasileira de Ciências Sociais*, v. 9, n. 26, p. 51-71, out. 1994.

————. *Darcy Ribeiro: sociologia de um indisciplinado*. Belo Horizonte: UFMG, 2001.

CASTRO, Celso; D'ARAUJO, Maria Celina (Orgs.). *Dossiê Geisel*. Rio de Janeiro: FGV, 2002. 252p.

KUBITSCHEK, Juscelino. *Por que construí Brasília*. Rio de Janeiro: Bloch, 1975.

RIBEIRO, Darcy. *UnB, invenção e descaminho*. Rio de Janeiro: Avenir, 1978. 139p.

SALMERON, Roberto A. *A universidade interrompida: Brasília, 1964-1965*. Brasília: UnB, 1998. 484p.

---

[27] Abramo, 1964. O documento na íntegra está disponível em <www.fpa.org.br/especiais/golpe/documento01.htm>.

8
A Frente Ampla de oposição ao regime militar

Célia Maria Leite Costa*

Este capítulo pretende refletir sobre a constituição e a atuação da Frente Ampla de oposição ao regime militar e sobre o papel desempenhado por seus principais personagens — Carlos Lacerda, Juscelino Kubitschek e João Goulart. Este último, a despeito de sua importância na trajetória da República brasileira, é um ator político que a historiografia insiste em esquecer. Também a Frente Ampla é um tema pouquíssimo estudado. No entanto, foi um movimento significativo, que, entre 1966 e 1968, reuniu líderes políticos ideologicamente díspares em torno de um projeto comum de redemocratização do país por meio de ações políticas legais. Seus principais objetivos eram a realização de eleições livres, o desenvolvimento de uma política econômica de bases nacionais e a prática de uma política externa independente.

A inexistência de trabalhos interpretativos sobre a Frente Ampla explica o uso quase exclusivo de fontes primárias neste capítulo. A pesquisa foi realizada prioritariamente nos documentos do arquivo pessoal de João Goulart[1] e nos depoimentos de José Gomes Talarico e Renato Archer,[2] ambos prestados ao Cpdoc da Fundação Getulio Vargas. É verdade que as fontes primárias exercem um fascínio particular sobre o pesquisador, em

---

* Célia Maria Leite Costa é doutora em história pelo IFCS/UFRJ e pesquisadora do Cpdoc/FGV.
[1] O arquivo João Goulart foi doado ao Cpdoc, parte dele por seu antigo assessor, Raul Riff, em 1990, e parte pelo professor Luiz Alberto Moniz Bandeira, em 2002.
[2] O trabalhista José Gomes Talarico era um dos "mensageiros" do ex-presidente João Goulart no seu período de exílio; Renato Archer, pessedista, muito próximo do ex-presidente Juscelino Kubitschek, foi secretário-geral executivo da Frente Ampla.

virtude de seu aspecto testemunhal. Mas criam dificuldades, como as diferentes versões apresentadas pelos autores dos documentos textuais ou orais (depoimentos), muitas vezes parciais e contraditórias, exigindo equilíbrio do pesquisador na narrativa dos fatos. Outra dificuldade encontrada na realização de um trabalho sem a utilização de referências bibliográficas é não se dispor de balizas teóricas para a análise.

Antes de entrar no tema central do capítulo, farei uma rápida retrospectiva dos acontecimentos que antecederam o golpe de Estado que afastou João Goulart da presidência da República, e também da conjuntura política do governo Castello Branco, primeiro presidente do regime militar instaurado com o golpe.

Em 13 de março de 1964, João Goulart participou de um grande comício em frente da estação da Central do Brasil, no Rio de Janeiro, no qual foram anunciadas as principais reformas de base prometidas por seu governo e assinados dois polêmicos decretos — um referente à nacionalização das refinarias de petróleo particulares, e o segundo criando a Superintendência da Reforma Agrária (Supra) e estabelecendo que as propriedades com mais de 100 ha de terra, localizadas a 10 km das rodovias e ferrovias federais, estariam sujeitas à desapropriação para fins de reforma agrária. A partir daí, os acontecimentos se precipitaram. As forças de oposição ao governo se fortaleceram, particularmente nos meios militares, e a conspiração que estava em marcha começou a ganhar concretude.

No governo, a euforia provocada pelo sucesso do comício dificultou uma correta percepção da correlação de forças políticas e militares. Tanto isso é verdade que, durante o episódio da Revolta dos Marinheiros,[3] em 25 de março, o presidente João Goulart aceitou a demissão do ministro da Marinha, Sílvio Mota, cuja ordem de prisão decretada contra os rebelados havia sido desacatada por seus subalternos, provocando a imediata reação das Forças Armadas.

Paralelamente à conspiração militar que tomava forma, grupos civis conservadores oriundos de setores da sociedade civil, como a Igreja Católica, o empresariado e as classes médias, espalhavam o pânico nas grandes cidades, criando um clima favorável ao golpe de Estado, que eclodiu finalmente na madrugada do dia 1º de abril.

---

[3] A Revolta dos Marinheiros, ocorrida em 25 de março de 1964, consistiu na resistência dos marinheiros à ordem de prisão decretada pelo ministro da Marinha, Sílvio Mota, por estarem comemorando o aniversário da Associação de Marinheiros e Fuzileiros Navais, entidade considerada ilegal pelas Forças Armadas. O ministro, além de decretar a prisão dos organizadores do evento, enviou um destacamento de fuzileiros navais ao local para efetuar a prisão. A adesão dos fuzileiros navais aos revoltosos e o fato de terem contado com o apoio do comandante provocaram a demissão do ministro, aceita imediatamente pelo presidente da República.

Após avaliar as reais possibilidades de reação das forças pró-governamentais no Rio de Janeiro, o presidente Goulart decidiu embarcar para Brasília, no próprio dia 1º de abril, ainda pensando numa eventual resistência. De Brasília seguiu no dia seguinte para Porto Alegre e, de lá, para o exílio no Uruguai, convencido de que qualquer movimento de resistência seria esmagado. Chegou a Montevidéu no dia 4 de abril, recebendo na ocasião diversas manifestações de solidariedade do Brasil e do exterior, principalmente de países sul-americanos, entre os quais Chile, Argentina e Paraguai.

Durante seu período de exílio no Uruguai, Jango acompanhou os acontecimentos políticos brasileiros, mantendo-se permanentemente informado por seus amigos e correligionários sobre as medidas de exceção adotadas pelos militares contra os políticos de oposição, incluindo ele próprio e seus colaboradores diretos. Ainda em 1964, foi alvo de um Inquérito Policial Militar (IPM), cuja sindicância, desenvolvida durante cinco anos, visava averiguar, entre outras coisas, possíveis irregularidades no seu patrimônio privado. Cartas encontradas em seu arquivo pessoal, trocadas com o deputado petebista Doutel de Andrade, revelam seu "estado de espírito", sua mágoa e sua impotência diante de acusações veiculadas pela imprensa brasileira, que considerava profundamente injustas. Em uma dessas cartas, Goulart envia informações detalhadas sobre a origem de suas propriedades e pede a Doutel que leia o documento no plenário da Câmara.[4]

Um dos maiores correspondentes de Jango nesse período foi o petebista José Gomes Talarico. Assim como outros amigos, Talarico enviava com regularidade minuciosos relatórios com informações muitas vezes obtidas nos bastidores do poder, permitindo que o ex-presidente acompanhasse a vida política nacional, as crises entre políticos e militares e os "rachas" que começavam a surgir no próprio Exército.

Desde o início ficou mais ou menos evidente a existência de divergências entre os generais Humberto Castello Branco, chefe do governo, e seu ministro da Guerra, Artur da Costa e Silva, ambos chefes militares da conspiração e do golpe que derrubou Goulart, mas líderes, no Exército, de correntes com posições políticas diferentes em relação aos rumos que o regime militar implantado no país deveria tomar. Segundo D'Araujo, Soares e Castro (1994), tanto Castello quanto Costa e Silva tinham tido suas lideranças forjadas no processo conspiratório, tendo Castello aderido à conspiração quase às vésperas do golpe. Castello liderava um grupo de oficiais mais "intelectualizados", ligados à Escola Superior de Guerra e, por isso mesmo, conhecidos como grupo da Sorbonne, cujos integrantes tinham certamente um projeto de desenvolvimento para o Brasil — um projeto que incluía um rígido controle da inflação para fazer face aos compromissos financeiros internacionais, obtido por meio de medidas repressivas

---

[4] Acervo Cpdoc. JG e 1964.04.04.

180　João Goulart: entre a memória e a história

e impopulares. Já Costa e Silva, mais relacionado com a tropa, congregava em torno de si oficiais que posteriormente iriam defender uma permanência mais longa dos militares no poder. Parte desses oficiais seria chamada de "linha dura" e identificada como responsável pelo endurecimento do regime, pela forte repressão e pelo completo cerceamento das liberdades individuais, que marcaram o país a partir da promulgação do Ato Institucional n° 5, em 13 de dezembro de 1968.

Em outubro de 1965, apesar das manobras políticas e do clima repressivo vigente, o governo perdeu as eleições para governador em dois importantes estados da Federação — Guanabara e Minas Gerais —, até então governados por dois grandes líderes civis da conspiração — Carlos Lacerda e Magalhães Pinto. Castello Branco manteve os resultados eleitorais, apesar da insistência de Lacerda e dos militares da linha dura no sentido de anular as eleições. Tal determinação irritou Carlos Lacerda, que via na vitória de Francisco Negrão de Lima, eleito pelo Partido Social Democrático (PSD), forte ameaça ao seu prestígio e aos seus planos políticos futuros, que, aliás, já haviam sido abalados pela emenda constitucional encaminhada pelo presidente ao Congresso em julho de 1964, prorrogando seu mandato presidencial até 15 de março de 1967.

Para manter o controle da situação política, ainda em outubro de 1965 o governo editou o Ato Institucional n° 2, determinando, entre outras coisas, eleições indiretas para a presidência da República e o fim dos partidos políticos existentes. Essa decisão representou o tiro de misericórdia na possível candidatura de Lacerda à presidência. A partir daí suas hostilidades contra Castello Branco se acentuaram e, em 1966, após encerrar seu mandato de governador da Guanabara, passou a conspirar abertamente contra o governo.

A constituição da Frente Ampla

Do exílio, Jango acompanhava as crises pela correspondência com os correligionários:

Os acontecimentos se sucedem, vertiginosamente, modificando quadros e impedindo previsões razoáveis. Nem sei mesmo se essas observações já não estarão alteradas ou superadas quando chegarem ao teu conhecimento (...).

O quadro nacional continua confuso. O Costa e Silva parece haver ganho, pela paciência, o primeiro "round" da batalha com o Castello Branco. Assim é que, como resultado de consultas procedidas pelo Krieger, terminou por sair "coroado" nas preferências da Arena. O Castello, pelo visto, engoliu a seco mas não ensarilhou as armas.[5]

---

[5] Acervo Cpdoc. JG e 1966.05.05 (doc. I-1).

A carta, dirigida ao "Comandante" e sem assinatura, revela o grau do risco que corria o missivista ao tentar se comunicar com o ex-presidente no exílio. Revela ainda a dimensão do isolamento político de Jango, restrito naquele momento às informações que lhe chegavam clandestinamente. Também em relação ao país que o estava acolhendo, sua condição de ex-chefe de nação e exilado político o deixava numa posição delicada e exigia cuidados especiais. Sabe-se que, nos primeiros anos de exílio, Doutel de Andrade era um de seus principais interlocutores. Essa informação, associada a uma análise atenta do estilo de redação, bem como das posições políticas externadas, aponta para uma possível autoria das cartas, inclusive porque algumas foram escritas em papel da Câmara dos Deputados, onde Doutel se encontrava na ocasião.

A carta citada relata o clima de crise entre Castello Branco e Costa e Silva em torno da sucessão presidencial e informa, ao mesmo tempo, sobre o fortalecimento cada vez maior de Costa e Silva nas áreas militares e até nos meios políticos civis, onde contava inclusive com o apoio de velhos pessedistas, como Tancredo Neves, Antônio Balbino e Joaquim Ramos.[6]

É nesse contexto de crise e de divisão no Exército que a Frente Ampla começou a se articular. Não se pode esquecer que a ideia da frente surgiu como alternativa ao fechamento cada vez maior das vias políticas institucionais. O contínuo processo de cassação de mandatos e direitos políticos, sobretudo de parlamentares, assim como a edição, em fevereiro de 1966, do Ato Institucional nº 3[7] justificavam a constituição de uma ampla frente de oposição que funcionasse, inclusive, como respaldo para a ação oposicionista no Congresso.

Na verdade, há controvérsias sobre o início das articulações visando à formação da Frente Ampla. Segundo Archer,[8] Ademar de Barros foi o primeiro político a conspirar contra o governo Castello Branco, mas a conspiração liderada por ele não chegou a ter consistência. Confirmando as informações de Archer, o missivista de Jango relata seu encontro com Ademar em São Paulo:

O Ademar me esperava com ansiedade, avisado que fora da minha visita trazendo a tua palavra. Recebeu-me, reservadamente, em Palácio. Almoçamos juntos e, depois,

---

[6] Acervo Cpdoc. JG e 1966.05.05 (doc. I-1), p. 3.

[7] Os atos institucionais constituíram uma legislação de exceção, editada pelos governos militares entre 1964 e 1969 com o objetivo de respaldar juridicamente sua ação centralizadora e repressiva. O AI-3 determinava, entre outras coisas, a nomeação dos prefeitos das capitais pelos governadores, bem como a eleição indireta destes últimos.

[8] Renato Archer, deputado pessedista, era o representante de Juscelino Kubitschek na Frente Ampla, e como já foi dito, foi seu secretário-geral.

182 — JOÃO GOULART: ENTRE A MEMÓRIA E A HISTÓRIA

trancamo-nos numa sala durante mais de três horas sem interrupção. Mostrei-lhe a carta que me dirigiste. O homem vibrou! (...)

— Uma bela carta! Curioso é que o Jango tinha, de fato, motivos para me querer mal. O Castello, que só me deve agradecimentos, pagou-me com perseguições, mas ele, ao contrário, demonstra no exílio uma estupenda visão de estadista (...).[9]

O missivista, contudo, não parecia estar convencido da posição de Ademar, nem o considerava confiável. Na sua opinião, Ademar só buscaria o apoio da oposição como última alternativa, depois de sentir que estavam descartadas as hipóteses de composição com Castello Branco ou com Costa e Silva.

O relato desse encontro entre Ademar e o colaborador de Jango demonstra bem o nível de detalhe das informações que o ex-presidente recebia semanalmente de seus amigos e colaboradores. São relatórios minuciosos, contendo informações sobre o cotidiano da vida política brasileira e o pensamento de seus principais personagens, inclusive sobre o núcleo petebista que havia atuado com Jango no governo. Esses relatórios permitiam que ele não só acompanhasse os principais acontecimentos políticos, como também se posicionasse, se necessário, em relação a fatos e pessoas.

Paralelamente às articulações conspiratórias de Ademar, Lacerda começava a se reunir com "janguistas" e "juscelinistas", propondo a constituição de "uma estrutura de combate ao governo", mas reagindo inicialmente ao termo "frente", que, segundo ele, "pertencia ao jargão comunista".[10] No início das articulações, apostando nas boas relações que mantinha com alguns militares vinculados a Costa e Silva, acenou com a esperança de apoio desses militares para derrubar Castello, afirmando que, uma vez eleito, Costa e Silva faria um governo de abertura e de restabelecimento das liberdades democráticas.

Em setembro de 1966, a imprensa já se referia abertamente à constituição da Frente Ampla. O jornal *A Tarde*, de Salvador, por exemplo, fez um balanço das articulações para a formação da frente, informando que os ex-presidentes Juscelino Kubitschek e João Goulart já haviam concordado em assinar um documento conjunto com Lacerda, desde que previamente discutido.[11]

Em depoimento prestado à Fundação Getulio Vargas, Renato Archer[12] relata que JK havia sido sondado por Sandra Cavalcanti,[13] em Lisboa, sobre a possibilidade de um

---

[9] Acervo Cpdoc. JG e 1966.05.05, p. 4.
[10] Acerco Cpdoc. JG e 1966.05.05 (doc. I-3).
[11] Lamarão, 2002.
[12] Depoimento de Renato Archer ao Cpdoc/FGV de maio de 1977 a agosto de 1978.
[13] Deputada pela UDN-GB (1961/62), próxima de Carlos Lacerda, integrou sua equipe de governo no estado da Guanabara, como secretária de Serviços Sociais, entre 1962 e 1964.

entendimento com Carlos Lacerda para a formação de um núcleo de oposição ao governo Castello Branco, antes mesmo que se realizasse uma série de reuniões no Rio de Janeiro entre Lacerda, trabalhistas, pessedistas e até alguns comunistas. Na versão apresentada pelo ex-governador da Guanabara em seu livro *Depoimento*,[14] a proposta de constituição da Frente Ampla teria partido de Archer, com quem se teria encontrado por acaso e que, na ocasião, lhe teria perguntado se não acharia interessante a formação de um movimento cívico que reunisse as principais lideranças civis do país, adiantando que JK receberia a ideia de "braços abertos".

De agosto a outubro de 1966, sucederam-se várias reuniões, nas quais basicamente foram discutidos os objetivos da Frente Ampla e a necessidade, aventada por Lacerda, de um manifesto conjunto dirigido à nação, expondo os propósitos do movimento. Segundo o citado correspondente de João Goulart, o manifesto redigido por Lacerda e submetido aos representantes de JK e Jango apresentava lacunas em pontos importantes, como política externa e política social,[15] além de merecer reparos na parte relativa aos objetivos — enquanto Lacerda se referia à necessidade de democratizar o país, janguistas e juscelinistas defendiam a redemocratização, ou seja, o retorno à legalidade democrática existente antes do golpe. Tais discussões demonstram o nível de dificuldade das negociações.

Os articuladores da frente decidiram divulgar o manifesto após a eleição de Costa e Silva pelo Congresso, no dia 3 de outubro de 1966, para que o gesto não fosse interpretado como provocação. Na verdade, Lacerda ainda transitava com relativa facilidade nos meios militares próximos a Costa e Silva e alimentava esperanças de que o próximo governo trouxesse a abertura e o restabelecimento das liberdades democráticas.

Após exaustivas discussões e frequentes consultas aos ex-presidentes, residentes fora do país, a Frente Ampla foi lançada oficialmente em 28 de outubro de 1966, através de um manifesto divulgado na íntegra pela *Tribuna da Imprensa*, sob a responsabilidade exclusiva de Carlos Lacerda. JK e Jango decidiram não assinar o documento, apesar da insistência do ex-governador Lacerda quanto à necessidade de apoio dos dois políticos para o êxito do movimento que se formava. Lacerda ressaltava, particularmente, a importância da participação de Goulart e dos trabalhistas para a legitimidade da nova organização.

---

[14] Lacerda, 1978.
[15] Acervo Cpdoc. JG e 1966.05.05 (doc. I-3).

Jango, Lacerda e JK

No período que antecedeu o lançamento desse manifesto assinado por Lacerda, Jango recebeu correspondência e visitas de seus ex-colaboradores, boa parte deles contrários a um documento conjunto. Alertavam-no sobre os riscos, inclusive de repúdio popular, decorrentes da assinatura de um documento junto com Lacerda; preveniam-no, por exemplo, contra qualquer ato de imprudência que poderia equivaler "a algo assim como rasgar publicamente a carta de Vargas".[16] Um desses correspondentes ponderava que o ideal seria o lançamento de três manifestos, assinados pelos três políticos, no mesmo dia, defendendo princípios e objetivos semelhantes. Este seria o sinal da constituição da Frente Ampla. A assinatura em manifestos separados visaria a manter o estilo e as características de cada um em relação a temas e conteúdos programáticos.[17]

Talarico também escreveu a Jango sobre as articulações na área trabalhista, informando que, com exceção de Wilson Fadul, Oswaldo Lima Filho e Hélio de Almeida, todos os outros estavam contra a assinatura de um mesmo documento junto com Lacerda, apesar de serem favoráveis à constituição da Frente Ampla. Informava ainda que ponderações semelhantes haviam sido enviadas a JK pelos juscelinistas.[18]

Na verdade, argumentavam os trabalhistas, Lacerda nada teria a perder com a assinatura conjunta; ao contrário, ganharia o apoio das forças populares na hipótese de uma futura candidatura à presidência. O mesmo não aconteceria com Jango, que perderia o apoio de parte das forças políticas que haviam constituído a base de seu governo, como era o caso, por exemplo, da família Vargas, que já havia anunciado, através de Amaral Peixoto, seu repúdio ao ex-presidente caso ele concordasse com o manifesto conjunto.

A análise do documento identificado como rascunho do primeiro manifesto da frente evidencia como continuavam grandes as diferenças entre as principais correntes políticas. Havia discordância quanto à questão da restauração das liberdades democráticas e ao próprio processo de transformações sociais. Assim, por exemplo, o que parecia a Lacerda coisas a conquistar, para os janguistas deveria ser um retorno a um processo interrompido.

Diante de todas as argumentações dos trabalhistas sobre os riscos que representaria um documento conjunto com Lacerda, Amaury Silva escreveu em nome de Jango aos colaboradores do ex-presidente informando que,

---

[16] Acervo Cpdoc. JG e 1966.05.05 (doc. I-3).
[17] Acervo Cpdoc. JG e 1966.05.05 (doc. I-3).
[18] Acervo Cpdoc. JG e 1966.05.05 (doc. I-6).

A Frente Ampla de oposição ao regime militar 185

atendendo às antigas bases trabalhistas declaradamente contrárias a Lacerda (...), [Jango] não poderia assinar o documento. Dispunha-se a prestigiar a Frente e prosseguir nos entendimentos, julgando que, no momento, a melhor solução seria o pronunciamento de cada um de *per si*; o estabelecimento de [um programa] de ações; a fixação de pontos e princípios comuns para a concretização da Frente.[19]

É bom ressaltar que, em outubro de 1966, o clima político era extremamente tenso, devido particularmente à crise entre o Executivo e o Legislativo, provocada pela cassação de deputados da oposição, e à decretação do recesso do Congresso por um mês. Entre os deputados cassados estava Doutel de Andrade, principal representante de João Goulart na Frente Ampla, que seria substituído por sua mulher, Lígia Doutel de Andrade, deputada federal do MDB mais votada nas eleições realizadas em novembro.

Ainda em novembro, dias depois do lançamento oficial da frente, Lacerda viajou para Lisboa para se encontrar com JK, e juntos emitiram uma nota que ficou conhecida como *Declaração de Lisboa*. Nela afirmavam estar dispostos a trabalhar numa frente de oposição ao regime militar e defendiam a organização de um grande partido de oposição, como forma de evitar a "dependência de partidos espúrios e originários da mesma fonte, o Ato Institucional nº 2".[20] É curioso o fato de Juscelino se dispor a lançar uma nota assinada junto com Lacerda, apesar de se ter recusado a participar do manifesto da frente, lançado um mês antes. Ao que parece, JK não se sentia confortável em participar de um mesmo movimento com Jango, temendo ser identificado com as propostas políticas do governo deposto. Ao contrário de JK, Lacerda insistia na importância da presença de João Goulart na frente. O ex-governador certamente temia que trabalhistas e seguidores de Jango tomassem a iniciativa de reunir as forças populares e de esquerda em torno da figura do ex-presidente, o que, na sua opinião, não teria resultados positivos.[21] Goulart, todavia, relutava em aderir oficialmente à frente.

A postura política adotada pelos três principais personagens da Frente Ampla com relação à adesão ao movimento, como se pode observar, revela posições e motivações diversas. Carlos Lacerda era, dos três, o que menos tinha a perder. Ferrenho opositor no passado dos outros dois líderes políticos, Lacerda havia apoiado o golpe de 1964 e apostado, como candidato civil natural às eleições presidenciais de 1965, no projeto político dos militares. Com a edição do AI-2, determinando eleições indiretas para presidente,

---

[19] Acervo Cpdoc. JG e 1966.05.05 (doc. I-6).
[20] Acervo Cpdoc. JG e 1966.05.05 (doc. II-2).
[21] Acervo Cpdoc. JG e 1966.05.05 (doc. II-2).

teve suas pretensões adiadas e seu prestígio político profundamente abalado. A Frente Ampla significava, portanto, para o ex-governador uma possibilidade de ampliação desse prestígio, com o apoio dos seguidores de JK e Jango, particularmente do último, que representava os setores mais populares da sociedade brasileira.

Ao contrário de Lacerda, Juscelino havia sido cassado pelos militares e acusado de corrupção. Contudo, apostava ainda num futuro político, mesmo dentro do regime militar, uma vez readquiridos os seus direitos políticos. Isso talvez explique sua indecisão em aderir a um movimento que contava com a participação de João Goulart, ex-presidente banido do país pelos militares.

Goulart, por sua vez, era o que mais tinha perdido com o golpe militar. Deposto do cargo de presidente da República, acusado de subversão e corrupção, vira-se obrigado a abandonar seu projeto político, seu país, seus amigos e correligionários, e a exilar-se no Uruguai. Por outro lado, era também o que ainda tinha muito a perder, tendo em vista ser o único, dos três líderes envolvidos, identificado com uma ideologia, a trabalhista, e detentor de apoio popular. Mesmo sem perspectiva política a curto prazo, Jango certamente alimentava a esperança de voltar para o Brasil e temia desagradar suas bases.

Entre janeiro e setembro de 1967, as negociações prosseguiram lentas e difíceis. Nesse período, Lacerda insistiu em ir a Montevidéu, buscando a inclusão de Jango na *Declaração de Lisboa*. O apoio efetivo do ex-presidente, líder, mesmo no exílio, das correntes trabalhista e sindicalista, representaria o componente popular da frente, considerado fundamental pelo ex-governador. JK, entretanto, ressaltava que os entendimentos deveriam prosseguir, mas não de forma ostensiva e pública; ou seja, as ações concretas deveriam ser adiadas para depois de março, quando se iniciaria o novo governo. Juscelino parecia temer desagradar a Costa e Silva, chegando, inclusive, a conceder entrevista à imprensa internacional na qual se mostrou receptivo ao futuro governo. Contraditoriamente, apesar do excessivo cuidado de JK, nesse mesmo período seu representante na frente, Renato Archer, fez articulações com setores mais à esquerda do MDB e com o Partido Comunista.

A discussão em torno da formação de uma nova organização partidária verdadeiramente de oposição, nos termos da *Declaração de Lisboa*, incluiu consultas a outros líderes trabalhistas, como Ivete Vargas, que ponderava na ocasião sobre os riscos decorrentes da participação de João Goulart. Segundo ela, a aversão das classes produtoras, sobretudo do empresariado paulista, à pessoa de Jango poderia causar transtornos ao novo partido. Lacerda, contudo, parecia absolutamente convencido de que o apoio das classes populares, que certamente viria por intermédio de Jango, seria fundamental à nova empreitada. Na ocasião, foi também aventada a possibilidade de participação de Brizola.[22]

Por ocasião da posse de Costa e Silva na presidência da República, em março de 1967, os articuladores da Frente Ampla decidiram suspender as atividades do movimento durante 90 dias, a fim de aguardar um posicionamento mais claro do novo governo. Entretanto, à medida que o novo ministério foi se constituindo, as esperanças de um entendimento com os novos ocupantes do poder foram desaparecendo.

Em julho de 1967, o MDB, que até então movia uma tímida oposição ao governo, realizou uma reunião na Associação Brasileira de Imprensa (ABI) na qual ficou decidido que o partido assumiria o papel efetivo de oposição, empenhando-se no fortalecimento da Frente Ampla, que se movimentava basicamente no espaço parlamentar, tendo Renato Archer como secretário-geral. No entanto, a decisão de manter as atividades da frente no Congresso, defendida sobretudo por Lacerda, começou a despertar a desconfiança dos parlamentares, temerosos de que o ex-governador utilizasse a máquina partidária do MDB para se eleger presidente da República.

Jango participou indiretamente das articulações durante todo esse período, sendo regularmente informado de todos os passos dados pelos políticos envolvidos nas atividades da frente. Paralelamente, os contatos entre o ex-presidente e o ex-governador visando a um possível encontro dos dois políticos em Montevidéu continuavam, tendo como intermediário o deputado petebista Oswaldo Lima Filho. Em setembro de 1967, finalmente, Lacerda viajou para o Uruguai e, no dia 25, assinou com Jango uma nota conjunta na qual afirmavam que a Frente Ampla seria

> um instrumento capaz de atender (...) ao anseio popular pela restauração das liberdades públicas e individuais, pela participação de todos os brasileiros na formação dos órgãos de poder e na definição dos princípios constitucionais que regerão a vida nacional.[23]

Segundo depoimento de Renato Archer, João Goulart o recebeu, junto com Carlos Lacerda, em seu apartamento em Montevidéu, tendo ele próprio aberto a porta do apartamento:

> Era, então, uma figura surpreendente, já completamente grisalho, um ar distendido, muito tranquilo e sorridente. Recebeu-me com um abraço. (...) Em seguida, estendeu a mão a Carlos Lacerda, dizendo: — Governador, é um prazer recebê-lo em minha casa.[24]

---

[22] Acervo Cpdoc. JG e 1966.05.05 (doc. II-2).
[23] Acervo Cpdoc. JG e 1966.05.05. Rascunho de nota assinada por João Goulart (doc. II-15).
[24] Depoimento de Renato Archer ao Cpdoc/FGV de maio de 1977 a agosto de 1978.

Na conversa entre os três, que se prolongou por cinco horas, Lacerda aproveitou para enfatizar que, ao contrário do que diziam, sua proposta de formação de uma frente de oposição não visava criar condições para sua candidatura à presidência da República. Jango retrucou que poderia surgir uma situação em que ele, Lacerda, fosse o único candidato possível. Em seu depoimento, Archer ressalta que, nesse encontro, Jango portou-se como um verdadeiro estadista, tranquilo, falando objetivamente, sem *parti pris* ou ressentimentos.[25]

A imprensa noticiou o encontro referindo-se à "revolução pacífica" que os dois políticos, abandonando ressentimentos e divergências pessoais, pretendiam realizar. De fato, em nota assinada pelo ex-presidente, este insistia em que todos os recursos deviam ser esgotados na busca de soluções pacíficas e que "só na plenitude do regime democrático poderá o povo, e especialmente os humildes, hoje com sua voz sufocada, lutar pelos imortais princípios que marcaram a vida e o sacrifício do presidente Vargas".[26]

O encontro entre os dois políticos, antes inimigos, mobilizou a imprensa e a opinião pública dentro e fora do país, despertando reações adversas de políticos como Brizola, que reagiu fortemente, em nota publicada nos jornais brasileiros, ao que considerou como "traição de Jango aos ideais defendidos por Getúlio Vargas em sua carta-testamento".

Verificou-se também um total afastamento dos militares, que no início das articulações demonstravam alguma simpatia pela frente. Na verdade, o famoso "encontro de Montevidéu" repercutiu tanto à esquerda quanto à direita. Nos Estados Unidos, Nelson Rockefeller interpelou Carlos Lacerda, demonstrando surpresa ante o fato de ter partido dele a iniciativa de procurar Goulart. Do lado trabalhista, muitos consideraram o encontro entre Jango e Lacerda um erro histórico. Alguns políticos gaúchos, entre eles o presidente do MDB do Rio Grande do Sul, Heuzer, criticou severamente a aliança entre os dois líderes, deixando implícita uma acusação contra Jango de traição aos princípios do trabalhismo de Vargas. Na sua opinião, sendo o PTB um partido fundado e identificado com Getúlio e, portanto, antilacerdista, qualquer acordo político entre Jango e Lacerda seria naturalmente considerado espúrio.[27]

Por outro lado, existia da parte de Goulart e da maioria dos trabalhistas engajados na Frente Ampla a convicção de que era absolutamente necessário mobilizar os setores populares da sociedade, ficando acertado, em Montevidéu, que as atividades da frente

---

[25] Depoimento de Renato Archer ao Cpdoc/FGV de maio de 1977 a agosto de 1978.
[26] Acervo Cpdoc. JG e 1966.05.05. Rascunho de nota assinada por João Goulart (doc. II-15).
[27] Depoimento de Renato Archer ao Cpdoc/FGV de maio de 1977 a agosto de 1978.

a partir daquele momento assumiriam caráter de atos públicos. Nos meses seguintes ao encontro entre Lacerda e Jango, contudo, as negociações e as atividades da Frente Ampla não avançaram muito. O impacto do encontro foi maior do que o previsto, particularmente no setor militar, provocando a retração de Juscelino, Renato Archer e do próprio Lacerda. Na opinião desses políticos, o momento não era propício à arregimentação popular, devendo o lançamento da frente em ato público ser cancelado.[28] Os trabalhistas, por sua vez, após várias tentativas de contato com Lacerda e Archer, sem resultados, decidiram se constituir em um grupo autônomo e desenvolver suas próprias atividades até que fosse possível pensar em ações conjuntas.[29] Segundo eles, em se tratando de uma aliança e, não, de uma fusão, a posição de "autonomia" assumida seria perfeitamente legítima. Dessa forma, em reunião realizada na casa de Doutel, em novembro de 1967, decidiram traçar um plano de ação que começaria pela ampla distribuição de um folheto explicando as razões da Frente Ampla.[30]

Atuação e desarticulação

Entre dezembro de 1967 e abril de 1968, as atividades da Frente Ampla intensificaram-se. Reuniões e comícios foram realizados em vários estados da Federação, sendo a primeira concentração popular realizada em Santo André, no ABC paulista, em dezembro de 1967.[31] Dois outros comícios teriam lugar em março e abril de 1968, respectivamente em São Caetano (SP) e em Maringá (PR), onde mais de 15 mil pessoas participaram. Em carta de 14 de março de 1968, um dos missivistas de Jango, referindo-se ao comício que seria realizado em São Caetano, enfatiza a necessidade de um pronunciamento seu, aproveitando a presença de milhares de trabalhadores do ABC, convocados pelos líderes do Movimento Sindical Anti-Arrocho (MIA). Em vez de um manifesto ou de uma entrevista, a ideia seria ler, na ocasião, uma carta de Jango dirigida a um dos seus amigos, falando da necessidade de continuar a luta pela redemocratização do país. A leitura da carta num tom de "aparente inconfidência" seria a forma encontrada para não comprometer a situação de exilado do ex-presidente no Uruguai.

A partir de março de 1968, o clima político tornou-se extremamente tenso. Em abril, 68 municípios, incluindo todas as capitais de estados, foram transformados em

---

[28] Acervo Cpdoc. JG e 1966.05.05 (doc. II-20).
[29] Acervo Cpdoc. JG e 1966.05.05 (doc. II-24).
[30] Acervo Cpdoc. JG e 1966.05.05 (doc. II-24).
[31] Lamarão, 2002.

áreas de segurança nacional, passando seus prefeitos a ser nomeados pelo presidente da República. Foi também em abril de 1968 que o estudante Edson Luís foi baleado e morto em um confronto entre estudantes e a polícia no Restaurante Calabouço, no Rio de Janeiro. O ato de violência provocou a reação de diversos setores da sociedade civil, que promoveram passeatas gigantes, lideradas pelo movimento estudantil e por membros da Igreja. Jango telegrafou aos amigos trabalhistas pedindo que "se solidariz[ass]em com os estudantes enlutados".[32]

Com o agravamento da situação política, os membros da Frente Ampla passaram a ser permanentemente vigiados por agentes do Departamento da Polícia Federal (DPF). Em face do crescimento das atividades da frente e da dimensão popular que essas atividades começavam a assumir, o governo decidiu extinguir a organização, através da Portaria nº 177, do Ministério da Justiça, datada de 5 de abril de 1968. A portaria não só proibia todas as atividades da frente a partir daquela data, como determinava a prisão dos que violassem a proibição.

Com exceção de João Goulart, que se encontrava exilado, as demais lideranças da Frente Ampla, ou seja, Carlos Lacerda e Renato Archer (representante de JK no Brasil), acataram passivamente o ato do ministro Gama e Silva, causando perplexidade entre os participantes da frente, sobretudo os da corrente trabalhista. Logo em seguida, Lacerda viajou aos Estados Unidos, onde permaneceu por alguns meses.

Nos meses que se seguiram, os participantes da frente tentaram resistir, ampliando os contatos dentro e fora do país, particularmente entre os exilados no Chile.[33] Internamente, procuraram apoio em setores militares que não concordavam com o endurecimento do regime. Mas o clima de conspiração dentro do governo tendeu a marginalizar as ações políticas, deslocando-as para a clandestinidade. De fato, em dezembro de 1968, após a decretação do AI-5, os líderes da Frente Ampla, entre eles Carlos Lacerda e Renato Archer, foram presos e tiveram seus mandatos cassados. A partir de 1969, a oposição ao regime militar seria feita exclusivamente na clandestinidade, por grupos políticos que defendiam a tomada do poder pelas armas. Os três líderes da Frente Ampla morreram, coincidentemente ou não, no mesmo período (1976/77),[34] quase uma década antes da volta dos civis ao comando político do país.

Por que a Frente Ampla não logrou êxito enquanto movimento organizado de oposição atuando no espaço político institucionalizado?

---

[32] Acervo Cpdoc. JG e 1966.05.05 (doc. III-4).
[33] Acervo Cpdoc. JG e 1966.05.05 (doc. III-7).
[34] A esse respeito, ver Cony e Lee, 2003.

A frente foi fundada em outubro de 1966, com o manifesto assinado por Carlos Lacerda, e oficialmente fechada por decreto do governo, em abril de 1968. Durante seu curto período de existência, propôs-se a reunir diversas correntes políticas de oposição ao regime militar, a fim de desenvolver um trabalho de restauração das liberdades públicas, com vistas ao desenvolvimento econômico e social do país em bases nacionais. Ela ocupou, naquele momento, um vazio deixado pelo partido "oficial" de oposição, cuja inapetência política pouco o diferenciava do partido do governo. Não foi por acaso que a proposta inicial da Frente Ampla era concentrar seus esforços no Parlamento, atuando como uma frente de oposição que ultrapassasse as barreiras partidárias.

Na verdade, o processo de oposição se fortaleceu a partir da atuação de outros setores da sociedade, particularmente o estudantil. Com o acirramento do confronto entre governo e estudantes, o sistema político tendeu a se fechar cada vez mais, desaparecendo progressivamente da cena política as alternativas legais. Como já foi dito, entre 1969 e 1974 predominaram as ações e os partidos que atuavam na clandestinidade. As eleições de 1974, porém, trouxeram de volta a oposição parlamentar, revigorada com a vitória nas urnas. A partir daí até a anistia e a volta dos civis ao poder, o MDB passou a funcionar não só como oposição formalizada, mas como uma verdadeira frente parlamentar de oposição, ocupando o espaço anteriormente destinado à Frente Ampla.

Bibliografia

CONY, Carlos Heitor; LEE, Anne. *O beijo da morte*. Rio de Janeiro: Objetiva, 2003.

D'ARAUJO, Maria Celina; SOARES, Gláucio Ary Dillon; CASTRO, Celso (Orgs.). *Visões do golpe: a memória militar sobre 1964*. Rio de Janeiro: Relume-Dumará, 1994.

FREIRE, Américo (Coord.). *José Talarico: depoimento ao Cpdoc*. Rio de Janeiro: FGV, Alerj, 1998. (Conversando sobre Política, 1).

LACERDA, Carlos. *Depoimento*. Prefácio Ruy Mesquita; organização do texto, notas e seleção de documentos de Cláudio Lacerda Paiva. Rio de Janeiro: Nova Fronteira, 1978. (Coleção Brasil Século XX).

LAMARÃO, Sérgio. Frente Ampla. In: ABREU, Alzira Alves de et al. (Coords.). *Dicionário histórico-biográfico brasileiro pós-1930*. 2. ed. Rio de Janeiro: FGV, 2002. 5v.